人才培养与教学改革

——浙江工商大学教学改革论文集(2014)

主　编　陈寿灿
副主编　刘海生　厉小军

浙江工商大学出版社
ZHEJIANG GONGSHANG UNIVERSITY PRESS

图书在版编目(CIP)数据

人才培养与教学改革 ：浙江工商大学教学改革论文集. 2014 / 陈寿灿主编. —杭州 ：浙江工商大学出版社，2015.11

ISBN 978-7-5178-1379-8

Ⅰ. ①人… Ⅱ. ①陈… Ⅲ. ①高等学校－教学改革－中国－文集 Ⅳ. ①G642.0-53

中国版本图书馆 CIP 数据核字(2015)第 271869 号

人才培养与教学改革

——浙江工商大学教学改革论文集(2014)

陈寿灿 主编

责任编辑 沈明珠 蒋红群
责任校对 马玉君 丁兴泉
封面设计 林朦朦
责任印制 包建辉
出版发行 浙江工商大学出版社
(杭州市教工路 198 号 邮政编码 310012)
(E-mail:zjgsupress@163.com)
(网址:http://www.zjgsupress.com)
电话:0571－88904980,88831806(传真)
排　　版 杭州朝曦图文设计有限公司
印　　刷 杭州杭新印务有限公司
开　　本 787mm×1092mm 1/16
印　　张 17
字　　数 388 千
版 印 次 2015 年 11 月第 1 版 2015 年 11 月第 1 次印刷
书　　号 ISBN 978-7-5178-1379-8
定　　价 43.00 元

浙江工商大学出版社营销部邮购电话 0571-88904970

前 言

努力提高人才培养质量是落实“立德树人”理念的核心。要提高人才培养质量，关键是深化教学改革，调动广大教师参与教学改革的积极性。在当前的教育背景下，开展顶层设计和进行教育创新，构建师生互动、富有效率的教育教学方式，是提高教育质量的必由之路。

浙江工商大学作为一所具有百年历史的高校，通过牢牢把握“大商科”办学特色，不断优化学科结构，经过全校师生不懈的努力，已跻身国内一流财经类高校行列。学校广大教师在育人和教学实践中，取得了一批重要的研究成果。本书是我校教师教改理论成果的集中展示，在内容上涵盖了模式改革、课程建设、教学方法、教师发展、实践教学、综合管理等多个方面。论文集主要分为以下六个部分。

第一部分，模式改革篇，共收录8篇论文。其中《“一体多元”的课堂教学创新与实践》一文认为，想要不断提高学校的人才培养质量，需要开展“一体多元”的课堂教学创新。“一体多元”的课堂教学创新的核心是加强第一课堂与其他课堂形式协同育人，借助“一体为本，多元联动”，会通课堂内外，兼容理论实践，形成互动、开放、融合的课堂教学创新体系。《“工商融和”的食品类专业人才培养模式创新与实践》一文认为，如何利用我校“大商科”的学科背景及文化氛围，构建新的教学模式，是培养现代食品工程创新人才面对的现实问题。借助“二融和”“五重构”与“三转变”，构建了“工商融和”有特色的食品类专业人才培养新模式。

第二部分，课程建设篇，共收录8篇论文。《基于实践导向的我国商法教学改革之探讨》一文针对商法教学中的难点及不足，提出转变商法教学的理念：教、学、做合一；创建商事法律职业伦理或道德教学；注重实习环节，提高学生实践能力等解决措施

第三部分，教学方法篇，共收录9篇论文。其中，《“审计学”一体化案例PBL课堂教学模式设计》一文提出通过构建一体化案例PBL课堂教学模式，实现教学的内容模块化、案例一体化、授课PBL化、考核过程化，理论联系实践，引导学生主动参与、提高学生自主学习的能力等具体建议。《基于独立知识点的“计算机网络”教学方式浅谈》一文在总结分析“计算机网络”课程特点的基础上，针对其知识点数量众多、高度分散且彼此相对独立等显著特征，提出一种基于独立知识点的“计算机网络”教学方式。

第四部分，教师发展篇，共收录4篇论文。其中，《本科教学工作中教师工作手册的设计及应用——以浙江工商大学日本语言文化学院为例》一文针对日语学院教师教学实践工作过程中，经常会有忘记规范等现实问题，设计了以教师教学进度勾选表，课堂教学注意事项一览表，期末试卷命题、批改规范一览表三份简洁的表格构成的《日语学

院教师工作手册》,旨在推进学院本科教学管理的规范化,促进教师职业意识的进步。

第五部分,实践教学篇,共收录6篇论文。其中《基于城乡规划实验室平台及校外专家参与的实践能力训练模式》结合我校城乡规划专业学科特点,将软硬体整合系统整合进实验室平台,为学生的学习和实践、教师的教学与研究提供新的途径,为相关专业课程的实践模式培养、教学内容的丰富提供条件,也为产学研结合的实践提供新的思路。

第六部分,综合篇,共收录10篇论文。其中《在线教育现状分析及对策研究》一文基于大规模在线开放课程(MOOC)对传统教育模式带来的冲击,分析了信息化知识共享方式促进高校知识资源整合的原理。文章还结合在线教育现状,通过调研浙江工商大学师生对于网络学习和MOOC的认知,研究和探索了浙江工商大学在线教育新模式的实施方案。

感谢各位作者对本书的辛勤写作。本论文集凝聚了全校教师的心血,体现我校教师对于教学前沿问题的理论探索精神。我们还要特别感谢浙江工商大学出版社对出版本书的大力支持。希望本论文集能给广大读者带来教学上启示、思考。如有不足之处,请批评指正。

编　者
2015年8月

目 录

模式改革篇

“一体多元”的课堂教学创新与实践…………………………… 陈寿灿 厉小军(2)
构建“以学生为中心”的教学管理体系:经济学视角的理论与新西兰实践的借鉴
………………………………………………………………………… 刘海生 郭宏宝(8)
基于SPOC的全校性创业教育体系设计
——浙江工商大学“创业管理”微专业实践
…………………………………………………… 江 辛 厉小军 徐 锋 温巧巧(18)
基于吸收能力视角的浙江工商大学“课程、模拟、平台”大学生创业教育模式构建研究
………………………………………………………………………………… 胡洪力(25)
基于行动者网络共建的旅游本科教育协同创新模式研究……… 郭 文 郑四渭(30)
“工商融和”的食品类专业人才培养模式创新与实践
…………… 韩剑众 邓少平 顾振宇 陈忠秀 傅玲琳 田师一 张卫斌(35)
基于LOS人才培养模式的土地资源管理(含房地产)特色专业发展探讨
………………………………………………………… 徐建春 李翠珍 周 德(44)
职业教育作为独立学院办学定位与转型理想的思辨………………………… 楼迎军(50)

课程建设篇

浅谈数量经济交叉学科发展与经济统计专业人才培养………… 章上峰 陈振龙(56)
微信移动教育互动平台构建与应用
…………………………………… 廖善武 鲁南南 彭 丹 朱 华 诸葛斌(60)
基于实践导向的我国商法教学改革之探讨………………………… 马齐林 郑明珠(65)
英语为专用语的英语专业学生课堂交流意愿模型构建研究…… 李丹弟 张露茜(70)
双语平行语料库与传统翻译教材的互动
——谈语料库在日汉翻译教学中的应用……………………………………… 陈 红(76)

新型大学文化教育社区空间规划方法研究
——以清华大学“苏世民学者项目”设计为例 …………………… 赵秀敏(81)
我们商大思想政治理论课是如何调查“两富”浙江的 …………………… 詹真荣(86)
中国当代文学史教学中的文学社团及其流变 …………………… 郭剑敏(91)

教学方法篇

“审计学”一体化案例 PBL 课堂教学模式设计 …………… 张宜霞　周　玲(98)
图论中欧拉图和哈密尔顿图的教学设计 …………………… 李　珏(103)
以学生为本的经济学实验课课堂教学改革研究 …………… 刘　彤　俞　毅(108)
专业双语课教学中学生能力培养的重点和平衡问题研究 …………… 郎春雷(116)
人本视野中塔式多维化教学及考评模式探索 …………………… 施永清(122)
基于独立知识点的“计算机网络”教学方式浅谈 …………………… 高　明(127)
结合应用实例的渐进式数据结构教学 …………………… 杨文武(133)
案例教学法在“法理学”课程的常态化应用
——分组讨论案例教学法实证研究 …………………… 季长龙(139)
留学生“初级汉语综合课”趋向补语教学的反思与策略
——以《汉语教程》(1、2 册)为中心 …………………… 刘　杰(144)

教师发展篇

基于案例研究的科研教学融合:机制、经验及措施 …………… 林建平　潘绵臻(150)
信息时代的大学教育方法改革:从“教”到“学” …………………… 史春玉(157)
本科教学工作中教师工作手册的设计及应用
——以浙江工商大学日本语言文化学院为例…… 董　科　吴　玲　明　薪(163)
学科探索与发展
——艺术设计学院美术学系教学心得 …………………… 叶　玉(167)

实践教学篇

人文地理与城乡规划专业创新型人才培养途径探索
…………………… 刘可文　郑四渭　苏　飞(172)
基于城乡规划实验室平台及校外专家参与的实践能力训练模式 ………… 石坚韧(177)
通过行动学习法培养管理型会计专业硕士(MPAcc)人才 …………… 曾爱民(183)
“货币银行学”课程实验辅助教学改革的设计与实践 …………………… 徐　滢(188)
基于电子设计竞赛的模拟电子技术课程教学改革 …………………… 邹立华(193)
打造专业学科竞赛,培养学生创新应用能力 …………… 金海卫　王　敏(198)

综合篇

基于习总书记教育观的高校商科专业培养思路探究
——以浙江工商大学工商管理专业为例 …………………………… 曲 亮(204)
会计与会计教育:从整体主义到个人主义 …………………………… 马文超(209)
通识教育与创新型人才培养
——兼论通识课“经济生活中的数学” …………………………… 董亚娟(215)
浅析新时期金融学专业本科教学面临的挑战与改革 ……………… 钱艺平(221)
启发式提问技巧与工作记忆能力的关系研究 ……………………… 万 谍(226)
在线教育现状分析及对策研究 ………………………… 柳 虹 厉小军(232)
由熊彼得的创新理论谈数字出版人才的培养 ……………………… 沈 珉(240)
公共管理学科下的土地资源管理专业发展之思考
——以浙江工商大学为例 ………………………………………… 苑韶峰(245)
基于产学合作的大学生职业选择策略研究 ………………………… 吕 阳(251)
独立学院人才培养定位的职业化转型与制度创新 ………………… 何 煦(258)

模式改革篇

MOSHI GAIGE PIAN

“一体多元”的课堂教学创新与实践

陈寿灿[①] 厉小军[②]

(浙江工商大学)

摘　要:为了提高人才培养质量,浙江工商大学开展了“一体多元”的课堂教学创新与实践,实现第一课堂与创新创业教育、校内外实习实践、第二校园求学和学生成长社区在内的多元课堂的联动,形成了多元、开放、协同的课堂教学模式,并在实践中取得了明显的成效。

关键词:一体多元;课堂教学;课堂教学创新;课堂教学模式

“十二五”是我国高等教育进入内涵式发展的重要时期,而提高人才培养质量是高等教育内涵式发展的永恒主题。近年来,浙江工商大学以“立德树人”为根本任务,以“专业成才、精神成人”为人才培养理念,以培养具有“大商科”特色的高层次应用型、复合型、创新型人才为人才培养目标,加强“学生中心、教师发展、课堂开放”的教学文化建设,积极探索本科人才培养模式改革创新,深入开展“一体多元”的课堂教学创新与实践,不断提高学校的人才培养质量。“一体多元”的课堂教学创新的核心是加强第一课堂与其他课堂形式协同育人,机制是“一体为本,多元联动”,目标是会通课堂内外,兼容理论实践,形成互动、开放、融合的课堂教学创新体系。“一体”是以课堂为教学活动的主体,以第一课堂为教学活动的基本载体;“多元”是课堂教学的多元创新,包括创新创业教育、校内外实习实践、第二校园求学和学生成长社区等,第一课堂与第二、三、四、五等多元课堂相互结合、相互促进、相互渗透、相互融合,发挥叠加效应与耦合效应,构建优质高效课堂,增强课堂育人的时代性、针对性和实效性,充分发挥课堂教书育人的重要作用,为学生学习成长创造良好的环境。

一、“一体为本”:创新机制,发挥第一课堂的主渠道育人作用

第一课堂是课堂教学创新的基本载体,是人才培养的主渠道、主战场。浙江工商大学一直以来非常重视第一课堂教学,要求教师不断更新课堂教学理念,创新课堂教学方法,提升课堂教学能力,采取多种措施提高课堂教学质量。

---

① 陈寿灿,校长,教授,博士,研究方向为高校教学管理、伦理学。

② 厉小军,教务处副校长,教授,博士,研究方向为高校教学管理、软件工程。

(一)优化课程体系,促进通识教育、专业教育的有机结合

浙江工商大学从2011年开始实施通识教育,制定了切实可行的通识教育目标,构建了具有“大商科”特色的通识课课程体系,强调人格养成和价值塑造,培养学生的独立思考能力,增强团队精神,提高大学生的文化品位、审美情趣、人文修养和科学素质。在通识教育和专业教育中给予学生更多的学习自主权和选择权,如在金融学、财务管理学等专业实施分类培养,同一专业制定不同的课程体系;“微积分”“大学英语”等公共基础课程分A、B两层进行教学,在师资配备、课堂时数和教学内容上都有所区分,确保基础好的同学学得好,基础差的同学跟得上,并且配置相应的后续课程,便于学生及早做出各自的学习规划,为培养多样化人才提供充分空间。

(二)加强教学改革,促进课堂教学的三个转变

浙江工商大学非常重视课堂教学改革,每年投入专项经费,设立课堂教学改革项目,深入研究与改进课堂教学,促进课堂教学从以教为主向以学为主转变、以课堂教学为主向课内外结合转变、以终结性评价为主向形成性评价为主转变。一方面强化主题探讨式教学、问题归纳式教学、典型案例式教学、情景创设式教学、多维思辨式教学、读写议式教学等形式的互动型课堂教学,提高课程兴趣度和师生互动性,促使学生独立思考,大胆发表个人见解,激发学生的潜能和创造性;另一方面,出台《浙江工商大学普通本科生课程考试方式改革办法》,通过考试方式的改革来倒逼教师教学方式的改革。学校的考试制度做了三点改革:一是增加平时成绩的比例,最高可达50%;二是增加考试形式,共有九种,即闭卷考试、开卷考试、大型作业、上机考试、现场面试、技能测试、阶段测试、课程论文和调研报告等;三是不同性质的课程采用不同的考试形式,课程分为公共基础课、公共选修课、思想政治课、专业理论课、专业实务课和实验实践课六大类,每一类课程都对应不同的考试方式。

(三)实施“实务精英进课堂”,强化协同育人

在会计、金融、软件工程等实践性强的专业中,实施“实务精英进课堂”活动,在专业核心课和专业选修课的教学中,邀请企业财务总监、金融高管、信息技术专家为学生上实务专题课,着重讲授在企业实践中面临的现实问题。由于实务精英对实务操作的熟悉和对行业问题的深度理解,具有极强的针对性,深受学生的欢迎。

(四)通过多种途径,实现课程资源、课堂内容的开放

为了更好地向社会展示我校课堂教学的质量,学校重点建设了一批视频公开课、资源共享课和微课。截止到2014年9月,学校建设了12门视频公开课、3门资源共享课和20多门微课,并有200门左右的课程利用网络教学平台实施“混合式教学”。更有3门课程入选国家级视频公开课和国家级资源共享课。

从2010年起,各学院每学年选择1—2门本科生专业主干课程聘请校外专家授课,这些专家都来自国内外知名高校。这一制度使广大学生不出校门就能领略到国内外名师大家的风采,拓宽学术视野,也有力推动学校教育国际化进程。

学校加入了上海高校课程资源共享管理中心，学生可以在线修读上海交通大学、复旦大学等211、985高校的优质课程，同时鼓励学校教师利用各种优质网络课程资源，实施混合式教学和“翻转课堂”教学改革。

(五)实施课堂教学开放周、青年教师助讲培养等制度，提升教师教学能力

为了在校内营造重视课堂的文化氛围，突出“以学生为中心”的育人理念，关注教师的教学能力，打造让学生满意的课堂，切实提高教学质量，学校每学期第12周定为课堂教学开放周。开放周期间，各学院推出一批示范观摩课、方法改革课和诊断提升课。教师通过观摩，相互学习，取长补短。同时对于诊断提升课，学校安排经验丰富、教学效果好的教师帮助开课教师提高教学水平。通过课堂教学开放周活动，形成了“以学生为中心”的教学文化氛围，通过师生互动，提高学生学习的积极性和参与度，真正实现了教师课前精心准备，课上注重互动，切实提高了课堂教学效果。从2013年开始，开放对象从校内开放，扩大到学生家长、用人单位、兄弟院校代表等校外群体，全方位开放办学，让社会各界都充分了解学校的办学水平，并为我校教学质量的提高提出宝贵的意见。

学校制定《浙江工商大学青年教师助讲培养办法(试行)》，要求新教师参加上岗培训，完成助讲要求，达到相应的考核标准。教师参加助讲培养期间，不能晋升副高(含)以上职称，各学院不能安排其独立承担教学任务。培养对象的培养期限一般为一学年，主要从师德师风、教学技能、教学方法、教学艺术、教学管理制度等方面对新教师加以引导和培训。教师教学发展中心为助讲教师建立助讲培养档案，教师每次参与助讲培训活动都有案可查，系统会为教师从入职开始的职业发展路径进行记录。

二、“多元联动”:拓展类型，开展多类课堂的协同培养

为了培养学生成为完整的人，浙江工商大学近年来在重视第一课堂教学外，不断拓展课堂类型，开展包括创新创业教育、校内外实践实习等在内的多类课堂教学，实现与其他高校、用人单位、校友企业等多方协同培养，不断提高学生的能力和素质。

(一)第二课堂:创新创业教育

为强化学生全面素质培养，浙江工商大学大力推进创新创业教育，主要包括:

1. 建立“校、省、国家”三级学科竞赛、创新项目联动体系

在“校、省、国家”三级学科竞赛体系管理中，学校每年组织举办校赛16项，组织举办或参加其他省、国家竞赛30多项，每年有4500多人次参加各类竞赛。学校从2007年起，每年专项拨款50万元创新基金用于在校大学生创新项目的立项，每年有近400个校级创新项目被立项，每个创新项目平均资助金额为1000多元。校级立项的创新项目还可以申报省级大学生科技创新项目(新苗人才计划)，因有了校级大学生创新项目做基础，我校每年平均有50多个项目获得省级立项。从2012年起，学校每年有30个项目被列为“国家级大学生创新创业训练计划项目”。这些都极大地调动了我校学生参与学科竞赛、创新项目的积极性，形成了良好的校园创新文化氛围。

2. 成立创业学院，开设创业实验班，增强大学生创业能力

为了培养学生的创业能力，学校成立了创业学院，负责统筹全校的创业教学、创业实践和创业教学研究工作。开设了创业实验班，学校为创业实验班的学生单独制订个性化培养方案，配备创业导师，开设创业理论、创业技能、创业专题和创业体验等创业课程和若干专题讲座，并组织开展创业实践活动。创业实验班的设立，是我校对创业型人才培养模式的新探索，彰显了我校商科特色，引发了社会的广泛关注。杭州日报、钱江晚报等多家新闻媒体对此进行了报道。

3. 实行创新学分制度和本科生科研作品代替毕业论文制度

为了更好地培养学生的创新意识和创新能力，激发学生的创新热情和创新潜能，学校出台了《浙江工商大学学生创新学分实施办法》，规定每位学生在校期间必须获得至少 1 个创新学分才能毕业。创新学分可以通过参加创新项目研究、学科竞赛获奖、申请发明专利、发表论文著作、听取一定数量学术讲座等方式获得。针对目前本科毕业论文形式单一、质量不高、抄袭严重的现状，为了鼓励优秀学生积极开展创新创业活动，培养他们的学术能力并及早获得学术成果，学校颁布了《浙江工商大学普通本科生科研作品代替毕业论文(设计)暂行办法》，规定从 2010 年开始试行普通本科生科研作品代替毕业论文制度，允许学生以在校期间完成的、经学校确认的科研作品(包括公开发表论文、学科竞赛获奖作品、省级以上创新项目成果、发明专利等)代替毕业论文。

(二)第三课堂：校内外实践实习

近年来，学校统筹建设校内外实践实习基地，充分利用实验室、实验教学示范中心等校内资源，尽可能为学生提供实践实习机会，让学生感受真实世界，在实践中增强分析和解决实际问题能力。

1. 加强资源整合和共享，建设校级、省级和国家级实践教育基地

为促进学校和有关单位联合培养人才新机制的建立，改革人才培养模式，加强实践教学环节，学校加大了资源整合和共享的力度，建设了一批校内外实践教育基地。其中，"浙江工商大学义乌中国小商品城实践教育基地"被教育部、省教育厅评为"大学生校外实践教育基地建设项目"。该基地可以接收理科、工科、经济、管理、法学、文学、艺术等多类学科专业学生的实习。

2. 实行"三开放、三结合"的实践教学新模式

学校经过多年的探索与实践，形成了"三开放、三结合"的实践教学模式，得到了教育部和教育厅领导的充分肯定，曾参加了教育部组织的实践教学经验交流会并作为四所高校之一发言。所谓"三开放"是指时间、空间、内容三开放，即学生在每周七天、每天 13 小时内，可以在校园网接入的任何电脑上进入学校实验室做开放实验；所谓"三结合"是指实习、实训和实战三结合，学生既可以在校内进行一些实训项目，也可以到校外大学生实践基地进行实习，还可以与企业工程师合作进行产品研发的实战。

(三)第四课堂：第二校园求学

为了拓宽学生视野，使学生共享优质教育资源、选修个性化课程、丰富本科生学业历程，积极与国内外优秀高校开展学生交流交换项目。学校设学生出国留学奖学金，每

年300万元资助优秀学生参加学校组织的各类国际交流合作项目和相关活动。同时,在国内与西南大学、苏州大学、南京财经大学、哈尔滨商业大学、青岛大学等多所省外高校签订学生交流、互访、合作协议,双方互派交换生,为学生创造第二校园求学经历。

(四)第五课堂:学生成长社区

目前,学校正在重点打造学生成长社区,强化教师、学生、校友之间的联系互动,相互学习,共同提高。一方面,依托学生会、学生社团、专业研究团队等组织载体,建立社团发展服务平台,规范社团工作方式,开展丰富多彩的社团活动,形成学生间互助互学的氛围,培养学生自我管理、团队精神、沟通协作方面的能力。另一方面,充分利用校友资源构筑实习就业新平台,拓宽学生实习就业的新渠道;同时,邀请校友担任学生的"学业实务导师",指导学生的学业规划和专业学习。

三、课堂教学创新的特色与成效

浙江工商大学"一体多元"的课堂教学具有多元性、开放性、协同性等特色。

(一)多元性

提出并实践了多元课堂育人的新理念,在充分发挥第一课堂主渠道育人作用的同时,强调创新创业教育、校内外实习实践、第二校园求学和学生成长社区等其他课堂形式的育人作用,将课堂教学空间由校内(课内与课外)向校外延伸,构建和实施了"一体为本,多元联动"的课堂教学体系。

(二)开放性

浙江工商大学的课堂教学是开放的,这体现在两个方面:(1)教学资源的开放,包括校外专家授课、实务精英进课堂、共享校内优质课程和引进校外优质课程等,实现资源利用的最大化。(2)教学过程的开放,浙江工商大学所有的校内课堂教学都向学生、老师、学生家长、用人单位、兄弟院校开放,形成生生、师生、师师互助互学的氛围,形成接受社会监督的机制。通过课堂开放,使得学校的师生具有开放的心态,能够突破自我的局限,不断学习,自我反思,持续发展。

(三)协同性

围绕"专业成才、精神成人"的目标,学校与科研院所、行业产业、地方政府进行深入融合,构建协同的校内外实践基地,形成协同的产学研人才培养模式;学校与其他高校的紧密合作,丰富了学生的求学经历,拓宽了学生的视野;学校与校友的互动和合作,为学生搭建了成长社区,更好地引导学生成才。

浙江工商大学近年来通过"一体多元"课堂教学创新与实践,取得了明显成效。

1.学生参加创新创业活动的积极性空前高涨,创新创业能力明显增强

学生获得的省级大学生创新项目逐年增加,自2009年至2013年,共有242个项目获得了省级大学生创新项目(新苗人才计划)立项,共获经费资助142.5万元,2012年

学校又获得国家级大学生创新创业训练项目的立项资格。有16支学生团队进入学生创新创业实验园,已有8支创业团队经过学校创新创业园孵化后注册成为企业,其中博派正装获得了天使投资50万元资金的投入,销售额已经突破了200万元。2014年学校还荣获“国家级大学生创新创业训练计划实施工作先进单位”的称号。

2.学生学科性竞赛成绩优良

通过课堂教学创新实践,学生在近三年的省级以上各类学科竞赛中都取得了较好的成绩。2011年度共获得省级三等奖及以上奖励108项,其中国际奖项7项,国家级奖项12项,省级奖项89项。2012年获得全国一等奖1项、二等奖3项、三等奖1项;省一等奖14项、二等奖33项、三等奖49项;组织学生参加美国(国际)大学生建模竞赛(MCM/ICM),获得提名特等奖1项、金奖5项、银奖5项的好成绩。2013年获国家二等奖3项、国家三等奖3项、省一等奖14项、省二等奖26项、省三等奖54项;组织学生参加美国数学建模(MCM/ICM)获得金奖6项、银奖9项。

3.学生就业竞争力和满意度明显提升

近年来,毕业生就业竞争力明显增强,初次就业率都在96.5%以上。根据ATA测评研究院发布的《2013中国高校通用就业力白皮书》,浙江工商大学毕业生通用能力总排行列全国第24位,其中基本工作能力排名列全国第9位。

通过多年“一体多元”课堂教学创新与实践,浙江工商大学已形成了多元、开放、协同的课堂教学模式,促进了学校的内涵式发展,提高了学校的教学质量。当然我国经济社会在发展与转型,学生、家长、用人单位、政府对高校的期望越来越高,因此提高本科教学质量是无止境的,课堂教学的实践探索、改革创新也无止境,学校将继续努力,不断改革与创新,为学生创造更好的课堂教学环境。

构建"以学生为中心"的教学管理体系：经济学视角的理论与新西兰实践的借鉴*

刘海生① 郭宏宝②

(浙江工商大学教务处、浙江工商大学金融学院)

摘　要：本文从经济学视角研究了"以学生为中心"教学管理体系的有效均衡，并以新西兰高等教育的实践为例进行了经验分析。首先，文章分别构建了教学活动中学生与教师的决策方程，并借鉴"用脚投票理论"，考查了学生与老师的选择行为能够引发教学活动均衡有效的逻辑机理，论证了尊重师生"选择权"在"以学生为中心"教学管理体系中的基础地位和核心价值。其次，借鉴新西兰高等教育教学实践，论述了教学活动中的"选择权"在"以学生为中心"教学管理体系中的实现及其产生的影响。最后，根据理论与实践分析的结论，针对我国当前教学活动中存在的问题提出相应的政策建议。

关键词：以学生为中心；教学选择权；经济学视角；新西兰借鉴

一、引　言

改革开放以来，我国高等教育事业取得了长足发展，一些新的教学方法与教育理念正在逐渐融入我国高等教育的实践，促进了我国高等教育事业的不断发展与完善，然而与教育发达国家相比，我国高校教育的总体水平仍显不足。形成一套能够提高学生知识水平与创新能力的教学方法、培养出大批创新型人才是提升我国教育水平、促进我国经济持续发展的关键所在。"以学生为中心"的教学方法已经被各大教育发达国家证明是行之有效的，"以学生为中心"的教学方法通常具有如下一些特征(Donohue 2010)：它允许存在灵活的时间安排；校内、校外都是获取知识的场所；评判学生对知识的掌握程度既可以基于传统考试，也可以通过学生能力的展示；教学需要考虑到学生的需求与兴趣。

从经济学的角度讲，以学生为中心教学方法的目的是保障学生获得尽可能高的知识与技能水平，以帮助学生更好地实现自己的目标，为此，不仅需要学生正确地确定兴趣与爱好，还需要高素质的教师教授知识，而高素质的教师意味着较高的成本。这就需

* 基金支持：教育部规划课题(11YJA790036)阶段成果，浙江工商大学高等教育科学重点研究课题"'以学生为中心'的教学管理体系构建研究：中新对比视角"(Xgy13014)成果。

① 刘海生，教务处处长，教授、硕士研究生导师，博士，研究方向为经济理论、会计理论、战略成本管理。

② 郭宏宝，副教授，硕士生导师，博士，研究方向为税收理论与政策。

要学校在成本与收益之间进行选择。可见,构建“以学生为中心”的教学管理体系就是要改革传统的对各类学生千篇一律的教学模式,形成教师与学生能够相互选择、教师主动指导与学生独立学习相结合的新的教学模式,这种基于 Tiebout 式“用脚投票理论”的教学模式的核心要件是尊重学生与教师的选择,实现资源的有效配置。

“以学生为中心”的教学法强调充分利用学生已有的知识和经验,帮助学生主动地学习(赵蕊,2012)。其基本内涵就是要求教学活动能够诱发学生自主学习的动力,让学生拥有学习的主动权,形成良好协作和互动和谐的学习环境,让教师与学生在教学活动中同时体验到快乐和收获。然而,从目前我国大多数学校或教师的教学实践看,仍然是以教师为主,学生跟着教师思维走,“以教师为中心”的传统教学模式。尤其是从我校的实际来看,教师仍然在教学中居于主导地位,教与学的脱节现象比较明显,结果是课堂互动差,学生怠学、逃课情况时有发生,教师应付心态重,出工不出力状态明显。这种教学状况的普遍存在不仅会阻碍高质量学生的培养,也会对教师自身的发展与提高产生消极影响。而要改变这种现象,就必须树立“以学生为中心”的教学理念,并从制度上保证良性互动、师生共进的教学新局面。

二、文献综述

有关“以学生为中心”教学法的研究文献基本上是通过与传统“以教师为中心”教学法的比较展开论述的,认为尽管“以教师为中心”的传统教学法可以实现传授知识的严密性、系统性、完整性和逻辑性,但同时也会约束学生的自由空间,将教学过程演化为教师自身的活动过程;尽管可以保障教师教学的计划性和效率性,但却忽略了学生自主学习的机会,忽视了学生的自我发现和探索能力的培养,阻碍了学生主体性、能动性、创造性的发展,使学习的过程演化为被动的、机械的过程。而“以学生为中心”的教学方法改变了传统课堂的权力空间,确立了学生在学习过程中的主体地位,强调课堂的双向性、自主性,学生作为学习中的自主者、参与者,其探索性和创新性的培养得到了保障(邬易平、王蕾,2010)。

刘毅、王邦勇(2012)认为“以学生为中心”的本真是一种指引教育实践的价值导向,是一种从教育意义上对人的生命的尊重,是从根本上对高等教育的重新认识,是学校对学生的大爱及真正以学生为本的体现,是学校培养学生独立自主和创新精神以及培养多样化人才的根本指针。并应为此做好两个改变:一是改变学生的被动状态,增强学生的主体性、能动性与创造性;二是改变教师一刀切的教学模式,增强教师的主导性、教育性与艺术性。凌艺春等(2011)具体考察了六阶段、三阶段与四阶段“以学生为中心”授课模式的实践,认为根据学生具体情况而综合采取不同模式是提高效率的有效举措。宋怡(2009)从物质层面、制度层面与精神层面介绍了美国“以学生为中心”教学法的典型做法,并据此提出了对我国教育实践的指导意义。吕林海(2007)在对近年来在全美颇具影响力的基于脑的教学模型——分层课程进行系统介绍的基础上,提出了“以学生为中心”教学模式在我国推行的启示:一是要创设一个低压力而又高挑战的以学生为中心、着眼学生个性培养的课堂;二是要加快脑科学的基础性研究以及技术开发研究,并着力将最新的脑科学成果及脑科学技术与教育领域“联姻”,通过教育学者与神经科学家的合作,做属于教育自身的脑科学研究,用脑科学成果及技术解决教育领域的问题。赵同森(2010)将高校“以学生为中心”的教学作为研究对象,并参考美国从20世纪90年代开始实施的“以学生为中心”的教学评价体系(即NSSE,National Survey of Student Engagement),制定了高校学生学习意愿评价内容:专业学习的认同度、学习的质量与意愿、合作学习的数量与质量、师生互动的质量、教学模式的认同度、教学资源的提供、大学学习的收获等。张艳(2009)专门针对“以学生为中心”教学中教师的作用进行分析,认为教师应成为学生学习的参与者、组织者、合作者、指导者和推动者,是类似于一种“学生顾问(learning counselor)”的角色,即教师要帮助学生做好学习准备、分析学生的需求、充分了解学习的相关内容等,相比于传统的教学,教师要做的工作更多了,难度也加大了。穆刚(2007)以美国哈佛大学心理学教授霍华德·加德纳于1983年提出的多元智力理论为指导,阐释了构建“以学生为中心”学习环境的重要性,强调了环境在学习与发展中的作用。李进华、李方泽(2010)在具体介绍了英国约克大学的做法以后,提出了灵活性与多样性在“以学生为中心”教学模式中的重要性。

文献表明,有关“以学生为中心”教学模式的研究,大多着眼于对学生学习自主权的强调,或者对外国一些教学模式的介绍,而对“以学生为中心”教学模式的本质内涵的理解和研究则相对较少。事实上,“以学生为中心”教学模式绝不仅仅是对学生学习的强调,也不仅仅是体现在对教师教学方法的改进上,是一套完整的有利于知识传承与创新的教学体系和制度规则,是要达到教学领域各种资源的有效配置,其根本的核心要件则是对教学环境中各个体选择权的尊重和保障。

三、理论模型

Tiebout(1956)对地方公共产品有效提供的开创性研究确立了“选择权”在资源有效配置中的核心地位。基于Tiebout“用脚投票理论”的逻辑起点,在参考Hoxby(1999)有关教育生产率讨论的基础上,本小节从教师与学生两个方面考查“以学生为中心”教学模式对教学资源配置与学生学习效果的影响。

1.学生的选择决策方程

高校允许学生在不同专业、不同任课教师间进行选择,一方面会给学生带来收益,这包括能够保障学生真正学习自己感兴趣的、擅长的专业,跟随适合自己的教师学习,实现求学的期望效用等;另一方面也会产生相应的成本,比如改变专业带来的额外时间成本、学费成本等。因此,保障学生的选择权不是对学生的一种恩赐,而是保证教学制度有效的基石。

假定学生面对选择形成的成本与收益组合时,以效用最大化为决策目标。于是i(类)学生选择的决策方程可以表示为:

$$\max U_i(q_j, w_j, x) \quad s.t.\ (1+m_j)p_j^w w_j = y_i - x \tag{1}$$

假定“以学生为中心”的教学不仅能够像传统教学法那样传授给学生专业知识,也会带给学生额外的专业能力,那么在效用函数$U_i(.)$中,q_j、w_j、x分别代表学生i选择j专业(或教师)能够获得的专业能力、专业知识和其他收益。尽管“专业能力”以专业知识为基础，但却更有利于期望效用水平的提高，因此需要更高的成本与更高水平的教学质量，其他收益是指选择 j 专业后非教学原因形成的收益。在约束方程中，p_j^w 为学习 j 专业基础知识需要缴纳的费用，m_j 为折算系数，即形成 1 单位专业能力需要的费用相当于多少专业知识所需的费用，这样，约束方程的左边为在“以学生为中心”教学环境下，学生学习 j 专业的总成本支出。y_i 为学习 j 专业能够获得的预期收益的现值，由于这种收益既源于学生学习获得的知识与能力，也可能源于其学习期间其他方面的影响，因此，在仅考虑与教学相关的预期收益时应从总收益中减去其他收益 x。最后，假定 i 学生的效用函数具有典型的效用函数特征，即，

$$\frac{\partial U_i}{\partial q}>0,\frac{\partial^2 U_i}{\partial q^2}<0;\frac{\partial U_i}{\partial w}>0,\frac{\partial^2 U_i}{\partial w^2}<0;\frac{\partial U_i}{\partial x}>0,\frac{\partial^2 U_i}{\partial x^2}<0. \tag{2}$$

方程(1)表明允许学生选择的实质是要求在预期收益与学习成本约束下选择适合自己的专业或教师，即通过权衡并选择合适的 $(1+m_j)p_j^w$、(q_j,w_j) 组合，来实现自己效用的最大化。令 $p_j=(1+m_j)p_j^w$，于是可以定义学生 i 的间接效用函数为

$$V_i(q_j,p_j,y_i)=U_i(q_j,w_j(p_j,y_i),y_i-p_jw_j(p_j,y_i)) \tag{3}$$

显然，如果 j 专业是 i 学生的最优选择，那么有 $V_i(q_j,p_j,y_i)>V_i(q_{j+1},p_{j+1},y_i)$ 和 $V_{i+1}(q_j,p_j,y_{i+1})<V_{i+1}(q_{j+1},p_{j+1},y_{i+1})$，此处下标 $j+1$、$i+1$ 表示其他专业及其相应收益。如果每个学生都选择到了自己合适的专业，那么，意味着学生不可能再借助选择而获得额外的收益。即

$$\left.\frac{dp_j}{dq_j}\right|_{V_i=\bar{V}_i}=-\frac{\dfrac{\partial V_i(q_j,p_j,y)}{\partial q}}{\dfrac{\partial V_i(q_j,p_j,y)}{\partial p_j}} \tag{4}$$

(4)式表明当一个学生获得额外 1 单位专业能力的效用增加刚好能够抵消其额外 1 单位成本支付的效用损失时，学生的效用实现了最大化，此时不存在通过选择专业或老师而获得效用增加的机会。由于(4)式为正、且满足典型特征(2)式，因此学生最优选择的无差异曲线是上凸的，即最优效用曲线，可以用图 1 表示：

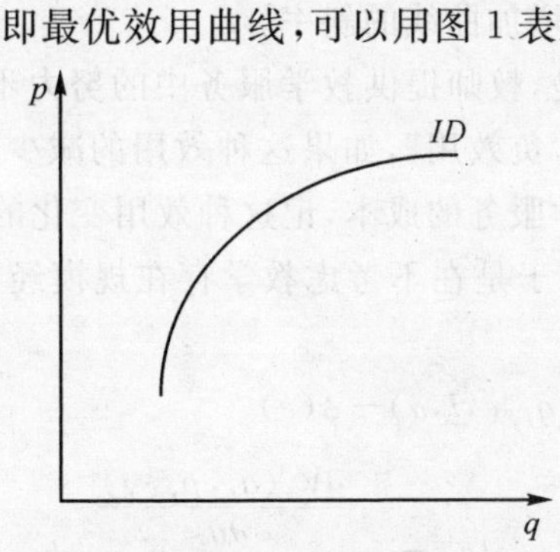

图 1　学生选择的最优效用曲线

2. 教师的选择决策方程

在学习兴趣、专业社会适应性等外部约束的一定条件下，学生专业选择的本质是对专业教师教学质量的选择。从经济学的角度看，教师所以提供教学服务而非其他社会劳动，是因为他能够从提供教学服务中获得的收益不会小于从事其他行业的劳动。我们把教师获得的报酬区分为基本报酬与努力报酬，基本报酬定义为补偿教师传授学生

基础知识所形成的成本，这部分成本相对比较容易衡量，且容易在教师间形成相互替代关系，因此，教师不可能从此类报酬中获得租金。努力报酬定义为补偿教师传授学生专业能力所付出的成本，由于教师自身条件等方面的差异，为使学生获得一定的专业能力，不同教师需要付出的努力是不同的，当教师获得的补偿大于其努力成本时，就会形成教师的租金收益，反之则形成负的租金收益。从经济学的角度看，在既定的教学目标约束下，即学生期望的教学能力，追求租金收益最大化无疑是教师行为的决策依据。可以证明，"以学生为中心"教学方法所内含的对"选择权"的尊重能够保证教师市场的均衡，实现教师资源的有效配置。

假定教师提供教学服务的报酬来源于学生的缴费，在不考虑交易成本（或行政成本）的情况下，教师提供教学服务能够获得的报酬为

$$b_j = p_j^w w_j + m_j p_j^w w_j \tag{5}$$

教师提供教学服务，自身必须首先具备一定的知识与技能，积累这些知识与技能需要支付一定的成本。由于用于积累传授基础知识的成本支付并不能给教师带来租金收益，因此仅考虑积累传授专业能力的成本，定义教师的这一成本为：

$$C(q,e,i,\alpha) \tag{6}$$

通常，提供越高水平的教学服务，就需要教师具有越高、越广的知识储备，也就需要越多的成本支付，且服务质量每增加一个边际需要的成本投入是增加的，因此有$\partial C/\partial q>0$，$\partial^2 C/\partial q^2>0$，这说明 C 是 q 上的凸函数，(C,q) 曲线是下凹的；此外，教师本身的努力程度也会影响某种教学质量水平上的成本及边际成本，一般来说$\partial C/\partial e<0$，$\partial^2 C/\partial q\partial e<0$，说明教师的努力会使 (C,q) 曲线向下平移，并使该曲线曲率变小。再有，学生类型 i 的差异也会影响到教师的成本支付，同样的培养目标，禀赋比较高的学生需要教师的成本支付较小，且受到学生 i 的选择的影响。最后，诸如通勤费用等非教师本身形成的成本，也是教师在提供教学服务时影响其成本的因素，把这些影响因素综合为 α，并假定 α 满足 $\partial C/\partial\alpha>0$ 和 $\partial^2 C/\partial q\partial\alpha>0$，也就是说，这种影响的增加在导致 (C,q) 曲线上移的同时，会增加曲线的斜率。

另外需要说明的一点是，教师提供教学服务中的努力不仅对教学成本形成直接的影响，也会对教师形成一种"负效用"，如果这种效用的减少可以用货币来衡量的话，这显然也是构成教师提供教学服务的成本，记这种效用变化的货币价值为 $\phi(e)$[$\phi(e)$满足 $\phi'(e)>0$ 和 $\phi''(e)>0$]，于是在不考虑教学存在规模经济的情况下，教师的租金收益可以简化为

$$\max_{q,e} R = m_j p_j^w w_j - C(q_j,e,i,\alpha) - \phi(e)$$

$$s.t.\ dp_j = -\frac{\dfrac{\partial V_i(q_j,p_j,y)}{\partial q_j}}{\dfrac{\partial V_i(q_j,p_j,y)}{\partial p_j}}\cdot dq_j \tag{7}$$

由最优的一阶条件可得（即函数的一阶导数等于0）

$$m_j w\frac{dp_j^w}{dq_j} - \frac{\partial C}{\partial q_j} = 0 \text{ 即} \frac{m_j}{1+m_j}\cdot w\cdot\frac{dp_j}{dq_j} - \frac{\partial C}{\partial q_j} = 0 \text{ 因此} \frac{\partial C}{\partial q_j} = -\frac{m_j}{1+m_j}\cdot\frac{\dfrac{\partial V}{\partial q_j}}{\dfrac{\partial V}{\partial p_j}}\cdot w \tag{8}$$

$$\frac{\partial C}{\partial e}=-\phi'(e) \tag{9}$$

第一个条件表明，在最优状态下，教师增加一个边际专业能力积累需要的边际补偿刚好等于学生愿意为获得这样一个边际能力而支付的费用，此时教师的租金收益为0；第二个条件表明，由于教师努力而形成的负效用的货币价值也必须在给予教师的成本补偿中得到体现，否则教师会选择货币成本相同而努力程度较小的工作。

如果教学市场是有效的，那么教师不可能获得经济租金，而负租金的出现也一定会把教师逐出教学市场，因此，市场均衡的租金收益一定等于0。考虑到教学服务的成本补偿C来源于学生的缴费p，而学生缴费的决定源于对教师服务的认可，因此，教师教学服务的决策方程实际上是找到最优的q,p组合。定义最优的q,p为$q^*(m,w,e,i,\alpha)$和$p^*(m,w,e,i,\alpha)$，在最优的p^*,q^*组合中，某专业能力水平下所需要的基础知识w及专业能力对基础知识的折算因子m决定了某种教学质量水平下教师期望得到的收益，(8)式的第三个式子表明，一般来说，教师的专业能力越高，就需要付给其越高的补偿；努力的货币成本e使得教师增加一个边际专业能力所需要的支付费用增加更多，说明p^*对q^*是边际递增的；不同的i,α遵守同样的p^*,q^*决策程序，但起始的q点会更高，且努力成本使p^*对q^*边际递增更快。于是，根据最优状态下教师租金收益为0的条件，我们可以得到教师的零租金收益曲线。如图2所示。

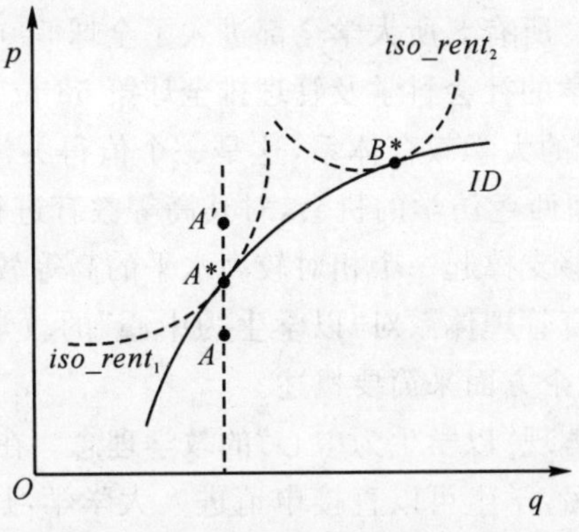

图2　老师的零租金收益线及教学市场的均衡

3. 教学市场的均衡

由于图2中教师的最优决策曲线是连续、下凹且密布的，因此必存在一组与最优的学生效用水平(或支付意愿)相切的零租金收益曲线，即存在一系列的切点A^*，B^*……在这些有效的切点上，教育市场资源得到了有效配置，此时，教师提供的专业知识与能力正好是学生所需要的，且教师为此得到了相应的补偿；学生得到了他们期望的教学服务，也为此进行了相应的支付。这说明，教学市场上的教师与学生都通过“选择”实现了成本与收益的对等，获得了最优的决策结果，实现了效用的最大化。而在非切点上，并不能保证教师与学生的同时最优。比如，图2中A^*是相应教学质量水平下学生最优效用线与教师零租金收益线的切点，在此教学质量水平下，学生的支付意愿(或教师的成本补偿)满足$p^A<p^{A^*}<p^{A'}$。A点不可能是稳定的，因为此时学生的支付意愿大于教学服务的成本补偿，教师存在正的租金收益，这会诱使更多的教师竞争这一教学水平的岗位，结果只有愿意付出更多努力的教师才有可能获得这一岗位，但这也意味着

过 A 点的零租金收益线会向上移动。类似的,A' 也不可能是稳定的,因为此时学生的支付意愿不能够补偿教学服务的成本,这会导致教师选择离开这一岗位,或者降低努力程度,从而造成过 A' 的零租金收益线下移。而在 A^* 点,任何一方的偏离都意味着因失去对方的合作而无法实现自身的目标,因此 A^* 是相应教学水平上唯一稳定的点。

当设定的教学水平 q 发生变化时,上述逻辑仍然成立,但此时零租金收益线的形状会有所不同,由于既存在使零租金收益线曲率变大的因素,如 $\phi''(e)>0$ 和 $\partial^2 C/\partial q\partial\alpha>0$,也存在使零租金收益线曲率变小的因素,如 $\partial^2 C/\partial q\partial e<0$。然而这些影响零租金收益线曲率变化的因素并不会对市场的均衡条件产生影响,因此,B^* 仍然是其相应教学水平上的均衡点。于是我们的结论是:如果允许学生选择专业或教师,并依据教师与学生的双向选择来决定教师的报酬,那么教学市场是有效的,因此,“选择权”是“以学生为中心”教学活动富有效率的核心所在,对“选择权”的尊重是“以学生为中心”教学活动的基石。

四、新西兰高等教育的教学实践

新西兰经济规模并不算大,但其高等教育质量在世界上却享有良好声誉,在2013/14年度国际高等教育及人力资源研究机构 Quacquarelli Symonds(QS)公布的全球大学最新排名名单中,新西兰所有8所大学全部进入了全球500强,一些学科甚至能够跻身世界前列,如奥克兰大学的社会科学及管理排全球第58位。一个相对弱小的经济体却支撑起一个相对高质量的大学教育体系,这是一个值得关注的现象,因此,作者利用2013年2月至8月间在新西兰访学的机会,对其高等教育进行了比较深入的观察。结果发现,新西兰之所以能够支撑起一个相对较高水平的高等教育体系,除对教育的慷慨投入外,更重要的是其教育管理体系对“以学生为中心”的教学管理思想进行了很好的贯彻与保障。这可以从三个方面来简要概述。

首先,教学实践充分体现“以学生为中心”的教学理念。在新西兰,上大学是公民的一项基本权利,高中毕业后,学生可以直接申请进入大学学习,也可以选择接受其他高等职业教育或参加工作,而选择参加工作并不妨碍他们在今后适当的时候申请进入大学学习。大学学制的设定富有弹性,一般要求在3年到8年内完成,只要能够完成相应的学分要求即可以取得相应的学位。新西兰实行三学期制,第一学期从2月开始至5月的第一个星期结束,然后是两周的假期。第二个学期从5月底开始至8月底结束,第二个学期后是两至三周的假期。第三个学期从九月上旬开始一直到学年结束,然后是较长的暑假。每个假期都可以依学生选择开设课程班,以帮助那些拟提前毕业者取得学分。同时,学生也可以选择暂时中止学业,并在适当的时候回到学校继续学习。尽管在进入大学时,各所大学都会对学生的专业选择提供帮助,但这并不能保证学生的专业选择一定是其真正的兴趣所在,因此,学生在学习中可能会存在换专业的需求,新西兰的大学为学生转换专业提供了足够的空间,并且专业共同课程的学分也会记入学生新修的专业中,这样就减少了学生换专业的成本。此外,在新西兰的教学实践中,教学始终是以学生为中心提供服务的,无论是课程还是任课教师都给学生留有选择空间,因此会形成200多人的大课堂,但这并不会造成学生学习的不便,因为新西兰的课堂教学只是学生课程学习的核心部分，课外仍然有大量时间组织学生进行自我或相互学习，通常的做法是，将学生分为10人左右一组，每组每周有一堂讨论课，课堂一般由上届学习成绩前15%的学生负责指导，并由学校付给指导学生相应的报酬，这样既形成了对成绩优秀者的奖励，也对学生的学习需求提供了保证。

表1　新西兰教育支出的金额及其占GDP、政府支出的比重

年份	教育支出[1]	GDP[2]	教育支出/GDP	政府支出[2]	教育支出/政府支出
	$(million)		%	$(million)	%
1998/99	5,337	104,890	5.1	33,939	15.7
1999/00	5,712	111,202	5.1	34,829	16.4
2000/01	6,136	117,540	5.2	36,559	16.8
2001/02	6,473	126,355	5.1	37,513	17.3
2002/03	7,016	132,847	5.3	39,897	17.6
2003/04	7,585	142,046	5.3	41,882	18.1
2004/05	7,930	152,079	5.2	44,895	17.7
2005/06	9,914	160,582	6.2	49,320	20.1
2006/07	9,269	168,768	5.5	54,004	17.2
2007/08	9,551	182,966	5.2	56,997	16.8
2008/09	11,455	184,298	6.2	64,002	17.9
2009/10	11,724	187,060	6.3	64,013	18.3
2010/11	11,650	195,899	6.0	70,450	16.5
2011/12	11,654	202,504	5.8	69,076	16.9

1.教育支出包括商品与服务税。
2.GDP与政府支出为当年价格，且政府支出不包括商品与服务税。
资料来源：新西兰教育部、统计局、财政部

其次，充足的教育支出为“以学生为中心”的教学理念提供了经济基础。表1是新西兰教育支出的金额及其占GDP与政府支出的比重，可以看到，近年来新西兰教育支出的金额占GDP的比重基本在6%左右，而占财政支出的比重甚至接近20%，这在经合组织国家中也是名列前茅。新西兰的教育支出不仅规模相应比较大，而且使用效率也相对较高。教师聘用是新西兰高校支出的重要构成，在高校的许多教学点上都会集了一些世界各国的优秀教师，教师完全实行聘用制，教师的收入由合同双方在聘用之初平等协商而定，因而能够比较合理地体现教师的价值。教师的职责主要包括三个部分，一是给学生授课，教师的授课任务并不多，而且可以通过与其他教师的合作，来灵活调整课程安排，授课效果的好坏会在授课教师的最后一节课由学生做出书面评价，通常是由学校负责教务的教师给学生发放评价表来进行。二是进行科学研究，新西兰高校并不给教师设置科研任务，也没有类似我国的年度科研量化考核，如何进行科研完全可以由教师自行安排，不过出于对续聘方面的考虑，大多数教师都会重视自己的科研成绩，结果这种基于主动与灵活基础上的科研成果往往能够达到一个比较高的层次。三是社会实践,社会实践是教师做好科研、提升教学质量的重要影响因素。新西兰高校允许教师社会兼职,社会兼职一方面提高了教师的收入,另一方面也极大地促进了理论与实践的结合,促进了教学质量的提高;做好科研既需要独立钻研,也需要广泛交流,新西兰高校教师通常会依据自己的科研需要制订学术交流计划,并在每个财政年度之初做好预算,这种预算资金通常会得到满足并存入学校代管的个人账户,这样就保证了在财务制度规定的范围内,教师本身可以最大自由限度地使用预算资金。

最后,科学合理的制度设计保障了"以学生为中心"教学理念的贯彻。新西兰大学有关学生的各种规章制度也都体现了以人为本的教学理念,使学生能够在不断的自我定位中获得能力的增长。学生在主修某个专业的同时,学校也允许兼修第二专业,满足了学生多方面提高自身素质的愿望,而为了使学生能够选择到适合自己的专业,学生手册对各个专业的内容、课程要求、培养目标、就业前景及选择条件等进行了比较详细的介绍。为便于学生合理安排各学期的选学课程,新西兰各大学都对不同学科的学分分值、学习课程所需要的课堂与课外时间之比做出了明确说明,比如,如果学生选择人文社科类课程,每个学分需要支付 37.75 新元(2013 年数据),正常进度下第一学期的费用就需要 4530 新元(120 学分);如果学生选择的课程是经济学原理,那么课堂/课后时间比应该保证 1∶2 才有可能学好这门课,显然当各个专业都按照这样的规定进行了详细的说明后,学生就可以合理权衡学习时间、兼职工作、学费成本等各种因素,安排一个比较合理的个人计划。此外,为促进教师与学生间的交流,各高校都建立了相应的交流平台,并给每个学生与教师分配相应的账号,使学生与教师之间能够做到及时交流。另外,甚至是学生在学校期间的生活状态也是可以选择的,学生可以选择住在学校提供的宿舍,并缴纳相应的费用,也可以选择到校外租住民房,这样就为学生在不影响学业的情况下,提供了降低成本的选择。最后,新西兰大学的行政系统拥有完备的学习服务体系,这包括学生写作规范性的培养、健康服务、职业咨询、心理咨询,以及国际生的语言能力培养等,学生入学后,可以通过预约的形式,以单独或群体的形式获得此类服务,通常,所有这些服务也都内含着学生在缴费与收益间的权衡。

五、结论与启发

通过理论分析与实践考察,我们认为一个好的教学模式必定是"以学生为中心"的教学管理模式,而"以学生为中心"的教学管理模式的核心在于帮助学生做出合理选择,并保证这些选择的有效实施。为此,本文认为"以学生为中心"的教学管理模式应做好以下几点:

必须给予学生足够的空间。学生是教学服务的对象,学习是学生主观能动地认识客观事物的过程,由于学生禀赋与成长环境的不同,他们对客观事物认识的速度与路径也存在差异。只有尊重学生的选择,给学生以足够的选择空间才能最大限度地满足学生的差异化需求,才能保障学生在学校求学的大环境中找到相对独立的个体环境,才能达到客观环境与主观能动性的完美结合,才能培养出具有独立思维能力,并适应社会需求的创新型人才。

必须给予教师足够的空间。教师是教学服务的主体，是学生主观能动地认识事物的引导者，因此，一个好的教师不仅应该有足够的知识储备，还要能够不断地了解知识的更新及其对于社会现实的意义。只有给予教师足够的空间，尊重教师的选择，才能保障教师找到适合自己的知识更新途径，才能保障教师找到教育引导学生的有效途径。从而才使学生能够更加快速、理性地成长为社会有用之才。

必须体现效率原则。无论是教师还是学生，选择意味着在利益与成本间的权衡，意味着独立人格与处事能力的提高，也意味着可能在失败的选择中被淘汰，或者在占优的选择中获得成功。因此，要保障教学当中的效率，就必须保障师生能够获得其选择的收益，同时也必须承担其选择的成本。

必须体现客观原则。客观才能公正，才能保障教师与学生对自我选择的认可和承担，继而构建起良好的竞争秩序，从而实现在平和的气氛中体现竞争的效率，保证教学的质量。

参考文献

[1] DONOHUE N C. Students at the center: New England's future demands education based on a learner's needs and interests[J]. The New England Journal of Higher Education 2010 Winter, 2010, 24(3): 24-25.

[2] HOXBY C M. The productivity of schools and other local public goods producers[J]. Journal of Public Economics, 1999, 74 (1): 1-30.

[3] TIEBOUT C M. A pure theory of local expenditures[J]. The journal of political economy, 1956, 64 (5): 416-424.

[4] 李进华，李方泽．以学生为中心，构建灵活多样实用的人才培养体系——英国约克大学人才培养模式的启示[J]．外国教育研究，2010(11)：16.

[5] 凌艺春，黄飞，翟红云．“以学生为中心”的行为引导授课模式的实践[J]．教育与职业，2011(15)：98-99.

[6] 刘毅，王邦勇．“以学生为中心”的人才培养模式的更新与超越[J]．教育探索，2012 (6).

[7] 吕林海．分层课程：一种以学生为中心的差异性教学模型[J]．外国中小学教育，2007 (3).

[8] 穆刚．以多元智力理论为指导建构以学生为中心的学习环境[J]．教育探索，2007(5)：7.

[9] 宋怡．“以学生为中心”——赴美考察有感[J]．中小学管理，2009(5)：50-51.

[10] 邬易平，王蕾．“以学生为中心”的教学模式实践[J]．中国成人教育，2010(14)：152-153.

[11] 张艳．如何发挥教师在以学生为中心教学中的作用[J]．中国成人教育，2009(15)：109-110.

[12] 赵蕊．“以学生为中心教学法”在中国近现代史纲要课程教学中的应用[J]．教育与职业，2012 (24).

[13] 赵同森．高校“以学生为中心”的教学评价[J]．继续教育研究，2010(12)：152-153.

基于SPOC的全校性创业教育体系设计

——浙江工商大学“创业管理”微专业实践

江 辛[①] 厉小军[②] 徐 锋[③] 温巧巧[④]

(浙江工商大学工商管理学院、创业学院、教务处)

摘 要:信息技术浪潮及社会创业型人才的紧缺呼吁着高校创业教育改革,本文提出了基于SPOC的全校性创业教育体系,并阐明了其中几大要素的关系,同时以浙江工商大学为例介绍了其对高校创业教育所做的创新性探索,提出了开设创业教育“微专业”的概念,以期对创业教育的改革有所启示。

关键词:全校性创业教育;创业教育体系;微专业

一、引 言

随着知识经济和IT革命浪潮的兴起,社会呼吁创业型人才,高校也越来越重视创业教育,国务院办公厅发布了《关于做好2014年全国普通高等学校毕业生就业创业工作的通知》,提出实施“全国大学生创业引领计划”。虽然各方都积极促进创业教育,但我国的创业教育还存在如下问题:(1)对创业教育认知的功利化偏差,即认为创业就是创办企业;(2)课程设置不完善,我国课程设置有三种模式:外来照搬型、自创合成型和混搭拼凑型,但是目前三种模式反而分别造成东施效颦、虎头蛇尾和整合不够的反效果;(3)师资队伍不健全;(4)缺乏创业教育评价。据统计,2014年我国应届大学生的创业成功率仅0.5%左右。因此,改革创业教育是我国高校面临的重大使命。

创业教育是以培养人的创业精神、创业思维、创业技能等各种创业综合素质为目标的教育。高校要以开展创业教育为切入点,把创业意识、创业思维和创业精神内化到学生的人格中去。随着创业的社会价值和文化价值的日益体现,高校创业教育逐渐由精英教育向全校性创业教育演化。全校性创业教育是覆盖全校学生,依托全校资源,以培养学生创业综合素质为目标的创业教育。我国全校性创业教育的发展首先需要完善全校性创业教育的体系设计。

---

① 江辛,工商管理学院、创业学院副院长,副教授,硕士,研究方向为服务企业管理。

② 厉小军,教务处副处长,教授,博士,研究方向为高校教学管理、软件工程。

③ 徐锋,章乃器学院、创业学院院长,教授,研究方向为国有外贸企业改革、国际商务管理、产业集群和专业市场国际化发展战略。

④ 温巧巧,企业管理专业研究生。

二、全校性创业教育体系设计

创业教育体系作用的有效发挥离不开培养目标、课程内容及辅助机构的支撑，因此，高校此体系的构建必须解决好三个问题：体系设计的目标是什么？如何选择和设置课程内容？如何整合各项资源？由此本文认为，在创业环境中，培养目标、课程体系、师资队伍、管理机构以及评价体系这五大关键环节相互作用，构成了如图1的全校性创业教育体系。

（一）培养目标的再定位

创业教育的目标是创业教育体系设计的依据，是选择创业教育内容、确定教育方法以及整合资源的出发点和归宿。本文认为可进行两个层面的目标定位。

第一个层面是共性目标。高校创业教育的目的不是让每位大学生都成为企业创立者，而是以强化全校学生的创业意识、丰富其创业知识、培养其创业思维和心理品质为重点的创业基本素质教育。

第二个层面是个性目标，应将培养学生具有创业实践能力作为核心。对于不同类型的学生因材施教，善于发现那些创业欲望强烈且具有创业才能或创业实力的学生，培养他们的创业技能。

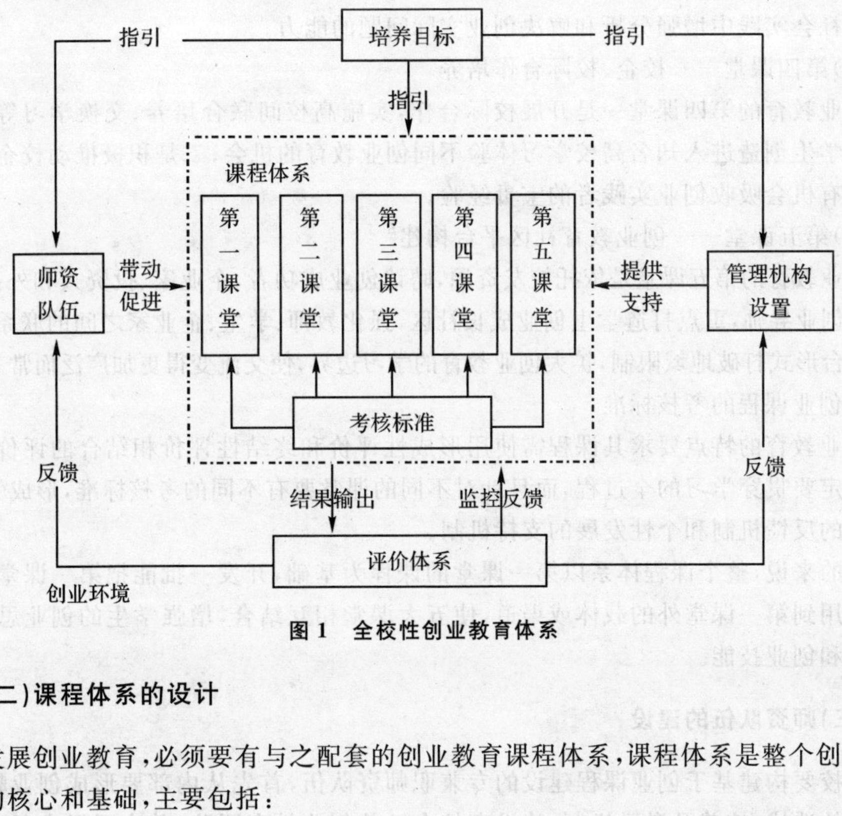

图1　全校性创业教育体系

（二）课程体系的设计

发展创业教育，必须要有与之配套的创业教育课程体系，课程体系是整个创业教育体系的核心和基础，主要包括：

1.课程内容

创业教育的内涵十分丰富,既包括课堂教学也包括课外实践,应加强目前高校创业教育各类渠道的融合,着力打造创业教育的五大课堂,全面推进协同培养。

(1)第一课堂——创业系列课程设置

创业教育的第一课堂主要是指有关创业的系列课程设置,它是整个课程建设的基础环节。要鼓励教师进行创业课程的教学手段创新,开展启发式和体验式教学,强化课堂的互动,促使学生独立思考,大胆发表个人见解,激发学生的潜能和创造性,以逐步培养学生的创业精神与创业思维。为解决受益面的矛盾,第一课堂需推动信息技术在创业教学上的应用,重视 MOOC、SPOC 和混合式创业课程建设,推广"翻转课堂"的创业教学模式,强化创业知识结构与素养的建立。

(2)第二课堂——创新创业竞赛与项目整合

创业教育的第二课堂主要是指各类竞赛与项目资源的统一整合,做好项目指导、管理与服务工作,为学生搭建更宽广的创业平台。如"挑战杯"大学生创业计划大赛、团中央和学联组织承办的 KAB 项目、各级地方政府的大学生创新创业项目等。学生通过参加项目性活动参与,增强创业思维,提升创业技巧。

(3)第三课堂——创业实践、实习基地建设

创业教育的第三课堂是指统筹建设校内外创业实践、实习基地,如建设校内创业园,与政府或企业创业园签订基地协议等,为学生提供多方位的创业实践机会,让他们在创业社会实践中增强分析和解决创业实际问题的能力。

(4)第四课堂——校企、校际合作培养

创业教育的第四课堂一是开展校际合作,实施高校间联合培养、交换学习等项目,努力为学生创造进入知名高校学习体验不同创业教育的机会;二是积极推动校企合作,使学生有机会吸收创业实践者的宝贵经验。

(5)第五课堂——创业教育社区平台构建

创业教育的第五课堂是依托校友资源,聘请创业成功者、企业家、投资人和外部专家学者为创业导师,重点打造学生创业成长社区,强化教师、学生、企业家之间的联系互动。社区平台形式打破地域限制,扩大创业教育的学习边界,使交流变得更加广泛而常态。

2.创业课程的考核标准

创业教育的特点要求其课程需使用形成性评价和终结性评价相结合的评价模式,综合评定要贯穿学习的全过程,而且针对不同的课堂要有不同的考核标准,形成学生创业素养的反馈机制和个性发展的支持机制。

总的来说,整个课程体系以第一课堂的课程为基础,开发一批能把第一课堂知识、方法运用到第一课堂外的载体或渠道,使五大课堂相互结合,增强学生的创业思维、创业精神和创业技能。

(三)师资队伍的建设

高校要构建基于创业课程建设的专兼职师资队伍,首先从内部要形成创业教育专业师资的选拔、培养及激励机制,建设高校自己的创业教育团队;其次要形成一个良好的协同聘用机制,从社会聘请具有实际创业经验的创业人士来做兼职教师。

(四)管理机构的设置

全校性创业教育开展要求高校成立专门的创业管理机构来统筹、整合各方资源,分解落实工作责任,便于开展多层次、多形式、全方位的合作,形成创业学院、商学院、学工部、团委、招生就业处等部门的联动机制,引导学生的创业学习与创业实践活动。

(五)评价体系的健全

为了避免高校创业教育绩效的评价产生偏差,教育主管部门和学校要建立多维度评价体系,注意将教师对创业教育的认可度、学生的满意度、创业教育的影响度、项目效果等进行综合考虑,实施效果评价、诊断评价、过程评价、毕业生调查、教师评价、专家评价等六维评价体系。评价体系的评价结果又可以作为信息反馈,从而促进创业教育螺旋式提升。

(六)创业环境的营造

创业教育的开展离不开一个良好的实施环境,除了政府在政策和资金上的支持和扶植外,高校也要优化创业学习环境,深入开展校园多形式创业活动,构建有利于多向交流的创业学习、研究空间,实施点面结合、上下互动、内外并举策略,积极营造一种从"要我创业"到"我要创业"转变的浓厚氛围,充分发挥文化育人作用。

三、浙江工商大学"创业管理"微专业实践

在高校创业教育发展过程中,近年来,浙江工商大学结合本校的商科特色,一直对创业教育的主体、模式、路径不断地进行摸索和探讨,逐步形成了有自身特色的创业教育体系。

(一)浙江工商大学的创业教育发展历程

浙江工商大学的创业教育发展主要有三个时间节点,如表1所示。

表1 浙江工商大学创业教育发展历程

时间	背景	标志事件	特点
2009年之前	创业教育逐渐受到高校关注	创业园开园	创业教育主要由团委系统分管,课程零星,主要有团委KAB培训、管理学院"创业管理"选修课等,创业活动自发、松散。
2013年	创业教育重视程度得到提升,创业热出现	设立"创业实验班"	全校范围内选拔学生组建创业实验班,设置四大创业课程选修模块,实施每个学生个性化培养方案,受到教育界和媒体的好评。创业教育主要在精英教育层面。
2014年	MOOC技术逐步成熟,创业教育成为战略要素	成立"创业学院"构建全校性创业教育体系	设计全校性创业教育体系,利用信息技术手段开展创业教育;设立"创业管理"微专业。

(二)“创业管理”微专业的概念由来与实践

当前全校性创业教育的实施面临三大矛盾:集中于管理学院(商学院)的有限的师资与普及型创业教育之间的矛盾,学生专业学分体系的完整性要求与创业教育知识技能培养难以融合的矛盾,信息技术快速发展与传统教学模式的矛盾。为了解决这些矛盾,浙江工商大学在2014年4月成立了“创业学院”,在统筹规划全校性创业教育体系的同时,提出了设立“创业管理”微专业的构想,得到学校决策层的认可并在学校立项。“创业管理”微专业主要是依托信息技术手段,将创业教育第一课堂中的课程体系化、模块化,以微专业认证的形式面向全校学生开放。微专业课程设置如表2所示,所设立的课程既要符合当前创业教育知识体系的规律,又能体现该校的商科特色。

表2 浙江工商大学“创业管理”微专业的课程设置

课程模块	课程名称	学分	主要内容
核心课程模块	精益创业实务	1	创业基础、精益创业方法和工具,创新思维训练。
	项目分析与商业计划书	1	创业项目可行性研究的方法及商业计划书写作。
	创业企业财务管理	1	创业企业经营中必要的财务意识和报表解读。
	商务沟通与谈判	1	如何说服投资人,如何带领团队。
特色课程模块	互联网思维与创业	1	互联网创业模式的解读。
	互联网金融	1	互联网金融与创业的融合路径,该课程与中国银联支付学院合作开发。
创业沙龙	创业案例分享与交流	1	每年度分期寻找典型创业企业家、风投机构以“异地同时”对话形式进行案例分享与交流。
创业实践模块	创业模拟/创业竞赛/创办企业	1	以多形式检验是否具备创业知识、技能与思维。

“创业管理”微专业的创新点体现在:

1.学分浓缩:大幅度减少专业学分要求

学生一般是选择双专业或辅修来学习自己喜欢的课程,但会因此面临两个问题:一是所需获得的学分多,即为了达到学分认证必须学习多门课程,包括自己不感兴趣的;二是知识的跨度可能很大,甚至两个专业知识之间没有交集。而微专业课程的学分只有8个,大幅度减少了学生的学分负担,而且学生学习所获得学分可以替代学生第一专业的学分。

2.跨界融合:专业课程与创业课程的融合,理论教学与实践教学的结合

一是创业教育的课程不再是孤立地开展,而是可以嵌入到学生原有的专业课程体系中,这样使学习既有针对性又有衔接性;二是注重创业教育的理论教学和实践教学的结合,在创业实践模块利用多种形式让学生参与和体验创业教育,从而更加贴近实践,增强创业信心。

3.形式创新:采用 SPOC 教学新形式

该校微专业课程建立在 MOOC 平台上,为了解决日后可能的跨校际选课,课程将采用 SPOC 形式(Small Private Online Course,小规模限制性在线课程)进行教学。目前,SPOC 教学主要是针对围墙内的大学生和在线学生两类学习者进行设置,前者是结合了课堂教学与在线教学的混合学习模式,在大学校园课堂,运用 MOOC 实施翻转课堂教学。后者是根据设定的申请条件,从校外的申请者中选取一定规模的学习者。这样的教育模式,使学生可以利用课余的碎片化时间在线学习相关课程的知识点和方法并得到检测,又利用“同时异地”的 SPOC 方式进行师生、生生之间的互动式交流,将物理空间、师资资源、学分制约等矛盾一并解决。

4. O2O 认证:线上测试线下考核相结合进行学分认证

微专业课程将线上学习与线下实践、线上测试和线下考查相结合,充分保证学生的学习效果。学生获得全部学分时,创业学院将授予其“浙江工商大学创业管理”微证书,此证书性质为第二专业辅修证明,作为对学生接受创业教育的证明和鼓励。

目前,浙江工商大学“创业管理”微专业的课程设计团队已经全部到位,这些教学改革项目正在推进过程中,2015 年将全面上线成为专业教育第一课堂的主导。

浙江工商大学的创业教育实践推进过程中考虑到三轮驱动:课程驱动——不同类别课程之间的整合,专业联动——不同专业之间的融合,实践带动——实习、实践对创业教育课程内容的补充和带动。从而实现三个转变,即由“点式”精英教育到“面广”的全校性教育转变;从教师为主体的“传道、授业、解惑”到学生为主体的“悟道、守业、释惑”转变;从注重“教”到注重“教”与“学”结合的转变,最终形成极具浙江工商大学特色的创业教育体系。

参考文献

[1] 梅伟惠.创业人才培养新视域:全校性创业教育理论与实践[J].教育研究,2012,6:144-149.

[2] 黄兆信,曾尔雷,施永川.美国创业教育中的合作:理念、模式及其启示[J].高等教育研究,2010,31(4):105-109.

[3] 徐小洲,梅伟惠.高校创业教育的战略选择:美国模式与欧盟模式[J].国际与比较高等教育,2010,31(6):98-103.

[4] 黄兆信,王志强.论高校创业教育与专业教育的融合[J].教育研究,2013,12:59-67.

[5] 游振声,徐辉.多样化推进:美国高等学校创业教育途径探析[J].比较教育研究,2010,10:62-66.

[6] 顾剑秀,方鹏.大学生创业教育:现状、问题及有效途径——基于江苏省十所高校的调查数据[J].煤炭高等教育,2012,30(3):77-79.

[7] 徐葳,贾永政,阿曼多,等.从 MOOC 到 SPOC——基于加州大学伯克利分校和清华大学 MOOC 实践的学术对话[J].现代远程教育研究,2014,4:13-22.

[8] KATZ J A. The chronology and intellectual trajectory of American entrepreneurship education :1876—1999[J]. Journal of business venturing,2003(2):283-300.

[9] ROBINSON P, HAVYNES M. Entrepreneurship education in America's major universities [J]. Entrepreneurship Theory and Practice,1991(3):41-52.

[10] 21 世纪网.多地启动大学生创业引领计划创业成功率有待提高[EB/OL]. http://epaper. 21cbh. comhtml2014-11/12/content_115653. htm? div=-1.

[11] 王贤芳,孟克.论高校创新创业教育体系之重构[J].教育教学论坛,2012(1):118-120.
[12] 彭刚.创业教育学[M].南京:江苏教育出版社,1995.
[13] 清华大学新闻网.我国高校实施小班化教学现状分析与发展策略[EB/OL]. http://news. tsinghua. edu. cn/publish/news/4205/2014/20141017142602293970435/20141017142602293970435_. html.
[14] 康叶钦.在线教育的"后 MOOC 时代"——SPOC 解析[J].清华大学教育研究,2014(1).

基于吸收能力视角的浙江工商大学“课程、模拟、平台”大学生创业教育模式构建研究*

胡洪力[①]

（浙江工商大学工商管理学院）

摘　要：在梳理文献的基础上，本文基于吸收能力的视角提出一个“课程、模拟、平台”的大学生创业教育模式。创业课程设置是解决显性创业知识获取，创业模拟是强化获取创业知识，创业平台是通过创业实践获取隐性创业知识。依据该模式分析了浙江工商大学大学生创业教育模式的成功经验、存在的问题；最后，给出了推进浙江工商大学创业教育模式创新的对策建议。

关键词：创业教育模式；创业课程；创业平台

一、引　言

根据《2014年中国大学生就业报告》的统计数据，我国2013届大学毕业生自主创业比例为2.3%，浙江省的大学毕业生自主创业比例为6.1%，而美国大学毕业生自主创业比例为20%—23%。因此，相对而言，我国及浙江省大学生自主创业比例仍较低。目前，浙江高校大学生创业仍然面临着自主创业科技含量低，缺乏经验、资金、人脉等诸多问题。解决这些问题的关键是要找到适合浙江实际情况的大学生创业教育模式，从而为支持大学生进行创业教育提供理论和实践指导。近年来，浙江工商大学开展创业教育如火如荼，取得了很大成绩，但也存在不少问题。本文就是针对浙江工商大学创业教育实践，基于吸收能力的视角提出“课程、模拟、平台”大学生创业教育模式，并依据该模式，分析了浙江工商大学创业教育存在的不足，并给出了相应的对策。

二、基于知识吸收能力的浙江工商大学“课程、模拟、平台”创业教育模式构建

目前，已开展创业教育的浙江高校中比较有名的有浙江大学的“创业课程＋创业社团＋创业孵化器”模式、温州大学瓯江学院主导的“课程＋模拟＋实践”模式、浙江师范

* 浙江省2012年度（高校）教育科学规划课题“基于知识吸收能力视角的浙江高校‘课程、模拟、平台’大学生创业教育模式构建研究”（编号：SCG310）的前期研究成果。

① 胡洪力，副教授，硕士生导师，博士，研究方向为创新、创业管理研究。

大学的“增强创业意识、培养创业能力、建设创业基地、创新创业机制”四位一体的工作模式”、宁波大学的“平台+模块”模式和宁波大学科技学院的“诊断咨询”模式等(金海燕,谢红梅,2008;谢志远,2009;黄文光,2010;周波,2008)。归纳来看,这些高校创业教育模式的核心就是要实现大学生创业知识的获取、吸收、转化、应用过程,从而提高大学生创业能力,进而提高大学生创业成功率。

创业教育模式构建的目标是要提高大学生创业能力,而要提高大学生创业能力,关键是实现隐性创业知识向大学生的转移和积累。所以,创业教育模式构建最重要的是如何把创业课程、创业模拟和创业平台这三个核心要素进行创新的整合,形成三位一体的创业教育模式,而大学生的“课程、模拟、平台”创业教育模式构建,就是依据创业教育中大学生创业知识的获取、吸收、转化、创造过程。其中,创业课程设置是解决显性创业知识获取,创业模拟是强化获取创业知识,创业平台是通过创业实践获取隐性创业知识。

(一)创业课程体系是创业人才培养的基础

课程的设置是创业人才培养目标实现的基础,也是创新教育的途径和手段。创业课程既是创业教育的基础,也是创业教育的平台和依托,因此,课程设置是开展创业教育的重点和关键。在课程设置中应将创业课程、创业实践活动课程与创业知识、创业能力和创业素质等创业教育目标之间进行协同。同时,在课程内容安排上应该兼有必修课程、选修课程、创业实务类课程和创业实践类课程,而这些课程在设置上尽可能地让学生多参与、多实践、多尝试、多操作,为自主创业积攒经验。

(二)创业模拟是强化显性创业知识的理解途径

创业模拟是强化获取创业知识的途径。理论知识只有通过不断的实践,才能发挥最大的效用。学生通过课程所学到的创业知识,需要去模拟,只有通过切身感受,才会强化所学的知识。这就要求高校多举办与创业相关的活动,如创业大赛、企业管理软件模拟等。只有通过不断的创业模拟,才能使学生深化对显性创业知识的理解。

(三)创业平台是体现大学生创业能力的舞台

通过有利于创业意识和能力的培养与表达的综合创业平台,包括创业园区、创业种子基金、创业孵化器等,学生可以从创业实践中获取隐性创业知识。创业平台的构建,需要达到其实效性的要求,可以让广大学生充分利用其中的资源,来获取所需要的创业能力。

大学生“课程、模拟、平台”创业教育模式构建,就是依据创业教育中大学生创业知识的获取、吸收、转化、创造过程,这一模式能使三个环节相互补充、相互促进,能够实现理论与实践的结合,能够使学生切身感受到创业的魅力,进而实施创业。浙江工商大学的创业教育经过近几年的发展,取得了不少成绩,初步形成了“课程、模拟、平台”创业教育模式。推动完善这一创业教育模式将进一步促进浙江工商大学大学生创业活动的发展。

三、浙江工商大学创业教育开展现状

2010年6月，浙江工商大学创新创业园建成，并设立了100万元的实验园专项基金，奖励大学生在园区内的创新创业突出项目。在首次创业项目申报中，经过专家评审，最后首次批准入园的共有8个项目。

2013年9月，浙江工商大学针对本科生创业教育设立创业实验班，以促进学生自主创业、团队创业、协同创业。首届创新实验班有29名学生，来自全校9个学院的16个专业，其中18名学生已进行创业项目运作。

2014年10月，浙江工商大学与浙江华睿投资管理有限公司签署了战略合作协议。双方将合作开发创业课程，组织“华睿创业先锋班”，制订个性化的创业人才培养方案，强化创业实践教学，建设创业实践教学平台或基地，对大学生创业团队或项目进行指导、会诊，对具有较大潜力的优秀的创业团队或项目，华睿将提供孵化资金。

2014年11月，浙江工商大学依托创业学院平台，面向全校学生推出“创业管理”微专业。微专业设置了“4211”课程模块，包括4个学分的核心课程模块、2个学分的特色课程模块、1个学分的创业沙龙和1个学分的创业实践。学生学习微专业所获学分可以替代学生第一专业的学分，以适应学校提出的“面上覆盖”创业教育目标。

另外，浙江工商大学各个学院从新生入学开始就做好了学生的学业生涯规划和职业生涯规划。通过学校创业学院的平台，加强校内外的统筹合作，通过建立创业班等方式，着力培养学生的创业能力，逐渐形成具有浙江工商大学特色的讲求实效、注重后劲等特色鲜明的创业教育体系。

四、浙江工商大学创业教育开展中存在的问题

(一)创业政策支持力度不足

就浙江工商大学来说，学校还没有制定鼓励大学生创业的相关政策，如未对创业课程体系、承认创业实践学分、优化创业项目筛选、创业项目退出流程等进行详细规定；也没有一个相对独立的创业教育管理部门，统一管理学校各类创业课程开设、创业模拟开展、创业园区管理等；对大学生创业项目运营的资金资助较少。

(二)创业相关课程开设不足

浙江工商大学的创业教育课程内容没有打破原有的专业课程限制，其内容比较单一，没有形成涵盖人文素质教育、专业知识教育、创业知识传授、创业实践教育及模拟创业的创业课程体系；专业知识教育是创业的基础，学校还没有把一些创业课程(如“创业管理”“市场营销学”“公司法”等)设置为全校各专业学生的专业选修课，不面向全校各个专业开设这类课程，就不能使学生正确认识创业的规律，也不利于创业知识普及。

(三)创业师资力量有待加强

浙江工商大学的创业课程授课教师大多是学术专家出身，特别是年轻教师较少有

在企业工作的经历,缺乏创业实践的锻炼,对创业课程的教学就不能有效结合企业实践来进行;目前,学校创业教育与专业教育分头进行,创业课程与专业课程联系不紧密,专业教师无论是知识结构还是实践技能方面都不能满足创业教育的需要;一些创业教育教师多是兼职人员,主要来自高校的就业部门或者学生管理部门,师资队伍的专业性、稳定性都不够。

(四)创业模拟方式有限

浙江工商大学创业教育目前的模拟方式主要是校级的创新创业大赛,工商管理学院组织企业管理案例大赛,实践平台主要有"创业培训班"和"创业园区",其数量和种类太少;学校创业教育模拟的方式也有限,不能够满足广大创业大学生的现实需要。虽然这些平台为学生提供了实习机会,然而从教育的角度来看,尚不能为学生提供系统的创业实践体验。

(五)创业平台较少

目前,浙江工商大学仅仅在下沙校区剧院内设立了一个创新创业园,园区面积较小,能够入驻的创业项目有限,不能够满足学生创业实践的需要;校内外创业基地较少,以此为载体组织学生参加创业实践活动严重不足;校内外实习基地数量不足,学生较少能够通过实习环节开展创业实践。另一方面,学校创业园区缺乏与各种孵化器和科技园、风险投资机构、创业培训机构等机构的稳定联系,没能形成一个完善的创业教育生态系统。

五、推进浙江工商大学创业教育模式创新的对策建议

(一)完善学校创业支持政策和管理机构设置

学校有关部门应制定鼓励大学生创业的指导原则和政策;学校应成立一个相对独立的创业教育管理部门,统一管理学校创业课程开设、创业模拟开展、创业平台运行;每年都拿出一定数量的资金用于本校大学生创业项目的资助;承认创业实践学分;优化创业项目筛选、创业指导、创业项目退出流程。

(二)进一步完善创业课程体系设置

一是要改革教学内容,加强跨学科、跨专业的横向联系,优化课程体系;二是要注意在专业教育中渗透创业教育;三是要强化实践教学环节,采购企业管理、创业方面的软件,加强学生实践动手能力的锻炼,实行开放式人才培养模式;四是要单独设置"创业教育选修课",列入教学计划,扩大全校性选修课的范围,增设与创业教育密切相关的核心课程为全校性选修课。要让课程多样化、实用化,打破传统的课程体系,进一步通过课程来引导和激发学生的创业热情,解决显性创业知识获取的难题。

(三)加强创业师资力量建设

创业教育的实践性、经验性学习的特点,要求既有理论又有实战经验的教育者才能

胜任，因此，学校要着手重点培养一批专业的创业教育师资。一方面可以利用学校实施的“大地计划”，加大专业教师赴企业挂职的力度；另一方面，学校也可与浙江一些知名企业通过战略合作形式，外派一些专业教师到企业短期挂职，多培养一些对企业运营较为熟悉的专业教师。

（四）丰富创业模拟的方式

学生通过创业课程所学到的创业知识，需要创业模拟，只有切身感受，才会强化所学的知识。这就要求高校多举办与创业相关的活动，让学生获得更多的实践机会。学校可以定期举办创业大赛，以及开展创业相关软件使用的比赛；还可以把校内外实习基地、校办企业等办成创业教育示范基地，让学生在这些场所边学习、边实践、边创业。

（五）加大创业平台建设力度

一是学校要加大创业园区的建设，以此来保障大学生创业项目的运行；二是学校要建立多种形式的校内外创业基地，以此为载体组织学生参加创业实践；三是加强与校外创业孵化器、科技园、风险投资机构、小企业开发中心等外部创业网络成员的合作，构建一个高校、社区、企业良性互动式发展的创业教育生态系统。从而有效地整合社会各种创业资源，进而推动学校的创业活动蓬勃开展。

参考文献

[1] 金海燕，谢红梅．发扬求是创新精神探索特色鲜明的创业教育模式：浙江大学创业教育经验总结与分享[J]．中国大学生就业，2008(22)：55-57.

[2] 谢志远．大学生创业教育的本土化实践——以温州大学为例[J]．教育发展研究，2009(4)：81-843.

[3] 黄文光．谈地方高校创业教育面临的问题及对策——基于对宁波市高校的调研[J]．教育探索，2010(2)：156-158.

[4] 周波．四位一体创业教育模式的实践与创新——以浙江师范大学为例[J]．中国大学生就业，2008(22)：62-63.

[5] 商应美，方琳，马成龙．高校大学生创业教育实践研究及其发展现状探析[J]．现代教育科学．2013(1)：43-47.

基于行动者网络共建的旅游本科教育协同创新模式研究*

郭　文[①] 郑四渭[②]

(浙江工商大学旅游与城市管理学院)

摘　要:传统旅游本科教育以教师为主体和单纯以知识教学为导向的传统教育模式忽略了市场对旅游业人才的要求,导致了学生和市场需求错位。能分制模式体现了教育从单一学校课堂教学转移到学校课堂教学与政府、行业、企业协同发展的新的价值取向,需要旅游专业本科教育定位与地方经济社会发展实际相协同、专业设置与区域经济社会规划相协同、人才培养与经济社会发展人才需求相协同。

关键词:能分制;多螺旋;行动者网络协同共建;旅游本科教育

一、引言

在日益激烈的旅游业竞争中,我国旅游业的发展已步入科技创新和持续发展的新阶段,高素质的旅游管理人才已成为社会所急需。2009 年,国务院在《关于加快发展旅游业的意见》(国发〔2009〕41 号)中就明确提出要“整合旅游教育资源,加强学科建设,优化专业设置,深化专业教学改革”。2010 年,我国在《国家中长期教育改革和发展规划纲要(2010—2020 年)》中强调培养大批创新型人才应该成为未来 10 年教育改革与发展的重大目标。近年来,国家提出到 2020 年实现从世界旅游大国向世界旅游强国的新跨越。然而,旅游本科教育无论在数量上还是质量上凸显了不能适应我国新时期旅游事业发展的需要的弊端。建立以学生创新能力培养为目标的教育教学模式,对提高旅游人才质量、促进创新人才培养和建设创新型国家具有重要作用与现实意义。

二、我国旅游本科教育认知与发展中的问题透析

旅游本科教育既具有高等教育的一般规律,又具有旅游专业的特殊性质。申葆嘉认为大学本科以上的高等旅游教育应体现高等专业教育性质。卢华语认为旅游专业性

---

* 基金项目:国家社会科学基金项目(13CGL076)、教育部人文社会科学研究青年基金项目(11YJCZH047)、江苏省高校“青蓝工程”优秀青年骨干教师培养计划基金项目和 2013 年度浙江工商大学高等教育科学研究项目(Xgy13017)。

① 郭文,博士,研究方向为旅游管理和旅游教育。

② 郑四渭,教授,研究方向为旅游经济与管理、旅游教育。

教育应遵循行业特点，以培养高级旅游专门人才为已任。保继刚认为这种潜在定位需要根据不同层次的人才所需要具备的不同的知识结构、能力素质、眼界视野进行教育。龚艳认为旅游管理专业具有明确的行业指向性，是一个实践性和应用性非常强的专业，其培养目标必须以社会职业岗位的实际需要为依据，突出综合实践能力的培养。李晓东提出在办学理念上应将旅游实践教学贯穿教学各环节中。特赖布(Tribe)认为不仅要面向旅游企业，也要考虑到旅游业中的所有利益相关者。罗伯特(Robert L. Katz)研究认为旅游教育方式应该是包括概念与设计技能、人际技能、技术技能等在内的综合体现。通过上述相关知识梳理，本文认为旅游专业具有实践性、广泛性和综合性等特殊性质，旅游本科教育过程所具有的高等教育和应用教育性质也从根本上决定了旅游专业教育的依托是一个集教育主体、教育内容和教育模式动态改进于一体的开放性实践活动。

长期以来，以教师为主体、单纯以知识教学为导向的传统旅游本科教育模式忽略了市场对旅游业人才的需求，存在课程设置与业界不能很好衔接、人才培养规格单一、实践教学不能有效深入、开放式实验教学体系尚未形成等一系列现实问题。梁学成等认为"旅游产业是一种完全的市场化安排"。杨敏认为"旅游学科定位以及专业设置过于单一""旅游本科教育采用一般本科教育理念"是造成上述问题的主要原因。李晓东发现现代实践教学意识不强、师资队伍建设滞后和学生动手能力不强是目前存在的主要问题。保继刚认为旅游人才需求的分层化与本科教育人才同质化之间的矛盾、行业的专业化要求与"宽口径、厚基础"培养模式之间的矛盾、行业对理论和经验的双重要求与本科教育中实践缺乏之间的矛盾是目前三大矛盾。Lam T, Xiao H 认为需要改变"经营层面的知识多，很少关注实践能力的培养"的尴尬局面。可见，改变传统旅游本科教育模式成为迫切需要解决的现实问题。

三、旅游本科教育的能分制新模式

(一)能分制模式的内涵

在教育目标上，强调将知识学习转化为实践能力；在主体上，强调学生在学习活动中如何获得以及获得什么知识拓展能力，是从"教—学"到"学—教"的转变。在效能测评方面，突出实践对知识的巩固作用。郭文等研究认为能分制模式是基于"行动者网络"的一种新兴教育教学模式。

(二)能分制模式实施的理论支撑

在20世纪80年代中期，法国社会学家卡龙(Michel Callon)和拉图尔(Bruno Latour)较早提出"行动者网络理论"。"行动者"可以指人，也可以指"非人"的存在和力量。1971年，哈肯(Haken)进一步提出"协同"的概念，认为系统的相互协调、合作或同步的联合作用及集体行动，有利于产生协同效应，这揭示了行动者网络中子系统相互作用与协作，从旧结构到不稳定性再到新结构的变化程式。贝塔郎菲(Bertalanffy)认为任何系统都是一个有机整体。20世纪90年代，埃茨可威兹(Etzkowitz)和雷德斯道夫

(Leydesdorff)提炼出了“三螺旋理论”,认为政府、企业和大学等是知识经济社会内部创新制度环境的三大要素,三种力量交叉影响,形成了形态各异的极权钳制模式、自由放任模式和三重螺旋模式(见图1)。

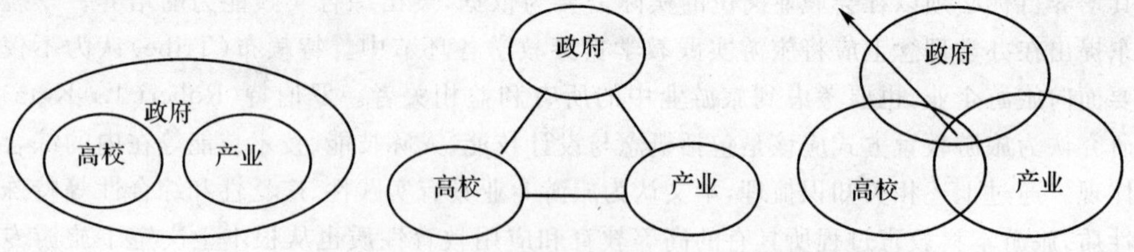

图1 极权钳制模式(左)、自由放任模式(中)和三重螺旋模式(右)

“三螺旋理论”认为,高校、产业界和政府等行动者相互协调,组建网络,推动知识生产、转化、应用、产业化以及升级。在上述三种模式中,最发达的是三重螺旋模式,即各主体在保持各自独立身份的同时,又都表现出另外两个结构的一些能力和作用,围绕知识生产和转化,相互连接在一起,形成三种力量相互影响、抱成一团又螺旋上升的三重螺旋关系。三螺旋理论既强调了行动者网络结构,又强调了协同的深刻内涵,从根本上为旅游本科教育能分制模式的推行提供了新的理论支持和范式指导,是新形势下旅游本科模式革新的重要指导思想。

(三)以能分制为导向的旅游本科教育价值取向

以三螺旋理论为支撑的能分制学教模式是适合现代旅游教育的一种新的教育教学模式,契合了旅游本科教育的特质,改变了传统旅游教育只停留在单纯知识传授和简单操作层面上的教育理念,既强调理论的传授,又注重知识的实践应用,是知识原始创新和实际应用并驾齐驱的过程。能分制模式将旅游产业本位课程、旅游人文本位课程和旅游学科本位课程相统一作为其教育特色,是现代旅游产业发展背景下旅游本科教育改革需要倡导的价值选择。

四、旅游本科教育能分制模式的协同创新

(一)教育定位与地方旅游行业经济社会发展实际相协同

旅游本科教育最大的特色和出路是“区域性”。这需要我们从盲目与其他设有旅游本科教育高校“趋同”和“攀比”的竞争中解放出来,牢固树立特色就是优势的办学理念,把融入地方和服务社会作为旅游本科教育的新目标。在具体教育实践中,明确旅游本科教育的服务区域和服务边界,厘清自身发展所依托的区域和领域,使之与地方旅游行业经济社会发展实际相协同。

(二)教育专业设置与区域旅游经济社会规划相协同

在旅游成为时代主题之一的新时期,如何为区域社会提供与经济社会发展相匹配的旅游高素能人才和服务是旅游本科教育面临的重大课题。旅游本科教育需要与政

府、行业等建立起持久稳定的联系机制，不断调整和发展与产业密切相关的学科与专业设置，使得旅游本科教育与区域旅游经济社会共同发展，共同进步，实现教育与区域旅游经济社会的互动发展。确立以市场和区域旅游经济社会发展需求为导向的教育理念，在专业设置上需要我们主动调整方向，改造传统专业，整合相近专业，扶持新兴专业，培植重点专业，提升优势专业，重视发展直接为地方旅游经济建设服务、适应就业市场变化需求的旅游专业。

(三)专业人才培养与旅游经济社会发展人才需求相协同

旅游专业人才培养方案是形成旅游高素能人才培养目标的知识、能力、素质结构的教育大纲。需要我们在以三重螺旋为思想的能分制模式指导下，进一步与多元网络主体沟通协调，根据地方旅游经济和社会发展的实际需要确立旅游专业人才培养的目标和规格，通过学校、市场和政府等互动作用，实现旅游本科教育结构与地方旅游经济社会结构对接的合理动态平衡，通过学科—专业—产业链对接，促进学校、旅游企业和社会形成利益共同体。

五、结论与讨论

1. 传统旅游本科教育存在旅游人才需求分层化与教育人才同质化、行业专业化要求与“宽口径、厚基础”培养模式、行业对理论和经验的双重要求与教育中实践缺乏之间的多重矛盾，这些矛盾的本质是长期以来以教师为主体和单纯以知识教学为导向的传统教育教学模式忽略了市场对旅游业人才的要求。

2. 以三重螺旋思想为指导的能分制模式是培养和提高学生社会生存能力和发展能力的新的教育模式，切合了时代发展的主题。该模式强调将知识学习转化为实践能力，强调学生在学习活动中如何获得以及获得什么知识拓展能力，改变了过去以教为先，以授课为基础，以教师为主体的以教为中心的教育模式，体现了教育从单一学校课堂教学转移到学校课堂教学与政府、行业、企业并重的新的价值取向。

3. 旅游本科教育的能分制模式是对我国传统旅游高等教育模式的挑战，该模式通过创新资源和创新要素的有效汇集、整合，充分释放彼此间人才、资本、信息、技术等创新资源和创新要素的活力，实现旅游本科教育结构与地方旅游经济社会结构对接的合理动态平衡。

参考文献

[1] 国务院. 关于加快发展旅游业的意见[N]. 中国旅游报，2010-01-04.

[2] 陈国生. 新世纪高素质旅游管理人才培养与高等旅游教育改革[J]. 衡阳师范学院学报(自然科学)，2002，23(3)：124-125.

[3] 汪宇明. 关于旅游科学体系建构与人才培养机制创新的思考[J]. 桂林旅游高等专科学校学报，2008，19(1)：3-6.

[4] 邱云美. 中国旅游教育研究综述[J]. 旅游学刊，2003(S1)：173-174.

[5] 申葆嘉. 论旅游学科建设与高等旅游教育[J]. 旅游学刊，1997(S1)：21-24.

[6] 卢华语. 关于高校旅游专业本科课程设置的几个问题[J]. 桂林旅游高等专科学校学报，1999

(S2):140-142.
[7] 保继刚,朱峰.中国旅游本科教育萎缩的问题及出路——对旅游高等教育30年发展现状的思考[J].旅游学刊,2008,23(5):13-17.
[8] 龚艳.本科院校旅游管理专业实践教学研究[J].商业经济,2009(10):116-120.
[9] 李晓东.现代旅游教育实践教学模式的探讨[J].实验教学与技术,2007,5(6):122-123.
[10] TRIBE J. Research Paradigms and the Tourism Curriculum [J]. Journal of Travel Research, 2001, 39(5):442-448.
[11] KATZ L R. Skill of an Effective Administrator[M]. Cambridge: Harvard Business School Press 2009.
[12] 查尔斯·R.戈尔德耐,J. R.布伦特·里奇,罗伯特·W.麦金托什.旅游业教程:旅游业原理、方法和实践[M].贾秀海,译.大连:大连理工大学出版社,2003(8):23-24.
[13] 陈肖静.关于高等旅游教育改革的思考[J].扬州大学学报(高教研究版),2002,4(4):72-75.
[14] 杨敏.试论我国旅游专业本科教育的尴尬与出路[J].昆明大学学报,2006(2):86-90.
[15] 梁学成,李树民,刘洋.基于旅游产业化的一种动态教育模式安排[J].旅游学刊,2003(7):14-18.
[16] LAM T, XIAO H. Challenges and constraints of hospitality and tourism education in China [J]. International Journal of Contemporary Hospitality Management, 2000, 12(5):291-295.
[17] 李江涛."能分制"学教模式——高等职业技术教育改革的方向选择[J].科技与教育,2010(5):95-96.
[18] 郭文,王丽.旅游高等职业教育核心能力培养模式研究[J].现代商贸工业,2012(1):200-201.

“工商融和”的食品类专业人才培养模式创新与实践*

韩剑众[①] 邓少平[②] 顾振宇[③] 陈忠秀[④] 傅玲琳[⑤] 田师一[⑥] 张卫斌[⑦]

（浙江工商大学食品与生物工程学院）

摘　要：本文针对新时期财经类高校工科专业面临的挑战，结合学校背景和专业实际，提出了财经类院校如何利用大商科的学科背景及文化氛围，构建新的教学模式，培养现代食品工程创新人才的现实问题。通过实践到理论再到实践的探索，从理论和实践两个方面初步回答了：工商融和的现代食品工程创新人才知识结构、专业能力的内涵与外延，实现工商融和的途径与方法，如何“把创新培养成一种思维模式和长期习惯”这三个问题。

关键词：工商融和；工程教育；食品专业

一、需求与呼唤——“三背景”，明确了新时期食品类专业人才培养的理念与目标

背景一：市场经济全球化发展对工程人才需求的综合化趋向。21世纪，工程过程以集成技术、市场、管理为核心功能，体现了既保持传统工程（生产）过程的技术强势、科技基础，又特别强化了过程中的信息流通与管理，并拓展了工程服务的内涵，对工程教育及工程人才的培养提出了全新的要求（见图1）。全球化的市场经济时代，工程教育和商业教育之间具有十分密切的联系，快速发展的中国经济社会尤其需要具有产品设计和市场创意的工程人才，特别是下列三类人才，第一类“理论＋技术实践＋新技术在本专业的应用，能技术交叉创新”人才，第二类“理论＋技术实践＋创新设计，能进行产品创意设计开发出新产品”人才，第三类“理论＋技术实践＋市场创意与经营能力”人才（潘云鹤，2010）。

* 本教改研究获2014年浙江省高等教育教学成果一等奖。

① 韩剑众，教授，博士生导师，研究方向为肉品品质控制及食品营养生物学。
② 邓少平，教授，博士生导师，研究方向为食品感官科学。
③ 顾振宇，教授，硕士生导师，研究方向为食品加工与品质研究。
④ 陈忠秀，教授，硕士生导师，研究方向为食品分子识别、自组装及微结构控制。
⑤ 傅玲琳，副教授，硕士生导师，研究方向为食品安全与免疫。
⑥ 田师一，讲师，博士，研究方向为食品智能感官技术。
⑦ 张卫斌，讲师，博士，研究方向为食品感官科学。

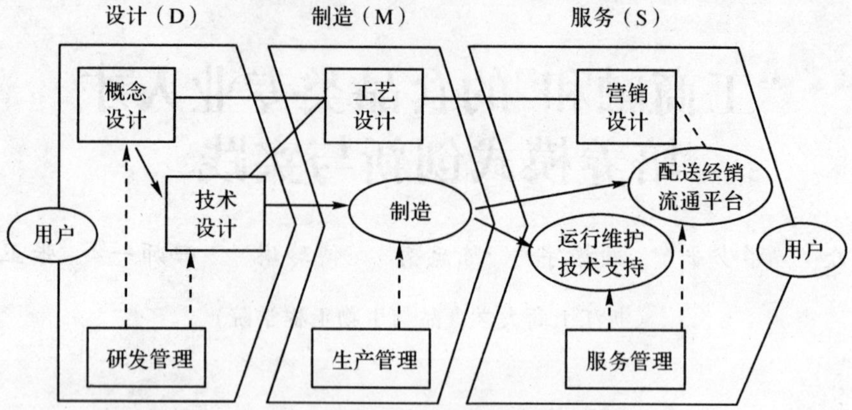

图1 现代食品工程过程总体模型

背景二:食品作为快速消费品(特殊商品)的特点及商品化、市场化对食品产品设计研究的导向。通过对国内外不同时期食品产业及食品安全问题的演变轨迹,以及食品工业生产模式变化的研究后发现,食品作为快速消费品,进入21世纪后,其消费方式发生了根本性的变化,短缺经济时代的主食品消费比重逐年下降,而副食品的比重逐年大幅上升;食品生产的组织形式也已由传统的"农业生产资源引导驱动型"转变为"市场需求引导驱动型";食品的生产与流通,更与市场经济及商业密不可分。新时期的食品工业(包括前端的种养殖业)应以市场和消费者需求为目标,涉及食品消费心理、食品感官风味、市场营销、产品市场定位等内容,否则不能满足和适应消费者、市场的需求及变化,就没有经济意义,而且只有通过对食品商品的剖析才能发挥现有技术的潜力,推动技术进步与创新。

背景三:悠久的为商业系统培养基于食品商品的专业人才的历史传承,大商科背景的校园文化对食品类工程专业人才培养的熏染与渗透。浙江工商大学是一所以大商科经管类为主的大学,原为国内贸易部(现国家商务部)直属高校,其"食品科学与工程"及"食品质量与安全"专业一直着眼于食品商品的生产、流通、消费与品质安全控制,有着深厚的食品商品研究教学的历史与现实基础,与其他分散在工科、轻工、农业系统的高校食品类专业不同,后者着眼于食品产品,更多地注重食品生产设备、工艺、配料、控制、品质变化等;更由于行业及大商科的背景,具有浓厚的商科校园文化,为食品类专业工程人才商业素养和商业思维的形成提供了契机与最有利的条件。

综上所述,如何从纯粹技术主义的传统工科教育走向综合性的现代工程教育,这不仅仅是目前高校工科教育的整体趋势,更是财经类高校食品专业形成新的教学特色与优势的契机。新时期食品类专业人才的培养,更需要结合食品商品的社会消费特征,培养学生在国际食品产业视域下,具备工程思维能力、科学思维能力、系统思维能力和商业创新能力,体验食品作为特殊商品的商业背景、研发背景和社会背景。为此,我们从2003年开始,进行了"工商融和"的食品类专业培养的改革实践。

二、改革与实践
——“二融和”“五重构”与“三转变”，确立了培养模式和特色途径

在长期的食品专业人才培养实践中，教学内容从早期侧重食品生产“点关注——生产工艺、检测检验”，到21世纪针对食品质量安全的“链拓展——过程控制、预防管理”（国家教学成果奖，2005），再到近十年面向产业的“面辐射——工商融和、个性化发展”（浙江省教学成果一等奖，2014）的演变。新的培养模式在依托传承商科类院校食品学科研究和人才培养传统及优势的基础上，把过去学生自发的、个体的对商科相关课程知识的学习，变成学院有目的、有组织、有计划的积极推动和实施，在培养方案和整个教学活动中融入现代商业思想和商科教育的精髓，提出了“工商融和”的现代食品工程人才培养新理念，经过十余年的探索、改革、实践，确立了以“二融和、五重构、三转变”为核心的完整的人才培养新模式和特色途径。

1.“二融和”，彰显特色与途径

食品类专业人才培养的“工商融和”教育思想与理念，从最初的萌芽到完整地实施，经历了从纯粹技术主义的工科教学到“技术管理，工商融和”，再到现在的“工商融和”，经历了三个不同的发展时期，经过十余年的改革实践，从培养途径上初步实现了“二融和”。基于市场经济时代对现代工程人才的需求、食品行业及食品商品的特点以及商科院校食品学科的历史传承，在保持传统工程教育基本内核的前提下，把现代商业思想和商科教育精髓有效引入并融和在食品工程教育中，将工程教育与商科教育的相关要素相互渗透、融和，形成现代食品工程人才培养“集成技术、营销、管理”的“工商融和”的培养新理念。

（1）工程教育与商科教育相互渗透的教学理念融和。

明确提出新时期食品类专业人才必须具备工程思维能力、科学思维能力、系统思维能力和商业创新能力；具备以食品作为特殊商品的商业背景、研发背景和社会背景的系统知识和体验；结合全球化、市场化、信息化的社会特点，把现代商业思想和商科教育精髓始终贯穿于教师、学生、教学计划、课程体系、实践环节、学生创新活动、创新实践等教学活动的全过程。

（2）专业课堂与校园内外商科氛围相互渗透的素质养成融和。

除了培养体系的教学内涵及教学模式的相互渗透、融和外，学院特别实施了“品牌企业校园行”“企业总裁校园行”工程，定期邀请食品及相关品牌企业的技术总监、销售总监、品控总监、人事总监等来校做讲座，使学生时刻感受产业、行业的发展前沿及对产品研发的需求；充分利用商科类学校的优势，鼓励学生选修大量工商、经济、财会、金融、统计等相关课程；鼓励学生在各种课外竞赛中与这些学院的学生组团参加；大商科背景的校园文化、位于校内的浙商博物馆及由学校承办的每年一届的全球浙商大会呈现的现代商业思想、商业文明及浙商精神等潜移默化而又深刻地影响学生“工商融和”理念的形成。浙江地处中国市场经济最发达、商品意识最强烈的东部沿海，浓厚的商科校园文化背景更使学生、教师具备了最朴素的商业意识。特别是各学院学生联合组建的学生创业小组（团队）活动，及企业家报告、浙商基地教育等形式，对学生“工商融和”的素

质养成起到了积极的促进作用。

2.“五重构”,构建培养模式与实践

食品专业教学以课程及要素资源重构和配置为核心,进行了专业核心课程体系、专业核心课程知识结构、课堂教学模式以及教学资源的“五重构”(见图2)。

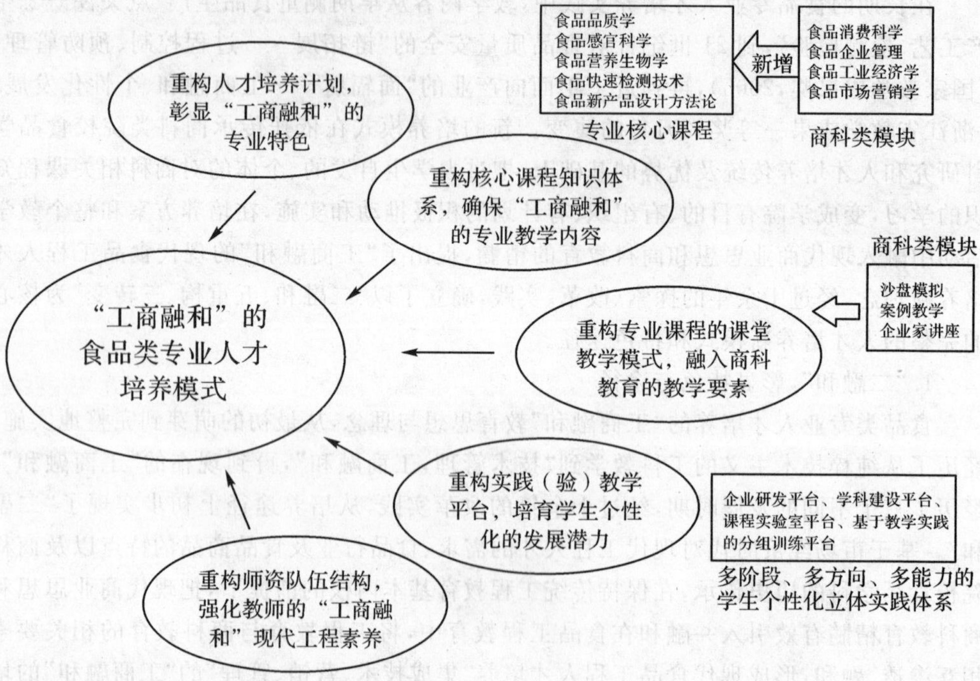

图2 “工商融和”培养模式五重构

(1)专业核心课程体系的重构。

清理重构专业核心课程体系,清除学科与专业的隔膜。“删”除课程中内容重复、知识陈旧或老化的部分;“减”少各门课程的学时数及课堂讲授时间,“优化课内,强化课外”;合“并”各课程之间相互重复、雷同的内容以及通识课程中交叉的内容;“增”加探索性、前沿性、创新性、综合性、技能性课程的内容。提高知识起点,形成新的专业核心课程,如“食品感官科学”“食品品质学”“食品营养生物学”“食品快速检测技术”“食品新产品设计方法论”,增设四大商科经管类模块课程,即“食品工业经济学”“食品消费科学”“食品企业管理”和“食品市场营销学”。

(2)专业核心课程知识结构的重构。

利用科研成果及国外前沿动态,将现代工程教学思想、现代商业思想及教学国际化理念融入学科核心课程的知识内容设置中,实现以市场、商品为前提的科学研究、产品构思、设计,实现以操作实践理念为向导的课程知识结构。

如与食品商品设计、食品消费心理、食品消费评价密切相关的国家精品课程“食品感官科学”,从最初缺少实验设计的“食品感官品鉴”到缺乏统计设计的“食品感官品评”,再到增加实验和统计设计的“食品感官分析”,在此基础上,根据学科研究的国际前沿动态和国际食品产业的发展趋势,我们及时增加了有关心理学、统计学、生理学、物理学及信息技术等多学科交叉的内容,形成了“食品感官科学”,其课程内容和知识体系不断扩展深化并成为国家精品课程(2007)和精品资源共享课程，顺利上线供国内外相关高校学习参考(2013)；又如特色课程“食品营养生物学”，从主要内容为基本营养素及其功能的“食品营养学”到以食品(物)消化吸收、营养素在体内的生理生化过程及相互影响为主要内容的“食品营养生理学”，再演变为目前的以食品(物)复杂体系在消化道的物理和化学变化、消化道黏膜免疫、饮食结构与肠道菌群及进化、胃肠道味觉系统等为主要内容的“食品营养生物学”，其知识体系从最初的食品营养素基本知识，扩展到消化与吸收生理及机制，再深化为消化系统的结构与功能进化，食品对基因、营养流行病学及其营养素在体内的消化、吸收、代谢等一系列过程及其相互之间的联系等。“食品新产品设计方法论”，更是从市场的实际案例出发，探寻产品的配方、工艺、原料控制及质控标准(原料差异对品质的影响)、检测检验方法、消费者调查等教学内容，不仅使学生充满好奇和激情，更激发了学生的学习动力，带着问题学、带着问题设计实验解决问题。

(3)课堂教学模式的重构。

将商科教育的基本模式(如沙盘模拟、案例教学、企业家讲座等)渗入专业核心课程课堂教学模式的改革与实践中，实现各种教学模式有机组合，形成具有专业特色、适合本专业不同核心课程的多元化教学模式体系(见图3)。

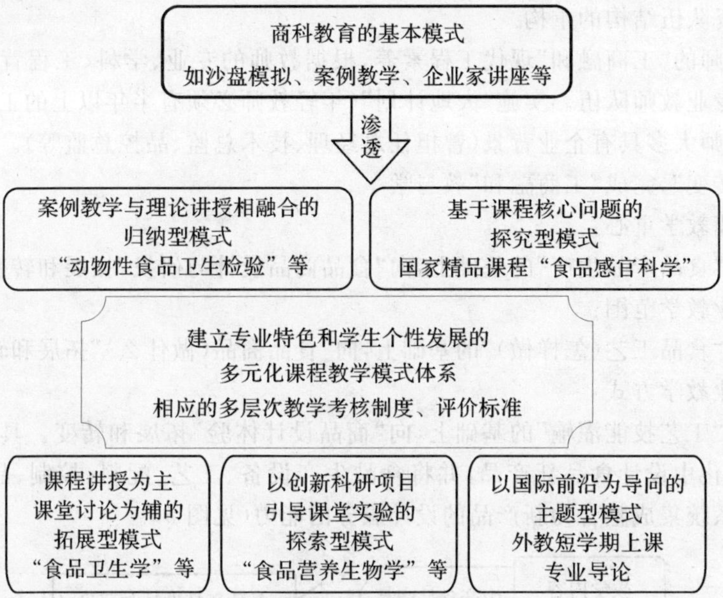

图3　课堂教学模式重构示意图

(4)教学要素资源重构。

重构了企业研发平台、学科平台以及基于课程的群体训练平台、基于教学实践的分组训练平台等要素资源，建立了以个性发展、能力培养为核心的“多阶段、多方向、多能力的学生个性化立体实践体系”(见图4)。创新活动、创新实践与创业教学的融和，把学科实验室平台、企业研发平台融入学生创新创业实践教学，把导师科研创新融入学生实践创新，把社会实践教学活动融入学生创业创新。

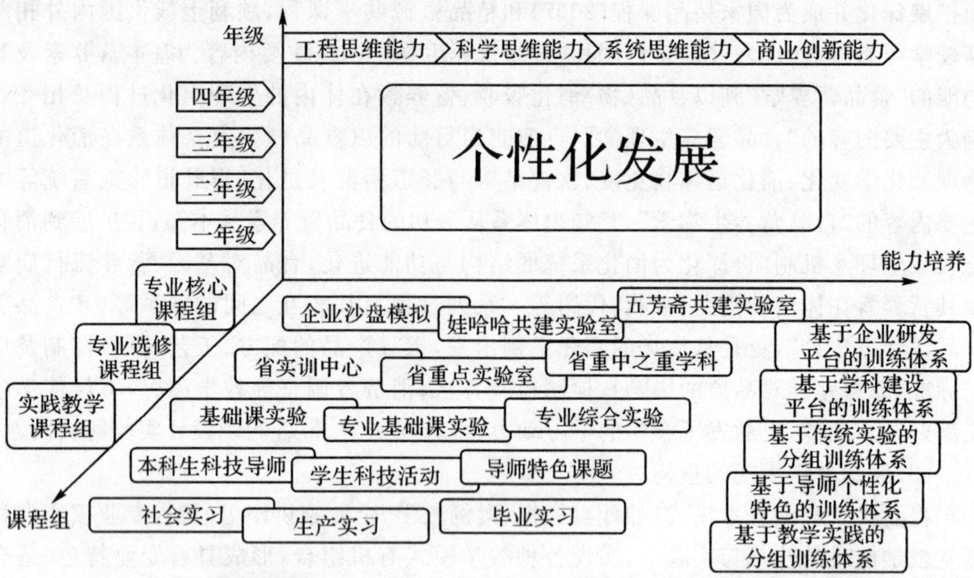

图 4　多阶段、多方向、多能力的学生个性化立体实践体系

(5)师资队伍结构的重构。

强化教师的"工商融和"现代工程素养,根据教师的专业、学科、工程背景及企业经历等,重构专业教师队伍。实施"大地计划"(年轻教师必须有半年以上的工厂及公司经历),骨干教师大多具有企业背景(曾担任总经理、技术总监、品控总监等)。

3."三转变",完成"工商融和"教与学

(1)专业教学重心:

在过去"食品产品生产"的基础上,向"食品商品设计与研发"拓展和转变。

(2)专业教学范围:

在过去"食品工艺(怎样做)"的基础上,向"食品商品(做什么)"拓展和转变。

(3)专业教学方式:

在过去"工艺技能灌输"的基础上,向"商品设计体验"拓展和转变。具备从市场需求及趋势变化中设计食品新产品,并将食品生产设备、工艺、配料、控制、品质变化、监控、物流等系统集成整合为新产品的设计服务的能力(见图 5)。

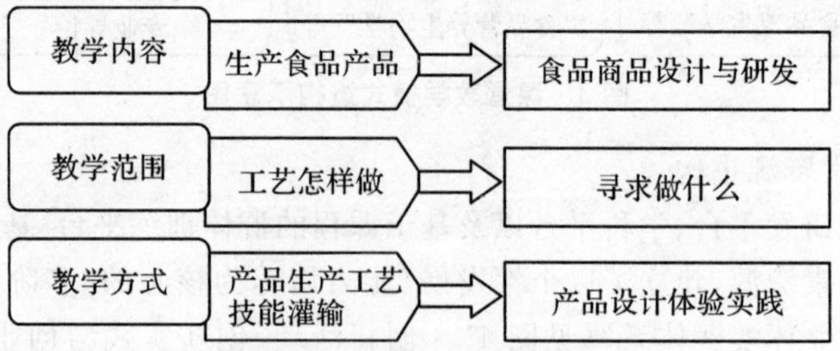

图 5　"工商融和"的三个专业教学转变

4.质量保障与评价监控

学院实行了课程设计与管理制度(各专业成立专业核心课程组、实践教学课程组和专业选修课课程组);集体听课制度(评估性、诊断性和观摩性),由校、院督导和教授及相关学院领导组成的集体听课小组，每次 7 人以上，确保重构课程体系与内容的有效实施；教授和博士的班主任制度（每位教授和博士必须担任班主任）；教学业绩在职称晋升中的一票否决制等，建立了较为完备的教学过程监控评价机制。

三、成效与发展

1. 学生成长

（1）激发了学生的学习兴趣和活力。

商科类院校普遍存在女生比例高，觉得工科专业学业负担重、缺乏学习兴趣和动力等现象。通过"工商融和"的教学改革实践，食品相关专业学生的学习兴趣和活力不断被提高和激发，基于商品设计研发、创业意识的带着问题学习、主动学习、自觉学习的意识大大提高。"工商融和"的教育实践充分彰显了作为市场与商品灵魂的"活"与"创新"，使学生对食品的工艺过程、技术参数、产品设计研发等有了深切的商品体验，对食品产业广阔的市场与商业前景以及对人类营养、健康的影响有了更深刻的认识，从而找回了最原始的追求知识欲望和对所学专业的兴趣，"考生"变"学生"，"动笔"变"动手"。

（2）提升了学生的专业能力和社会竞争力。

"工商融和"要求学生具备科学思维、系统思维、工程思维和商业创新能力，具备食品作为特殊商品的商业背景、研发背景和社会背景的系统知识和体验。学生可以自主选择实验模块进行各类实验，激发动手能力和创新思维，通过企业研发项目的实战训练，使之具备了从市场需求及趋势变化中设计新产品，并将食品生产设备、工艺、配料、控制、品质变化、监控、物流等系统集成整合为新产品的设计服务的能力。

（3）拓展了学生个性化发展的空间。

学生对所学的专业并非全部出于自身兴趣或自愿的选择，兴趣爱好各不相同，毕业后的择业要求及人生理想也不同。"工商融和"的教学实践，拓展了学生个性化的发展空间，培育了学生个性化的发展潜力。特别是学生择业观念得到明显转变，不再唯公务员、事业编制、出国、读研读博是从，主动选择企业、到市场寻找机会的学生比例不断升高。

这也使毕业生就业质量明显提高，2007 年改革后第一届毕业生，2 个专业 4 个班 140 人，出国比例 10％左右，考上研究生比例 20％左右，进入国内外知名品牌食品企业的比例达 30％；此后各届，出国、公务员及考研比例相对平稳，但进入国内外知名品牌食品企业的比例逐年提升，2011 年达 55％，就业率每届基本在 96％以上。麦科斯的调查表明，食品专业的毕业生，毕业后的工资收入在全校相关毕业学生调查中最高；毕业学生在各品牌企业有着出色的工作表现和业绩，三年后升职的比例高达 65％；有少数比较优秀的毕业生开始自己创业，如食工 0402 班学生吴财良，2008 年毕业时进入浙江雷可澳投资有限公司工作，工作三年后，创立浙江聚光进出口有限公司，到目前年营业总额达 400 万美金；食安 0302 班学生罗斌宵，毕业后即开始自己创业，兴办了北京百荣世贸商城有限公司，2011 年营业额已达 5000 万元。

近五年来，学生组织参与省级以上各类学生科技项目 50 多项，校级 150 多项，公开发表科研论文 267 篇，其中 SCI 收录 10 余篇；参加各级各类学科竞赛，其中"智舌科技有限公司”(毛岳忠等,指导教师:邓少平,2010)获第七届“挑战杯”一汽—大众中国大学生创业计划竞赛金奖,浙江省第七届“挑战杯”大学生创业计划竞赛特等奖、最佳创意奖;获美国数学建模大赛一等奖,美国大杏仁学生创新大赛、盼盼食品杯创意大赛、娃哈哈恒风杯大学生创意大赛、浙江省挑战杯、希望杯大赛等一等奖 10 余项,二等奖近 20 项;攻读第二专业,选修金融、经济、管理等学科的学生比例明显提高,分别较 5 年前提高了 7.8%和 13.2%;参加国际交流的学生占 5%以上。我院学生的个性化发展得到人民日报网、钱江晚报等 60 多家媒体的关注。

2.教师发展

围绕“工商融和”的教学实践,教师从课堂教学改革、课程设计、教学文化、学生实践等多方面、多角度主动开展教学研究与探索,承担各级各类教学改革项目,其中省级 5 项、校级 20 项;发表相关教学研究论文 50 余篇,参、编著教材 5 部,开设校级精品课程及示范课程 5 门,共有 40 余名教师参与学校组织的“蓝天工程”(出国进修)和“大地计划”(挂职锻炼、技术服务、合作研发)项目,教师的业务技能有了明显的提高。2011 年出版了专著《“工商融和”的食品类专业人才培养模式创新与实践》,系统总结了教育思想与理念的形成与发展、改革与实践的经验。

与企业横向合作项目数每年增长 20%,众多国内外品牌企业在学院设立的研发平台数量已达 20 余个,通过产学研合作,提升了教师“教与研”双向拓展的能力。教师队伍的食品产业化、商品化意识得到极大提升,知识结构与课堂教学效果明显改善;教学、科研与社会服务互相促进,在提高学生素质的同时,促进教师(特别是年轻教师)本身与行业、企业的紧密联系,横向项目与经费逐年提高。通过产学研合作,解决了一大批行业共性的关键技术难题,以此为基础获准的国家基金项目也逐年递增,新人才培养模式促进了产学研的融和发展。

3.同行认可

新教学模式的示范作用:本成果通过了由国内权威的教育专家和食品专家包括院士、教育部食品类专业教指委主任、大学校长(食品学院院长)等组成的鉴定委员会的鉴定。鉴定意见指出,该教学研究成果特色鲜明,不仅对商科类高校食品专业人才培养具有重要的示范作用,对不同类型高校相关人才的培养也具有指导和推广价值。

近 5 年来,有 30 多所国内高校(特别是商科类院校)的同行来我校研讨交流新教学模式,向我们索取相应的教学计划及课程体系,并派相关专业教师专程来校参加学习与课程培训。“工商融和”的教学理念和人才培养模式起到了广泛的示范作用与推广应用。

专业影响力和同行认可度大大增强:食品质量与安全在全国的排名为 A++(3/268,2011 年),在国内专业教学上具有相当大的影响力,教学研究的成果通过不同的方式给同行以借鉴参考应用,同行纷纷专程到我校参观访问、短期学习、索取资料等。如 CCTV《食品质量与安全专业教育》专题片,传播特色专业教育理念;以国家精品课程为背景,CCTV《走近科学》栏目的《舌尖上的舞蹈》等。

四、成果特色与创新之处

1.新理念:提出了“工商融和”的现代食品工程人才培养的新理念

本成果基于市场经济时代对现代工程人才的需求、食品行业及食品商品的特点以及商科院校食品学科的历史传承,在保持传统工程教育基本内核的前提下,把现代商业思想和商科教育精髓有效引入并融和在食品工程教育中,将工程教育与商科教育的相关要素相互渗透、融和,提出了基于“集成技术、营销、管理”的“工商融和”的现代食品工程人才培养新理念。

2.新模式:建立了“工商融和”的现代食品工程人才培养新模式

通过教学要素资源整合和配置,设计与重构专业核心课程、知识体系及课堂教学模式。传统模式下,课程内涵表现为一名教师、一班学生与一本教科书的单要素叠加,其知识体系学科界限过严、知识和教学方法单一、学生缺乏学习动力、教学效果差,培养的学生与现代经济社会发展的需求严重脱节。我们在“工商融和”的教学理念下,以课程的价值和应然取向为目标导向,课程作为承载知识和技能的载体,对教师、学生、内容、场所、方法和手段以及工具等在内的一切要素资源进行整合重构,特别是课程教育性内容动态发展,以正在生成过程中的知识及面向未来的知识为主体,构建了具备自我更新能力的动态的课程知识体系和相应的教学模式,彰显了大众化背景下学生培养和社会需求对大学课程知识体系、能力的新要求。

3.新平台:创建了基于学生个性化发展的立体实践(验)教学新平台

大众化、普及化的高等教学,同一专业的学生不仅其素质和能力,而且对专业认同感、兴趣爱好等均存在很大差异。以课堂集中教学为主要形式的同一课堂、同一培养方案、同一模式的现有理论教学无论怎么改革创新,都很难实现对学生的个性化培养。我们建立了开放的、学生可以自主选择各类模块(设计性、综合性、创新性)的、个性化的立体实践(验)教学体系,充分融入、彰显作为市场与商品灵魂的“活”“创新”元素,以此激活学生学习的动力,并把创新培养成一种长期习惯。

基于LOS人才培养模式的土地资源管理(含房地产)特色专业发展探讨

徐建春[①] 李翠珍[②] 周 德[③]
(浙江工商大学公共管理学院)

摘 要:土地资源管理(含房地产)专业是浙江省"新兴特色专业",LOS人才培养模式是该专业发展中的有益探索。本文对专业的设立与发展、LOS人才培养模式特点进行了系统分析,并从优化人才培养方案、改革教学方式方法、完善LOS人才培养模式的反馈机制与过程等方面提出土地资源管理新兴特色专业的发展建议。

关键词:LOS人才培养模式;土地资源管理专业;新兴特色专业

一、土地资源管理专业的设立

土地资源管理(含房地产)是一门横跨地理科学、经济学和管理学的交叉性学科。本专业培养具有土地资源调查、评价、整理、规划、利用与管理以及土地政策法规等基础理论和技能,掌握土地资源管理的现代化技术手段和方法,能够胜任在各级土地管理部门、规划、整理、评估以及房地产公司、金融机构等企事业单位工作的,懂技术、会管理、重人文,知识、能力、素质三元并举,并且具有团队合作精神的高层次应用型人才。

土地资源管理(含房地产)专业设立10多年以来,在教师团队建设、软硬件设备建设方面形成较好的发展基础,拥有浙江省财政专项资助下建成的"数字国土"与GIS实验室,下设国土信息化、测量仪器等四个分室,配备了经纬仪、全站仪、GPS等专业所需的软硬件设施。在人才培养模式上逐渐形成自己的特色——"LOS人才培养模式",并在不断进行完善型、创新型建设和发展。

土地资源管理(含房地产)专业在学科建设上获得了较大发展,拥有全国唯一的土地与房地产硕士点,并于2014年获批浙江省普通本科高校新兴特色专业建设项目;在学生培养方面也获得较好的社会认可,2013年底在浙江省教育评估院2012届毕业生的满意度调查中,总体满意度、教师教学水平、课堂教学、实践教学4项指标在全校45个专业中排名第一,创业率排名第三。

---

① 徐建春,副院长,教授,博士,研究方向为土地利用规划。
② 李翠珍,土地研究所副所长,副教授,博士,研究方向为农户土地利用。
③ 周德,土地资源管理系副主任,讲师,博士,研究方向为土地利用与调控。

二、LOS人才培养模式特点

LOS人才培养模式的含义为，L为实验室（Laboratory）、O为社团组织（Organization）、S为社会（Society），这些为学生的技术、管理、人文教育提供了主要场地，也是学生知识、能力、素质培养与提升的主要依托。通过实验室培养学生的动手能力，通过社团组织为学生提供交流与探索知识的窗口，通过社会让学生发现问题、实现价值。

实践教学是本专业人才培养的重要组成部分，是课堂教学以外培养学生动手能力至关重要的一环。从人才培养的具体目标出发，本专业的实践教学体系主要由实验教学、暑期社会实践和实习基地实习三个部分构成。其中，实验教学是基础，暑期社会实践和实习基地实习是代表性实践形式（见图1）。

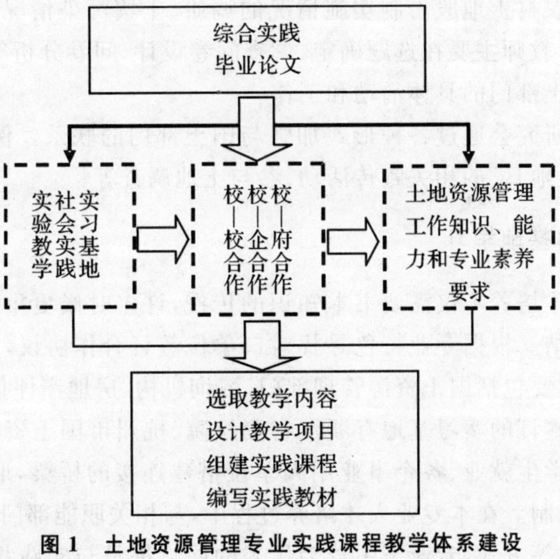

图1　土地资源管理专业实践课程教学体系建设

（一）L——实验教学

与传统经济管理类课程设置不同，土地资源管理专业课程设计涉及众多实践性课程，比如“测量与制图”“航测与遥感”和“城市规划理论与方法”等。也正是这些实践性课程在课程体系中占据的核心地位，我们积极申请并最终受到浙江省财政厅的专项实验室建设经费的资助，从2006年开始建设专门服务本专业教学科研的“数字国土”与GIS实验室。现今，该专项实验室的两期建设几近完成并投入使用，在日常教学中已经起到极为积极的作用。

（二）O——土地与房地产研究会

土地与房地产研究会是学生自主管理的学生社团组织，负责组织开展的活动主要有：

1. 组织各种专业比赛活动

土地与房地产研究会每年会组织土地拍卖与区域规划大赛、职面房地产楼书设计大赛、房地产营销策划大赛等若干主题的学生比赛活动。土地拍卖与区域规划大赛分为土地拍卖大会和区域规划大赛两个环节，通过前者让学生拍得不同地块进行土地规划，在后续环节中让学生展示各自的规划思路、规划效果图设计等。职面房地产楼书设计大赛，需要学生用电子楼书和纸质楼书等方式说明各楼盘的区位、户型设计、小区规划等，说明楼盘的优势特点。房地产营销策划大赛旨在让学生从房地产市场分析、营销策略、阶段营销、品牌推广等方面将策划细节逐一进行展示。通过这些活动的开展，可以锻炼和提高学生的创新思维能力、分析能力等，深刻理解所学专业知识，以及相关政策实施情况。

2. 组织学生暑期社会实践活动

利用暑期时间组织学生开展暑期社会实践活动，主要将学生兴趣与教师科研课题相挂钩，例如，开展农村土地股份制实施情况的调研、土壤污染情况的调研等。具体实践上，本专业的指导教师主要在选题确定、调查问卷设计、问卷分析等环节给予指导。

3. 积极参与国土部门的具体活动和工作

土地与房地产研究会通过各种形式加强与国土部门的联系。例如，辅助地方国土资源局进行“全国土地日”的相关宣传活动、参与土地调查等。

(三)S——实习基地学习

专业学习和人才培养不仅需要书本知识的传授，许多时候更重要的是实践和实习中的知识积累和总结。根据专业特色寻找对口单位签订合作协议，建立校外教学实践和毕业实习基地，主要包括国土资源管理部门、咨询机构、房地产评估机构、房地产营销公司等。迄今为止签订的实习基地有浙江省测绘院、杭州市国土资源管理局等十几家单位，为专业发展、学生就业、各企事业用人单位搭建连接的桥梁，形成“输出—反馈—跟进”的良性循环机制。在本专业人才培养过程中，与相关职能部门已经有较为丰富的沟通，通过派往实习等方式，专业班中较为优秀的同学提早与实践相结合，从而更好地理解书本中学到的土地资源管理方面的知识，更好地为未来快速融入相关部门做好准备。

三、基于LOS人才培养模式的土地资源管理专业发展建设

(一)优化人才培养方案，创新人才培养模式

从学校中长期发展的总体定位，以及土地管理专业人才培养的一般规律出发，在校院两级专业建设指导委员会指导下，在政府、行业、企业的参与支持下，在社会调研和人才市场的调查的基础上，不断优化土地资源管理人才培养方案，创新人才培养模式(见图2)。

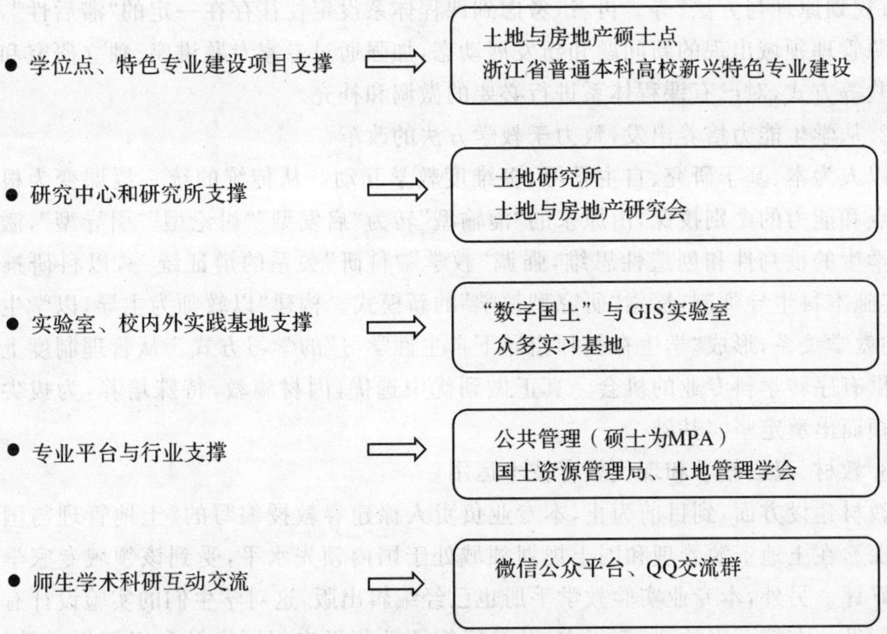

图2 土地资源管理特色专业建设方案示意图

根据本地区经济与社会发展对高级人才的实际需求，以 LOS 人才培养模式为引导，对本专业人才培养目标进行恰当的定位。土地资源管理专业的人才培养应重基础宽口径，注重经营管理类学识积累与土地管理规划技术操作并重，积极探索培养具有广阔学科发展视野，同时对浙江省土地资源发展的一般态势有切实了解，具有一定经营管理能力，同时对土地管理的基本操作和业务有一定把握的新型复合型土地资源管理人才。

根据培养目标与培养规格制订人才培养方案，构建理论教学与实践教学有机整合的科学的模块化和开放式课程体系。坚持“夯实基础、拓宽口径、增强能力、提高素质”的人才培养思路，注重全面素质教育，重视创新与创业能力的培养，构建高素质、复合型人才培养模式，实现知识、能力、素质的协调发展。

(二)改革教学方式方法

1. 课程体系建设

合理科学的课程体系设计是新型土地资源管理复合型人才培养顺利开展的重要保障。在课程内容设计方面，我们力求一方面尽量涵盖土地资源管理专业的核心知识性内容；另一方面，和一般经济管理学科不同，在“地理信息系统”“航测与遥感”“测量与制图”和“城市规划原理与方法”等课程中，尤其强调理论与实践的有机结合，试图通过实地勘察、器械操作及专业软件的学习等实验方法，学生的动手能力及感性认识得到较好的提升。

课程体系建设方面，我们一方面积极吸收国内外土地资源管理专业优秀的课程体系设计，另一方面，根据我校人才培养目标做了相应的调整，例如，出于“动手能力”培养的考虑，在专业课程设计中进一步补充具有很强操作性的课程，比如，“航测与遥感”和

“城市规划原理与方法”等。再者,考虑到课程体系设定往往存在一定的“滞后性”,就土地资源管理领域出现的新问题和新发展动态,加强通过专家专题讲座、独立研究和开放性实验等方式,对已有课程体系进行必要的微调和补充。

2. 从学生能力培养出发,致力于教学方法的改革

以人为本、基于研究、自主学习、多维度教学互动。从传统的统一授课变为根据学生特点和能力的个别授课,由原来的“灌输型”转为“启发型”“讨论型”“引导型”,激发和培养学生的批判性和创造性思维,强调“教学”“科研”关系的辩证统一,以科研推动教学,实施本科生导师制,探索“研究型教学”的新模式。构建“以教师为主导,以学生为主体”的教学关系,形成“学生在教师指导下自主性学习”的学习方式。从管理制度上给学生提供有序转学科专业的机会。真正做到优中选优,因材施教,特殊培养,为拔尖人才的脱颖而出奠定坚实基础。

3. 教材、双语教学和现代教育技术运用

教材建设方面,到目前为止,本专业负责人徐建春教授编写的《土地管理与国土规划新探》,在土地资源管理和国土规划领域处于国内领先水平,受到该领域专家学者的广泛好评。另外,本专业实验教学手册也已经编辑出版,这对学生们的实验设计有着直接的帮助。在接下来的3—5年中,继续组织团队积极申报国家及省级规划类教材,撰写5—6本土地资源管理专业核心教材,初步涉及的主题包括“土地资源管理学”“市政管理学”“城市管理学”“城市房地产经营管理”“国土资源规划概论”和“地理数学方法”等。

积极推进双语教学力度,努力探索适合本专业的双语教学模式。迄今为止,我们在本专业的经济学类课程中尝试开设双语课程,另外在土地法学等专业课程上也初步应用双语授课。再者,值得一提的是,本专业目前已经有两名教师获得国家留学基金资助到国外大学进行访学,显然未来这些教师的回归,将能够把国外优秀的土地资源管理类教材带回,同时也能更好地胜任开展双语教学的工作。我们的初步设想是,除了专业基础课,在专业必修课方面也逐步引入2—3门双语教学,让学生们在学习专业知识的同时也了解一些专业外语。

进一步深化应用现代教学技术,努力培养学生的动手能力。本专业教师都能熟练地运用多媒体辅助教学,同时专业实验室操作方面也已经形成较为规范的实验流程,因而,我们的“数字国土”与GIS实验室事实上已经成为现代化教学手段的最佳实验场所。

(三)完善LOS人才模式的“反馈”环节

1. 设立用人单位反馈调研网络

根据往届毕业生在各类用人单位的就业人数,统计出土地资源管理专业用人单位重点调研点(区),组成不同类型用人单位的调研网络,以便进行定期定点跟踪调研,构建用人单位参与的教学质量监控体系,完善用人单位毕业生情况追踪和定期反馈制度。

毕业生的就业率、就业对口率、就业稳定率,毕业生在工作单位的行为表现、能力表现,是学校教育质量的重要体现。需要了解毕业生的就业情况及其表现,分析原因,找出差距,制定措施,不断改进学校的教育教学工作。本专业一直坚持开展毕业生情况追

踪和反馈工作，取得了良好效果。

2. 利用网络搭建毕业生沟通平台

微信、QQ已成为目前人们生活的一种重要的沟通方式，甚至成为一种生活方式。搭建微信公众平台、微信聊天群、QQ聊天群，增加各届毕业生对专业知识、工作中遇到的问题、就业形式等各方面内容的沟通和交流。

3. 定期不定期举办毕业生、在校生小型互动座谈会

以学院（系）为主，尽量进行不同主题活动设计，例如出国留学、公务员系统、公司就业等，定期不定期举办在校生和毕业生的小型互动座谈会，增加毕业生和在校生的交流机会。

四、结 语

土地资源管理特色专业建设与管理是一项系统工程，涉及诸多问题的各个方面，具有较强的复杂性。LOS人才培养模式正是从这一视角为土地资源管理特色专业的建设与管理打开了一扇窗户，真正从耦合教学改革和学生培养两方面展开系统研究，是以学生为中心、教师为保障、实验室为平台、社团活动为体验、社会为支撑的一体化教学模式发展新思路。

参考文献

[1] 刘亚臣，齐宝库. 特色与发展—教育教学改革与研究论文集 2006-2011[G]. 沈阳：东北大学出版社，2012.

[2] 许祥云. 21 世纪高等农业院校教育教学改革与发展研究[M]. 武汉：中国地质大学出版社，2004.

[3] 赵跃民. 研究型大学本科教育教学研究——中国矿业大学 2004 年本科教育教学改革研讨会论文集[C]. 郑州：郑州大学出版社，2005.

[4] 王文举，王传生. 积极探索　改革创新　努力提高教育教学质量[M]. 北京：首都经济贸易大学出版社，2008.

职业教育作为独立学院办学定位与转型理想的思辨

楼迎军[①]

(浙江工商大学杭州商学院)

摘　要:面向未来的中国高等教育转型发展需要综合改革和顶层设计,本科职业教育作为一种办学定位与转型理想正逐步引起独立学院的重视与谨慎评估,这也是作为独立学院的浙江工商大学杭州商学院提升核心竞争力的重要历史机遇。本文以本科职业教育的内涵剖析为基础,针对在人才培养上存在的一些问题,提出了深化职业教育改革的两个培养链条的思路与政策建议。

关键词:职业教育;独立学院;人才培养

2014年6月,全国职教工作会议明确指出,要采取试点推动、示范引领等方式,引导一批普通本科高等学校向应用技术型高等学校转型,重点举办本科职业教育。独立学院转设为独立设置高等学校时,鼓励其定位为应用技术型高等学校。这是我国高等教育办学思路的重要转折点,也是作为独立学院的浙江工商大学杭州商学院找准办学定位,凝练办学特色,提升核心竞争力的重要历史机遇。

一、职业教育的个人理解

1. 职业是可以"左右逢源"的,教育是"上下求索"的;职业具有功利性,教育具有文化性;职业是现实的,教育是理想的。职业教育是"情景式"的教育,需在真实的职业环境中实施,才能完成培养目标。独立学院照搬和固守原有的高等教育办学体制,没有开放性的办学思维,就不会有成功的职业教育。

2. 党的十八大提出"办人民满意的教育"。如何办人民满意的高等教育?公办院校靠觉悟,民办院校要靠体制。在市场经济的今天和明天,作为独立学院的浙江工商大学杭州商学院如果办不出"精神成人,专业成才"的结果,学校就缺乏持续发展的动力,更谈不上规范发展、内涵发展和特色发展。教育要有新发现,教育要有新发展。职业教育的人才培养要与经济社会发展相匹配,以市场为导向提高办学效益。

3. 当前中国高等教育人才培养往往太过侧重常规的认知能力和常规的动手能力。但现实是非常规交流能力、非常规分析能力的社会需求不断地攀升,说明了创新、创业能力在经济社会发展中的重要性。创业能力的培养,是高等学校的核心竞争力。职业

---

① 楼迎军,副院长,副教授,博士,研究方向为金融市场。

教育应该高度重视创业教育的核心地位，职业教育不仅是就业教育，更应是创业教育。创业教育不是鼓励大学生毕业后都去自主创业，而是对于个人魄力和创业头脑的塑造，创新意识和能力的培养四年不断线。

4. 独立学院的发展最终必然走上差异化竞争的道路。在国家和社会给独立学院总体定位于"应用技术型人才培养"的背景下，绝大多数的独立学院不可能走上"大而全"的发展模式，而只能走"专、精、特、新"的发展道路。浙江工商大学杭州商学院在学院办学特色上着重考虑四点：第一，人才培养突显商科特色；第二，积极推进国际化教育项目，作为人才培养质量的高地；第三，拓展校企合作的协同育人机制；第四，积极拓展特色班教育，先期开设了 ACCA 国际会计班和 CFA 美国注册金融分析师实验班，作为职业教育的标杆。

二、深化职业教育改革上的两个培养链条

作为独立学院的浙江工商大学杭州商学院，要主动适应各个本科专业将来微观化、信息化与学科交叉的发展趋势，围绕浙江省地方经济创新发展的要求，以技术型管理人才为重点，因材施教，构建分类培养体系，培养高素质应用型技术人才。为此，设想在以下两条培养链条上下功夫：第一，重整构建"课堂—实验—实习(训)"的课程链条；第二，积极探索"联合培养—实习(训)—创(就)业"的实践链条。

(一)"课堂—实验—实习(训)"的课程链条

新东方的成功之道是什么？就是它与时俱进的课程体系。在职业教育中，课程体系是核心。现有的课程体系必须改革，削减那些既没有理论高度，又没有技能培养的"低营养课程"；同时通过将职业必需的部分业务技能前置为实验，将部分不适宜课堂讲授的非言传性知识后置为实习实训，强化学校资源和行业资源的交叉与整合，形成与职业教育相适应的新型实习实训教学体系，并最终形成有机融合的"课堂—实验—实习(训)"的课程链条。

理论课程的教学效果需要得到实验的检验，实验课程的特点是验证性，即验证原理的规律性。实训课程的特点是规范性，即仿真环境下的技能训练。实习(实践)课程的特点是体验性和职业性，即真实职业工作环境下的感悟和责任感。简而言之，课程教学效果需要得到实验环节的验证和评价，实验环节的质量则需要得到实习与实训环节的考验，并将实验环节中得到的初步的、抽象的技能训练与现实中的专业问题结合起来，得到更接近现实的训练。该链条中的几个关键节点的设想如下。

1. 建设一支"一体两翼"的优秀专业教学团队

职业教育的关键在于师资。所谓"一体两翼"是指以本院专任教师为主体，以母校师资和实务导师为补充。"一体"建设目标：立足于做大做强商科专业的目标，通过外部引进和内部培养，扩大师资规模，优化结构，提升水平，增强发展潜力，建成一支优秀的专任教学团队。"两翼"建设目标：立足于"不求所有，但为所用"，通过引进来源广泛、专业突出的母校师资和实务导师，形成一支优秀的兼任教学团队。同时，通过开展广泛、深入合作，促进专任教师团队与兼任教师团队有机融合。

2.建设具有鲜明特色的专业核心课程群

根据不同学生的自我发展定位,要求各个专业建设一个既有联系、又有区别,既有统一性、又有灵活性,难易有别、选择多样的专业核心课程群。各个专业核心课程群在相关专业教指委规定的主干课程的基础上,开设匹配人才分类培养目标的特色课程。作为重要的组成部分,同步力推 Blackboard 课程平台和 MOOC 课程体系,形成一个教学素材丰富、人机界面友好、分类科学,能有效提升学习效能的集成化网络教学资源共享平台。建设各个专业教学资源库,包括课件库、案例库、习题库、视频库等,实现集成共享。

3.搭建专业综合实验平台,强化学生技术应用能力

针对学生对技术能力的不同需要,要求各个专业开发由广到专、梯次推进的专业实验体系,搭建专业综合实验平台,提高软件操作课程和实验教学课时比重,通过实验系列课程的模块化设计,体现结合原理性知识解决实际问题的能力。以立体化实验资源套件(包括实验大纲、实验指导书、实验全程演示流媒体、基于 WEB 的作业单元、在线帮助式知识拓展 e-learning 单元)为支撑,形成课内和课外、指定和开放、单项和综合、理性和感性相结合的综合实验体系。

4.注重"课堂—实验—实习(训)"环节的质量监控和评估

创新实验教学环节的质量监控手段,形成"操作—考核—分析—反馈"的闭环管理。创新实习(训)的质量监控标准,在实习(训)导师的指导下,促使学生得到更接近现实的技术应用能力训练,并将之纳入到"创新学分"和"毕业实习"等考核体系当中,形成必要的激励与约束机制。

(二)"联合培养—实习(训)—创(就)业"的实践链条

谁最了解大学教育应该教给学生什么样的知识与技能?是用人单位。职业教育如果不重视与业界合作制定专业质量标准,不强调学界与业界的联合培养,不强化以"实际问题导向"的校内外实习(训)基地的建设,不想办法将产业的职业文化和学校的教育文化有机融合以激发学生的"创新创业"意识和职业精神,我们的职业教育最后难免是"头重脚轻根底浅,嘴尖皮厚腹中空"的结局。所以,职业教育的实习实训环节肯定不是找几家单位,盖个章,签个协议,挂个牌,然后就说自己有多少家实习实训基地的简单做法。职业教育的创新创业环节也不是邀请几个业界精英,发个聘书,开个讲座,分享几个创业案例这样的初级阶段。我们认为,理想的职业教育需要积极探索"联合培养—实习(训)—创(就)业"的实践链条。该链条中的几个关键节点的设想如下。

1.探索联合培养的产学合作模式

我们设想的联合培养模式主要有三种:第一,开设实务课程,借鉴上海财经大学、台湾大学和香港中文大学分别与花旗银行合作,在各自学校内开设"花旗银行实务"课程的成功先例,以弥补高校专业教师在实务技能教学上的先天性不足,也可以加强学校与业界的联系,加深人员之间的理解,共同推进职业教育的人才培养质量的提高。第二,开设工作坊,这是国外教学中非常常见的一种模式,有相对固定的指导教师和实务导师,有成员相对固定的学生团队,业界可以将适合学生层面解决的实际工作问题带到工作坊,以项目的方式提供经费,鼓励学生在"干中学""合作中学"和"失败中学"。第三,

开设订单班，与大集团、大行业合作，定向培养符合用人单位标准的职业人才。

2.推动多样化实习(训)环节建设

逐渐淡化传统意义上的学历教育，给予职业教育足够的重视。推进专项调研、课题研究、实训基地和校内实习等多类型实习(训)模式改革，满足学生的不同需求。鼓励学生以专项调研、课题研究等形式，带具体任务进行实习实训。继续扩充实习(训)基地数量，优化实习(训)基地结构，大力提倡具有稳定性、长期性的实训实习模式，使产学双方互惠互利。

3.深化学生创新创业意识的培养

创新创业意识是学生具备高素质的重要体现。我们在创新创业环节改革上的举措主要体现在两条主线:第一，以科技竞赛带动创新创业教育。建立培育与筛选机制，有针对性地组织学生参与"希望杯""挑战杯"和各类学生科技创新项目，鼓励以学生科技项目为导向，以科技项目的实践性、创新性教育为抓手，改变"以系统知识传授为核心"的传统教学方法，不断完善"以学生为中心、教师为主导"的互动科研和教学机制;第二，探索"创业孵化班"的长效机制，提升学生创业理论和实践技能。对于部分创业项目，学校允许团队进入"大学生创新创业园"进行孵化，鼓励大学生创业成果的转化。

三、对于职业教育的政策建议

职业教育的终极理想是"面向职业，高于就业"。只要我们站在职业教育应有的高度，就可以开拓人才培养的视野;只要我们转变对职业教育的认识角度，就可以打破办学理念上的束缚;只要我们注意通识教育和技能教育的尺度，就可以把握职业教育的时代脉络，在"高度、角度、尺度"上形成对职业教育的新思维。对于未来职业教育的发展，个人提出如下建议:

1.进一步深化民办高等教育体制改革，借助当前政府简政放权、发布权力清单等政府职能转变的契机，呼吁教育行政主管部门"放松管制，加强监管"，在专业设置、招生计划安排和学费差异化定价等方面让市场经济在职业教育中发挥更重要的作用，给独立学院更为宽松的办学空间，让有规模、质量、特色优势的独立学院有遵循市场规律、提高办学效益、做大做强的机会。

2.职业教育中的学界和业界参与的态度和程度至关重要，建议采用税收优惠和财政专项补贴与支持等经济措施，以及社会责任报告披露等企业治理手段，鼓励独立学院和业界建立深度与持久的耦合关系，合作共建面向职业教育的实习实训或创新创业基地，从而缩短人才培养周期，互惠互利，共同发展。

3.建议教育行政主管部门进一步促进独立、公正的第三方教育评估机构的建立和发展，给社会提供一个更为可靠、权威和全面的职业教育的评估体系，这对独立学院发展职业教育的导向和精准定位非常重要。

参考文献

[1] 怀特海.教育的目的[M].庄莲平，王立中，译.上海:文汇出版社，2012.

[2] 浙江省教育评估院.2013 届浙江省高校毕业生职业发展状况及人才培养质量调查报告

[R].2014.

[3] 曹勇安.明天的职业与今天的教育[J].江苏教育,2014,36(9):1-5.

[4] 曹勇安.从春天里出发——三次托管教育的心路历程[J].齐齐哈尔工程学院学报,2014,5(1):1-4.

课程建设篇

KECHENG JIANSHE PIAN

浅谈数量经济交叉学科发展与经济统计专业人才培养*

章上峰[①] 陈振龙[②]

(浙江工商大学统计与数学学院)

摘 要:学科交叉研究体现了科学向综合性发展的趋势,数量经济学是数学、统计学、经济学和计算机的交叉学科。本文简要回顾了我国数量经济发展历程,指出在大数据时代,经济学、统计学类交叉专业人才培养需要夯实数学基础、突出统计理论与方法、注重经济管理素养的培养、强化数据处理与表达能力。

关键词:交叉学科;数量经济学;学科发展

一、数量经济学定义

学科交叉逐渐形成一批交叉学科,如数学与统计学的交叉形成了数理统计学,经济学与统计学的交叉形成了经济统计学,统计学与金融学的交叉形成了金融统计学,经济学与法学的交叉形成了法经济学和经济法学,物理学与生物学交叉形成了生物物理学,等等。这些交叉学科的不断发展大大地推动了科学进步,因此,学科交叉研究体现了科学向综合性发展的趋势。此外,自然科学和社会科学之间也可以相互结合发展,形成新的交叉边缘学科。

数量经济学是以经济理论为基础,利用数学模型、统计方法和计算技术,研究经济变量之间的数量关系及其变化规律的经济学科,数量经济学是构建在数学、统计学、经济学和计算机等多门专业之上的交叉学科。数量经济学的学科任务,理论上揭示经济变量数量关系及其变化规律,方法论上为经济研究和经济工作提供数量分析方法,在应用上为检验经济理论、评价经济政策和宏观经济规划提供参考。

数量经济学的经济数学研究方法,主要包括经济系统分析、计量经济分析、投入产出分析、费用效益分析、最优规划分析、计算机模拟等。在一定意义上,数量经济学是一门方法论学科,数量经济学在经济科学体系中的地位,相当于数学在所有科学中的地位。数量经济学研究经济变量的数量特征、数量关系和数量规律,数量经济学是所有经

* 浙江工商大学公共基础课教学改革项目,编号2013182(5);浙江工商大学校级优势(特色)专业项目,编号2014242(2);浙江工商大学高等教育科学研究重点课题,编号Xgy13006。

① 章上峰,经济统计与数量经济研究所副所长,副教授,硕士研究生导师,博士,研究方向为数量经济与金融统计。

② 陈振龙,副院长,教授,博士生导师,研究方向为随机过程与风险管理。

济学科中唯一以研究方法而不是以研究对象定义的学科(李子奈,2010)。

著名数量经济学家 Frish 认为,用数学方法探讨经济学可以从好几个方面着手,但任何一个方面都不能和计量经济学混为一谈。数量经济学与经济统计学绝非一码事;它也不同于我们所说的一般经济理论,尽管经济理论大部分具有一定的数量特征;数量经济学也不应视为数学应用于经济学的同义语。经验表明,统计学、经济理论和数学这三者对于真正了解现代经济生活的数量关系来说,都是必要的,但本身并非是充分条件。三者结合起来,就是力量,这种结合便构成了数量经济学。

二、我国数量经济学发展历程

经济理论有国度、地域背景,但是数量分析方法是没有国度的。正是由于数量经济学的中性特征,使得数量经济学成为中国经济学研究的开拓者。改革开放以来,中国经济学的发展正是从数量经济学开始起步的。1980 年 6 月,诺贝尔经济学奖获得者克莱因教授领衔斯坦福大学刘遵义教授、安德森教授,普林斯顿大学邹至庄教授、纽约市立大学粟庆雄教授、南加州大学萧政教授、宾夕法尼亚大学安藤教授共七位国际著名经济学家在北京颐和园举办了为期七周的“颐和园经济计量学讲习班”,近百位中国经济学学者参加了此次讲习班。这是中国数量经济学发展史上的拓荒性事件,表明数量经济学开始引入中国(李金华,2010)。1982 年,中国社会科学院数量经济与技术经济研究所成立,同年第一届“全国数量经济研究会”年会在西安召开;1984 年正式易名“中国数量经济学会”,同年《数量经济技术经济研究》正式创刊,乌家培教授、张守一教授是中国数量经济学会的创始人与奠基人。

20 世纪 80 年代以来,围绕我国数量经济学的学科定位、学科性质及历史发展问题,许多数量经济学者做了大量的开创性研究工作,如乌家培(1986,1988,1999,2007),刘永强(1987,1988),贺铿(1987),张寿(1988),李京文(1988),孙裕生(1990),李长明(1993),李子奈(1994,1996,1999,2010),张守一(1996),黎诣远(1996,1999,2001),程祖瑞(1997),齐建国(1997),王怀芳(1997),胡代光(1999),王大用(1999),王潼(1999),汪同三(2001),张守一(2001),张屹山,金成晓(2002),王庆石(2003),钟学义,陈平(2006),朱富强(2008),李金华(2001,2010),张守一、汪同三、葛新权(2010)等。例如,乌家培教授(1986)指出,数量经济学具有边缘性、综合性、横向延伸性、跨学科性、潜科学性和软科学性等六大交叉科学的特性,数量经济学在经济科学体系中的地位和作用,与数学在整个科学体系中的地位和作用相类似,数量经济学起到了使经济科学“科学化”的作用;李子奈教授(1994)认为数量经济学与经济学分离不利于我国经济学的发展,提倡定性与定量结合、文字描述与数学表述相结合的经济研究方法,促进数量经济学与经济学的融合;张守一教授(1996)也认为传统经济学与数量经济学的融合,是我国经济学发展的必然趋势。

清华大学李子奈教授认为,中国的数量经济学是从经济预测开始发展的。20 世纪 80 年代初期,以研究和编制 2000 年发展规划为契机,一部分研究机构和综合经济管理部门开始应用数量经济学模型方法。20 世纪 80 年代中后期,研制国家和地区的宏观经济模型,曾经形成热潮。特别是从 1990 年开始,数量经济与技术经济研究所牵头召开每年的经济形势分析预测会,发布经济形势分析预测报告,出版"中国经济形势分析与预测"蓝皮书,极大地推动了数量经济学应用模型研究的开展,在国内外产生了重大的影响。伴随着数量经济学的迅速发展,中国数量经济学博士学位学科点的数量也快速增加。从1984年的1个、1993年的2个、1998年的7个、2004年的18个和2006年的25个,发展到2011年的34个。

浙江工商大学历来重视数量经济学科的发展,1980年,原杭州商学院(浙江工商大学前身)就派代表赴北京参加第一期"颐和园讲习班";浙江工商大学原校长胡祖光教授曾担任中国数量经济学会副会长,浙江工商大学数量经济学学科带头人许冰教授担任《数量经济技术经济研究》期刊编委和中国数量经济学会常务理事。浙江工商大学数量经济学学科点于2001年获准建立硕士点,2002年开始招收硕士研究生,是浙江省最早招收数量经济学硕士研究生的学校;2005年,浙江工商大学数量经济学成功申请浙江省重点学科,加大了教学、科研、实验室建设和人才培养等方面的投入,有力地提升了本学科的全国地位和影响力;2006年,第六届中国数量经济学年会由浙江工商大学承办;2012年,浙江工商大学数量经济学进入博士人才培养阶段。

三、大数据时代经济统计专业人才培养

2011年,统计学独立成为和经济学并列的一级学科。我校统计学成为国家首批一级学科博士点,2012年获批一级学科博士后流动站,2013年教育部排名全国并列第五,成为我校唯一进入全国排名前十的优势专业。数量经济学跨学科交叉了应用经济学和统计学两个优势一级学科。数量经济学学科发展可以为应用经济学发展提供方法论技术基础,可以为统计学一级学科理论研究结合经济金融应用提供学科交叉背景。近年来,随着国外经济学博士学位获得者回国工作人数以及中国经济学者国际化交流不断增加,国内传统经济学和数量经济学、统计学已经逐步实现融合。

21世纪,随着以博客、社交网络、基于位置的服务LBS为代表的新型信息发布方式的不断涌现,以及云计算、物联网等技术的兴起,数据正以前所未有的速度在不断地增长和累积,"大数据"时代已经到来。近年来,越来越多的学科,无论是物理学、生物学还是社会学等都已被迫面对且往往受惠于"大数据"现象。2011年5月,全球知名咨询公司麦肯锡发布了《大数据:创新、竞争和生产力的下一个前沿领域》报告,首次提出了"大数据"概念,并在报告中指出"数据,已经渗透到当今每一个行业和业务职能领域,成为重要的生产因素。人们对于海量数据的挖掘和运用,预示着新一波生产率增长和消费者盈余浪潮的到来"。2012年3月22日,美国政府宣布投资2亿美元启动的"大数据研究和发展计划"(Big Data Research and Development Initiative)更是将大数据提升至全球性战略发展的高度。紧接着,欧盟针对大数据的研究项目投入了大量资金,联合国发布了名为"Big data for development:Challenges & Opportunities"的报告,中国也相继出台了相关的政策和措施来支撑大数据相关产业的发展等。

大数据时代已经来临。大数据时代对于经济学、统计学的交叉人才培养需要夯实数学基础、突出统计理论与方法、注重经济管理素养的培养、强化数据处理与表达能力。2014年11月17日和18日,浙江工商大学召开全国经济统计学本科教学体系与核心

课程建设研讨会。教育部高等学校统计学类专业教学指导委员会主任、厦门大学曾五一教授，天津财经大学肖红叶教授以及来自全国近二十所高校的专家参加了本次研讨会。与会专家就推进经济统计学课程体系建设的重要性、难点以及思路等议题进行深入交流和讨论，重点研讨经济统计学的学科性质和经济统计在国外的发展现状。本次研讨会贯彻执行教育部本科教学质量标准的精神，对经济统计学本科教学课程体系与核心课程建设等一系列问题进行了充分论证，形成了较为一致的认识，对提升经济统计学科发展和人才培养具有重要指导作用。

参考文献

[1] 李金华．中国数量经济学的历史、纷争与理论前沿[J]．中国社会科学报，2010(11)．

[2] 李子奈．见证中国数量经济学的发展[J]．中国社会科学报，2010．

[3] 汪同三．数量经济学前沿[M]．北京：社会科学文献出版社，2001．

[4] 乌家培．数量经济学与经济科学的发展[M]．太原：山西人民出版社，1987．

[5] 张守一．关于传统经济学与数量经济学融合的若干问题[J]．当代财经，1996(8)．

[6] 张守一，汪同三，葛新权．中国数量经济学 30 年[M]．北京：社会科学文献出版社，2010．

微信移动教育互动平台构建与应用

廖善武[①] 鲁南南[②] 彭 丹[③] 朱 华[④] 诸葛斌[⑤]

(浙江工商大学信息与电子工程学院)

摘 要:本文设计构建了一个服务课前、掌握课中、跟随课后的移动教育互动平台。通过微信端实现教师对学生的自动回复、消息群发、用户管理功能,在新浪云服务器端编写代码实现消息配送、班级组建、教务信息查询、疑难问题解答、教学资料下载、趣味学习、随堂云测试、智能化点名等一体化教学功能,使学生在课内外实时接收信息。新浪云服务器记录用户基本信息、历史消息、平时到课率、习题测试结果、活跃度等学生学习数据,实现对学生学习效果全面细致评价。本平台将传统教学与现代信息技术相结合,学生实现碎片化、趣味化、移动化学习,教师实现自动化、智能化教学管理,开拓新颖的教学模式,带来独特的课堂体验。

关键词:微信;新浪云服务器;移动教育平台

一、引 言

现有纸质教学资料给学生课后复习带来一定难度,课堂教学方式单一,无法实现多种教学资源集中重复使用。PPT 一闪而过,对理解能力较差和文字阅读速度较慢的学生来说,在无形中增加了很大的压力,可能导致意志力薄弱的学生无法跟上课程进度,最后自暴自弃,白白蹉跎大学四年光阴。在信息化时代中,人们更多地关注高效与优质的服务,因此才会出现"懒人经济",通过黑板粉笔的传统教学转变为当下 PPT 的放映式教学。基于网络的教学平台实现从纸质记录到云端统计,正是契合教师和学生当下的期望,既很大程度上简化教师的工作量,又方便学生获取资源,在根本上实现教学互动方面的变革。

大学生是校园的主体,他们敢于颠覆权威,颠覆传统,更加注重个性,是一切新技术的最先享用者和推广者,是社会新技术、新思想的前沿群体。几乎所有学生都拥有智能手机,此外,还有部分学生拥有 iPad 或 Android 平板电脑,可见广大在校生已经具备实现移动设备辅助教学的物质基础。在国内市场上,应用于辅助教学的软件很少,功能也

① 廖善武,本科生,研究方向为计算机网络。
② 鲁南南,本科生,研究方向为计算机网络。
③ 彭丹,硕士研究生,研究方向为计算机网络。
④ 朱华,硕士研究生,研究方向为计算机网络。
⑤ 诸葛斌,副院长,教授,博士,研究方向为计算机网络。

不完善。我们熟知的"超级课程表"仅可实现查课表的有限功能，学校官方的教务微信主页也仅有查询考试、查询分数等简单功能。软件市场上各种 APP 需客户自行下载、安装、注册，占手机内存，用户不愿下载安装，推广不易。在开发方面，需要开发安卓、iOS 两个系统的版本，并且需要花费开发人员大量的时间用于设计界面和维护。

微信平台本身提供群发消息、自动回复、用户管理等服务，开发权限有限，很多功能无法实现。但微信平台为第三方平台提供接口，开发者通过 URL 将第三方平台与微信平台连接，在第三方平台上编写代码实现所需要的功能。这使得微信平台能开发成一个功能非常完善的教育互动平台，同时微信适合任一智能机，用户准入门槛低。据了解，截至 2013 年 10 月底，微信注册用户已超过 6 亿。微信平台可以享受到庞大真实的用户人群。用户只需搜索微信公众号就可关注，操作简单方便。新浪云服务器能够拓展微信平台以外的功能，建立数据库，保存用户信息，并且新浪云服务器可自行维护和升级，不用担心随着用户量的增加像物理服务器一样崩溃。在大数据时代背景下，可以在新浪云端建立相关数据库，记录下用户在微信端的操作记录。针对教师建立起一个上课班级统计数据库，从中筛选出有价值的数据进行分析，帮助教师科学决策，提高课堂效率；针对每个学生建立个人数据库，帮助学生更好地了解自己。

基于微信的移动教育互动平台具有操作的便捷性、人际交流的高时效性、内容推送的丰富性、消息推送的精准性等特点，符合大学生的学习需求、生活方式、交流习惯，有利于增加其学习兴趣，对其学习有实质性的帮助。为此本文提出通过微信和新浪云服务器搭建一套针对 C 语言教学的移动教学互动平台。

二、教学互动平台设计

本教学互动平台以微信公众号为窗口（见图 1），后台结合到云端，避免开发 APP 时 Android 和 iOS 跨平台的不便，打破了平台局限，同时通过搭建新浪云服务器，在服务器上用 PHP 编写代码、搭建数据库，提供能满足用户要求的各种功能，可拓展性非常强，这是一种跨越式全新的开发模式。值得一提的是，PHP 是一种运行在服务器端的嵌入式脚本语言，很容易使用 PHP 动态生成 WML 页面，供各种 WAP 终端浏览访问，也就是说，平台不仅适用于手机端也适用于 PC 端。

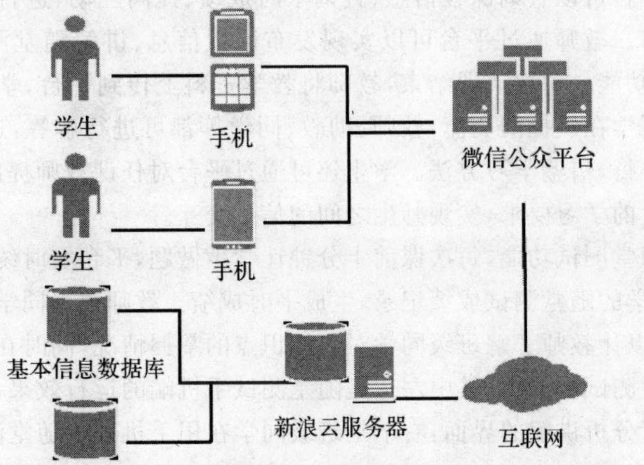

图 1　基于微信终端的移动教育互动平台系统框图

微信公众平台是微信提供的功能模块,提供自动回复、消息群发、用户管理等基本功能,以及编辑模式和开发模式两种应用模式。其主要功能如下:

1. 群发推送:向用户发送消息,群发文字、图片、语音、视频等类别的内容,并且可通过后台的用户分组和地域控制,实现精准的消息推送。

2. 自动回复:应用模式中的编辑模式通过界面编辑设置自动回复,用户根据关键字,主动提取信息,实现"对话即搜索"的服务。

3. 用户管理:对关注平台的用户进行备注、分组等,方便管理。

4. 数据统计:包括用户分析、图文分析、消息分析和接口调用分析。数据统计功能为移动学习的学习分析提供了基础。

5. 自定义接口:公众平台的开发模式提供自定义菜单接口,开发者可以创建自定义菜单,实现功能按钮,获取订阅者,提供位置服务等,为用户提供更为个性化的服务。

三、平台实施情况

微信为本平台提供了手机端的入口,实现了用户认证,通过在新浪云服务器编写代码实现平台教学互动的各个功能模块。在使用时,同学们只需在微信关注公众号"C 语言教学互动平台",或者扫描如图 2 所示公众号的二维码,无须安装额外的 APP 程序。

图 2 "C 语言教学互动平台"二维码

学生通过平台可以查询课程信息、查询平时成绩、提问互动、进行随堂测试和平时练习等教学环节。教师通过平台可以实现发布课程信息、讲解随堂测试、统计平时成绩、上课点名等功能。每次上课结束,教师将教学资料上传到平台,学生自主下载。同时平台可以让同学在线提问交流,教师、助教、同学等都可进行解答,通过平台,同学们可以交流上课心得,借鉴学习方法。学生还可通过平台对任课教师提出教学意见,教师也可传达对学生的学习要求,实现师生之间的信息交互。

平台提供随堂测试功能,每次课前十分钟让学生做题,平台实时统计显示同学做题情况,将每位同学的随堂测试成绩记录,生成平时成绩。教师根据同学做题汇总情况进行讲解分析,可以让教师了解班级同学对各知识点的掌握情况,同时在讲解时更有针对性。图 3 是随堂测试示意图,其中左边是随堂测试手机端的运行效果,右上是教师在根据做题汇总进行分析讲解的界面,右下是班级同学在用手机进行随堂测试的照片。

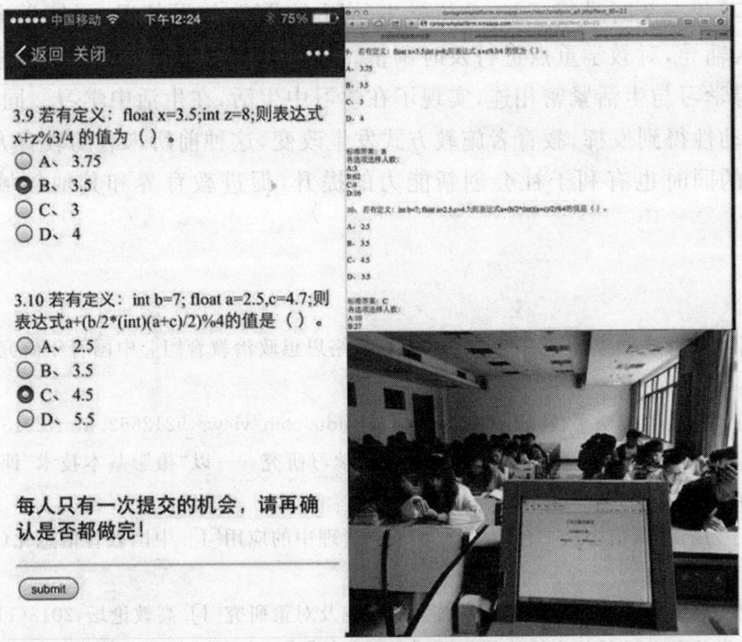

图3　随堂测试示意图

为了给同学们一个随时练习的环境，平台上包含一个平时练习模块。教师选择精品习题上传到平台，学生可以随时通过手机在平台上在线做题。教师可实时地看到学生的做题情况，根据学生做题情况，有针对性地讲评。平台将学生做题情况记录下来，统计平时成绩，分析做题情况记录，将班级错误率高的题目进行深入详细讲评。学生的每次做题情况都会通过数据库进行保存，期末可调出每个学生的错题，让同学们进行针对性复习，大大提高学习效率。

通过平台的教学过程信息化，实现对学生平时成绩的精细化管理，从而实现对学生学习成绩的综合性评价。目前，平台统计的学生平时成绩由以下内容组成：作业实验总分 20 分（作业次数大于 14 次），随堂练习总分 10 分（练习次数大于 10 次），课间练习总分 20 分（完成练习题目 400 题以上），平台建设总分 10 分（通过同学参与建设平台试题库实现同学对平台的认可）。平时成绩在平台上实时公布，同学们可以及时查询，确保公平公正。本 C 语言教学互动平台基本功能已经实现，通过 2 个多月的测试运行，获得了网络 14 两个班同学的认可，希望后续继续完善，使得平台能更好地提高学生学习效率。

四、总　结

在信息时代，传统高校教师四个一的工作方式“一张嘴，一块黑板，一支粉笔，一本书”，对于大学生而言很难具有吸引力和感染力，基于微信终端移动教育互动平台，信息发送可以实现图文并茂，甚至有视音频片段，这将给大学生带来全新的学习体验，对于教师增加大学课堂的趣味性、互动性有着不可或缺的重要意义。平台支持教师的常规工作，如布置作业、通知提醒等都可通过该平台进行，提高教学工作效率。教师可对每位同学的学习状态及时进行了解，分析学生的历史成绩、答题情况，了解学生的学习状态，及时介入辅导，对教学重点进行及时调整。移动教育互动平台的推广促进了教育的生活化，使得学习与生活紧密相连，实现了在学习中生活，在生活中学习。同时，广大大学生主观能动性得到发挥，教育者施教方式发生改变，这种前所未有的教育方式在推进了教育发展的同时也有利于社会创新能力的提升，促进教育界和其他领域的可持续发展。

参考文献

[1] 杨立淮，徐百成."微博"网络生态下的高校网络思想政治教育[J].中国青年研究，2011(11)：114-116.

[2] 百度百科.微信公众平台[EB/OL].http://baidu.com/view/ 9212662.htm，2013-5.

[3] 袁磊，陈晓慧，张艳丽.微信支持下的混合式学习研究——以"摄影基本技术"课程为例[J].中国电化教育，2012(7)：128-132.

[4] 礼晓宇.浅谈"微信公众平台"在高校精细化管理中的应用[J].中国教育信息化(高教职教)，2014(3)：44-45.

[5] 李晓亮.移动智能终端对高校课堂教学的影响及对策研究[J].高教论坛，2013(11)：67-69.

[6] 王萍.微信移动学习的支持功能与设计原则分析[J].远程教育杂志，2013(6)：34-41.

[7] 罗勇.微信学习，找回流逝在指尖的光阴[J].中国远程教育(资讯)，2013(12)：99-100.

[8] 王萍.微信移动学习平台的建设与应用[J].计算中心，2014(5)：88-92.

基于实践导向的我国商法教学改革之探讨

马齐林[①]　郑明珠[②]

（浙江工商大学法学院）

摘　要：商法作为与现代经济社会活动联系最为紧密的法律部门之一，伴随着中国经济的发展、社会的改革，商法在我国法律体系中的地位正日益提高。那么，面对实践中社会对于商法学人才的需求，商法教学中的难点及不足，如何选择、改革商法的教学模式就显得极为重要。本文试图从社会实践和社会需求的视角出发，分析我国商法教学中存在的一些问题，就商法教学改革提出一些建议。

关键词：商法教学；实践；改革

一、引　言

法学教育是为了培养法律界专门人才，实践能力的训练与养成应当成为法学教育的重中之重。但我国法学教育中实践能力的培养尚存不足。商法作为一个相对独立的法律部门，有其自身的特点，社会实践中对于商事法律的应用也就有不同于其他法律学科的特殊要求。我国商法教学如何更好地推进，更好地适应中国社会进步和全球经济发展的需要，是本文写作的目的所在。

二、我国高校商法教学的现状分析

由于受中国几千年封建等级制度和法学教育传统的影响，无论是在商法教学理念和商法教学的定位等宏观方面，还是在教学内容和课程课时设置等微观方面，我国高校法学院中的商法教学均存在诸多流弊。

（一）商法教学理念的迷失

新中国成立后，中央明确指出，法学教育改革的基本指导原则是：学习苏联法学教育的成功经验，并将其与中国实际情况相结合。高校法律系要适应国家政法工作的需要，为国家培养忠于社会主义事业、热爱祖国、身体健康、阶级立场坚定并具有马列主义毛泽东思想、熟悉政法工作的政法干部和法学教师。有学者认为，我国法律教育的理念

---

① 马齐林，教授，博士，研究方向为民商法学。

② 郑明珠，民商法研究生。

一般套用高等教育的共同目标，简单表述为“培养德、智、体全面发展的，从事政法实际工作的法律专门人才”，对法律人才应该具备的知识结构、执业技能和职业伦理没有明确要求。教育部在设定本科法学教学目标时，也没有对法学教育理念提出具体要求。

在当前法律国际化、全球一体化尤其是经济一体化以及我国市场经济高度发展的社会背景下，为适应我国市场经济发展对法律人才的时代要求，商法教学的理念应当在于使学生成为法学素养与经济知识兼备的复合应用型的法律人才。要实现这一培养目标，就要改革教学思路，将传授知识、提升能力、提高素质与培养人格有机结合起来。而现今我国高校的商法教学更多的是停留在理论层面，即教授学生法学理论知识，学生应用、操作商事法律知识的能力尚欠缺。

(二)商事法律职业道德教学的欠缺

在中国 2000 多年的封建社会中，学校教育基本上是与政治结合的封建等级教育。学生通过教育获得功名利禄，国家通过由政府机构组织的科举考试选拔政府官员。在一定意义上，儒家教育思想认为，教育是为国家服务的，教育的内容和主要目标就是为国家培养政治人才(政府官员)。

教育(尤其是法学教育)为国家服务的理念导致中国法治意识的薄弱。教育部确定的法学专业 14 门核心课程中，没有单独的法律职业道德课程。我国法学教学近年来得到了蓬勃的发展，但在表面繁荣的背后却隐藏着重大的教育缺陷：高校在扩招政策下大量招收法科生但却只强调知识教育和司法考试的通过率，而使得法律职业道德缺位，司法腐败等各种社会问题与此有很大关系。

单就商法来说，商法法律规范并不是单纯的技术规则，商法的制定涵盖了一定的价值判断、利益衡量和对公平正义的追求，如果不深刻学习领会法律职业道德，就难以深刻领会商法法律规则和原则，而正确的法律职业道德的形成也会帮助学生以符合法律职业思维的方式去理解、应用商法。

(三)商法教学模式尚未成熟

商法教学模式的选择将在很大程度上影响商法教学内容、专业化程度、商法教学和学习方法等，因此，商法教学模式的选择应当结合考虑商法学特点以及现今社会对商法学人才的需求。

商法作为一个相对独立的法律部门，有其自身的特点，如内容繁杂、实践性强、变动性大、跨法律类别等，社会实践中对于商事法律的应用也就有不同于其他法律学科的特殊要求。在大陆法系中，法学教育的理论色彩重，非常在意整体理论是否完备以及每一门课程的结构是否完整，我国教育部确定法学专业核心课程即为此体现。实践能力作为细枝末节的技术手段与操作流程难以进入教学体系的视野。综观目前的商法教学，仍未摆脱“重理论说教，轻实务训练”的束缚。

案例教学法在商法教学中已得到使用，但案例教学在我国教学中一直是以客体的身份出现，是以理论佐料的角色出场。在这种格局中，案例教学其天生的不足已经预定。而 20 世纪 60 年代在美国兴起的法律诊所式教学法，从实践的情况来看，由于师资力量、教学成本的缘故，全面实施此种教学方式变得不大可能。

(四)过时和僵化的课程设计

一般情况下,学生在4年的法学院学习阶段需要修满140—170个学分才能毕业。为了保证法学教育的政治性,教育部规定了大量与法律职业关联度较小的公共基础课,其中包括马克思主义原理、毛泽东思想概论、邓小平理论与"三个代表"思想概论、中共党史、思想道德修养、当代世界政治与经济、形势与政策等。公共基础课的内容受教育部教学计划的指导,高校或法学教育机构和学生对所有的公共基础课没有选择权。在法学院的课程中,公共基础课学分占总学分的1/3左右。此外,教育部还规定了16门法律主干核心课,这些课程也占到总学分的1/3以上。对这些公共基础课和主干核心课,学校和学生均无权选择。加上公共基础课,所有必修课程就占总学分的2/3左右。正如美国教授莱斯利·本德尔(Leslie Bender)所言,这些必修课程,无视了这样一个事实,即法律是关于家庭成员之间、邻里之间、工作场所、学校和社区群体之间的相互关系以及人与各种机构之间(如企业、教会和政府等)的相互关系。必修课程虽然涉及的领域非常广泛,但并没有指导学生如何从事法律工作,也很少向学生提供作为一名合格律师所必备的执业技能和法律职业伦理的训练。再除去法学院自己开设的大约占总学分10%的各种必修课,选修课不到总学分的30%。学生无法根据自己的兴趣和职业理想选择课程,而只能根据教育部或法学院统一规定的课程设置学习。

在中国法学院,法律课程的开设主要以部门法的划分或国家颁布的主要基本法为标准,以培养和训练学生法律执业技能和法律职业伦理为目的而开设的实践性课程很少。中国法学院的课程,正如美国教授莱斯利·本德尔(Leslie Bender)评价美国法学教育时所言:"传统的法律课程忽略了法律执业的精神和灵魂(the heart and soul of lawyering)。"传统的法学课程几乎很少向学生强调法律实践中有关客户或有关同情心(empathy and compassion)的重要性。

三、关于我国商法教学改革的几点建议

随着世界经济的全球化和具有中国特色的社会主义市场经济体系的建立,中国法学教育的改革引起了包括法学教授、大学校长和法学院院长等社会各界的极大关注。文章认为,基于商法学本身的特点,应当以实践为导向,以社会需求为视角,逐步推进商法教学改革。在这里,文章试图对我国商法教学改革提出一些建议。

(一)转变商法教学的理念:教、学、做合一

如上所述,我国目前的商法学教育更多的是一种商法学基础理论的传授,缺少多领域的知识积累和法律职业教育训练,这在一定程度上与商法教学定位不明确不无关系。

美国教育家约翰·杜威(John Dewey)认为,教育是生命的社会延续的方式(this social continuity of life)。"如果教育即成长,那么教师就必须清楚学生的现状并对其进行培养和教育,从而使每个学生能更好地适应将来社会的需求。"根据杜威的教育理论,法律学习和研究本身就需要学生对他们所学内容进行实践。美国杰罗姆·弗兰克(Jerome Frank)教授认为:"法科学生在校期间应该学习法律实践的艺术。"法学教育应

与日常法律事务紧密相连,为那些没有法律执业经验的学生服务,使他们融入与当前的案例环境相联系的某种工作状态之中。

因此,商法职业能力的培养与商法理论教育在商法学教育中不可偏废。应将商法学教育与商法职业统筹起来加以考虑,在商法学教育中丰富职业教育的内容,这将对培养商法方向的法律职业人才的职业技能、职业伦理、社会责任感和法律思维等方面起到积极作用。

(二)创建商事法律职业伦理或道德教学

我们需要借鉴美国法律职业伦理(Legal Ethics)教育的经验,将法律职业伦理作为法学院的一门核心必修课程,加强法律职业伦理的教育和训练。

法律职业道德教育单靠说教作用是有限的,在我国模拟法庭教学法中,让学生进行不同的角色体验,比如,担任法官、律师、证人等,可以使学生亲身体验法律职业中的道德要求,有利于其将法律职业道德规范内化为道德认知。如在模拟法庭中,案情发生的情感冲突能让学生深刻体会和理解职业道德要求;在课堂上讨论辩论也可以创造道德情感认同的检讨环境,有利于学生培养良好的法律伦理感。

(三)注重实习环节,提高学生实践能力

我国高校在设置商法学教学过程中,均有安排每学年的实习环节。事实上,相较于诊所式教学法,教学实习更符合我国的国情。但现实中有些高校并不重视这一环节,只是将教学实习走过场,并未严格地安排学生进行扎实的实习。为切实提高学生的实践能力,教师应当落实教学实习环节,并且围绕实习的内容,制订相应的实习计划并严格落实,对学生进行相关指导。

(四)更灵活、更实用的课程设计,加大实践教学力度

中国法学院的公共基础课较多,于学生实践能力的提高帮助不大。法律必修课则是有关抽象的法律理论和概念解释,而很少涉及法律职业道德和执业技能的训练。安德鲁·布恩和朱利安·韦伯教授认为,法学教育除了提供这些内容外,还应向学生传授有关背景知识、法律价值观和专业技能,以促进学生智力发展的完整性和独立性。中国法学教育应注重“学术和职业两个阶段的有机结合,并在促进学生诸如法律至上、公平正义……崇高的法律职业伦理标准等法律价值观的养成方面承担更多的责任”。

中国法学院落伍和僵化的课程设计难以满足目前社会需求的事实表明现在是该重新考虑中国法学院的课程设置的时候了。学生在法学院学习期间应该学习并掌握律师执业技能,而且这些技能要比任何课程内容的学习更为重要。应该调整必修课的数量,大量增加法律选修课,使法学院的课程设置尽量满足社会需求。法学院课程应涵盖广泛的人文社会科学知识、法律知识、执业技能以及职业价值观的训练等内容,应引导学生像律师那样思考和实践,提高他们的社会洞察力、专业技能和社会责任感。

四、结　语

对于一个国家来说,法学教育是一个非常重要和复杂的问题。一方面,法学教育是该国家历史和传统文化的延续；另一方面，随着国际经济和文化交流的日益频繁以及全球经济一体化的发展，培养适应21世纪需要的高质量的法律人才，在每一个国家变得愈加迫切。同时，伴随着中国经济、社会的发展与改革，商法在我国法律体系中的地位正日益提高。如何培养商法学人才来更好地适应中国社会进步和全球经济发展的需要，毫无疑问，我国商法教学中需要做到实践和理论不可偏废，努力培养复合型、应用型商事法律人才。

参考文献

[1] HAN D P，KANTER S. Legal Education in China[J]. American Journal of Comparative Law，1984(3)：543-582.

[2] 符启林. 中国法学教育的过去、现状与未来[J]. 太平洋学报，2007(6)：8-15.

[3] 王月. 培养学生法律思维角度下对商法教学方法的反思[J]. 当代教育论坛. 2009(11).

[4] 李道刚. 中国法学教育之反思与改革构想[J]. 当代法学，2009(4)：117-125.

[5] 龚志军. 构建法商结合人才培养模式[J]. 中国教育报. 2009(1)：10.

[6] 邢海宝. 商法课程与教学若干思考[J]. 中国民商法律网——法学茶座. 2006(1)：9.

[7] 左卫民，兰荣杰. 诊所法律教育若干基本问题研究[J]. 环球法律评论，2005(3)：268.

[8] 杨中平，于永，安李涛. 法学案例教学模式研究[J]. 思想教育研究，2004(8)：46.

[9] 刘畅. 商法学课堂教学方法新探[J]. 新课程研究. 2009(6)：69.

[10] 许凌云、许强. 中国儒学通论[M]. 广州：广东教育出版社，2002：403.

[11] 赵辉. 论我国高校商法教学的创新[J]. 成人高教学刊，2010(5)：61-64.

[12] 李政辉. 案例教学的困惑与反思——以商法教学为例[J]. 高等教育研究学报，2010(2)：71-73.

[13] 马齐林. 关于中国法学教育现代化的思考：从中国儒家教育思想与美国法学教育经验切入[J]. 内蒙古师范大学学报(教育科学版)，2013(9)：107-111.

[14] 韩大元. 法学教育改革的理念与发展趋势[EB/OL]. (2010-09-17)[2013-02-25]http://www.legaldaily.com.cn/fxy/content/2010-09/17/content_2292298.htm? node=21221.

[15] 徐显明. 中国法学教育的发展趋势与改革任务[J]. 中国大学教学，2009(12)：85-90.

[16] BOON A，WEBB J. Legal Education and Training in England and Wales：Back to the Future[J]. J. legal Educ，2008，58(1)：79-118.

[17] 王菊英. "诊所式法律教育"本土化的思考[EB/OL]. (2006-06-27)[2013-02-25]http://www.mzfz.gov.cn/fzjy/593/20060627392.html.

[18] DEWEY J. Democracy and education[M]. New York：Dover Publicatons，2004：40-49.

英语为专用语的英语专业学生课堂交流意愿模型构建研究

李丹弟[①] 张露茜[②]

(浙江工商大学外国语学院)

摘　要:过往研究曾发现具有高交流意愿者能在二语学习中获得高成绩。但是,许多将英语作为专用语的英语专业学生在英语课堂上对参加口语活动的积极性并不高。研究旨在通过问卷调查、课堂观察、学生与教师访谈探索阻碍与支持将英语作为专用语的中国大学生课堂交流意愿的个人与语境因素。研究发现英语教育与商务英语专业学生在经历从具有交流欲望到有交流意愿的过程中,有八个因素相互影响。小组凝聚和情感附属能提升学生的交流意愿,教师帮助、冒危险、忍受模糊的能力、任务取向、抑制监控、积极评价期望六个因素则阻碍了学生的交流意愿。根据研究结果,提出了相应的教学建议。

关键词:交流意愿模型;英语专业;个人与情境因素;教学启示

一、研究背景

《国家中长期教育改革和发展规划纲要(2010—2020年)》指出,要实现教育国际化,提高质量是高等教育的核心任务,如在提高人才培养的质量时要充分调动学生的学习积极性和主动性。二语交流意愿是学习者在课堂内外"准备使用二语在一定的时间与特定的人进行话语的状态"。交流意愿的提升能提高学生英语学习成绩,但中国许多英语专业学生不愿意在英语课堂交流。本研究旨在通过调查发现阻碍与支持中国学生交流意愿的个人与语境因素。

国内外对于交流意愿的理论与研究可归纳为以下三个阶段:

1. 一语交流意愿建立(1985—1997)

交流意愿的概念首次被提出并有研究是在一语建立的。此时的研究基本为通过问卷形式调查一语学习者的个人因素对其交流意愿的影响。

2. 二语交流意愿建立(1998—2001)

二语交流意愿的概念与模型自1998年被首次提出。结合动机和态度研究,同时将交流意愿看作二语学习的主要目标,提出了二语交流意愿金字塔理论模型,认为二语交

---

① 李丹弟,副院长,副教授,博士,研究方向为认知语用、英语教学。

② 张露茜,讲师,博士,研究方向为英语语言教育。

流意愿不同于一语交流意愿,不是一直稳定的,比如学习者有很好的交流水平,也可能受语境的阻碍导致低交流意愿。他们的模型不仅包括了个人因素(即金字塔底三层中的动机、态度、社会和个人情境)还有语境因素(即金字塔前三层中的二语的使用、交流意愿、交流欲望、交流自信)。此阶段的研究仍是通过问卷调查形式,但调查不仅限于二语学习者的个人因素对其交流意愿的影响,还包括语境因素对其交流意愿的影响。

3.二语交流意愿研究与理论发展(2002至今)

这个阶段的研究开始结合问卷与其他定量方法调查二语学习者的个人与语境因素对其交流意愿的影响。国内外学者在不同的文化情境下不断研究发展相应的二语交流意愿的模型理论,具体内容如下:

(一)国外二语交流意愿研究

国外的研究基本都建立在MacIntyre等人的二语交流意愿金字塔理论模型基础上。研究都证实了动机或态度等与交流意愿是相关的。如Kang对韩国留学生的研究首次关注了语境方面,主要通过课堂观察的方式进行研究。Cao与Philp的研究则首次结合了个人与语境两方面,通过问卷、采访与刺激回想对在新西兰学习英语的留学生课堂进行研究。Cao的研究从生态系统的视角来研究交流意愿,发现在语境交流意愿中环境、个人与语言这三个方面相互重叠,但因其研究对象是来自几个国家的非英语专业学生,所以研究结果可能不能直接应用到一个特定的文化中。

(二)国内二语交流意愿研究

国内的大部分相关研究也都基于MacIntyre等人的二语交流意愿金字塔理论模型。如Wu对英语专业学生的研究虽然关注了个人与语境两个方面,但使用的两套问卷,只关注了自我认定的交流水平和交流意愿两个因素。

(三)Wen与Clément的交流意愿模型

MacIntyre等人的金字塔理论模型建立在国外研究基础上,但由于存在文化差异所以并不一定适用于中国的英语学习者。借鉴MacIntyre等人的金字塔理论模型并结合中国学生的集体化儒家思想文化,Wen与Clément建立了中国英语学习者课堂交流意愿的模型(见图1)。他们认为中国的英语学习者普遍有欲望学好英语,但由于学生行为受到他人的导向,所以从有欲望去交流到有交流意愿需经历一个复杂的过程。在此过程中要克服社会情境(包括小组凝聚和教师帮助)、个性(包括冒危险和忍受模糊的能力)、动机(包括情感附属和任务取向)和态度(包括抑制监控和积极评价期望)四大方面的问题。此外,小组凝聚与情感附属相关,教师帮助与积极交流期望相关,任务取向能通过焦虑与自我认定的交流水平体现,抑制监控能通过自我认定的交流水平体现。

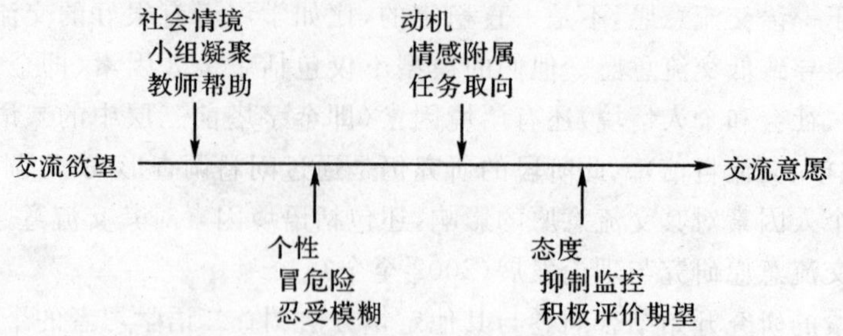

图1　中国英语学习者课堂交流意愿模型

Wen 和 Clément 提出他们建立的只是一个理论模型，还需要接受实际研究的检验。但是吴庄与文卫平的问卷调查没能完整地检验 Wen 和 Clément 的理论模型。同时，有些学者的研究对英语专业学生集体化刻板印象提出了挑战。Garrot 的研究发现英语专业学生的焦虑程度低且倾向于个性化。Shi 的研究也发现中国英语专业的学生受全球化的影响是新的一代而非纯粹的孔子继承人。

二、研究目标与研究内容

研究选定浙江省内一所高校的所有英语专业学生为个案研究对象。校内英语专业学生实质上分为英语教育与商务英语专业，虽然在名称上都是英语专业，但学生与教师还是以英语教育与商务英语专业来区分这两个英语专业分支。英语教育为一本学生，而商务英语为二本学生。研究目标是通过调查促进和阻碍中国英语专业学生课堂英语口语交流意愿的个人和语境因素，对英语课教学提出改革建议以提高学生的课堂交流意愿。研究的内容关注口语方面，围绕以下三个研究问题展开：问题一，促进和阻碍英语专业学生课堂英语口语交流意愿的个人因素是什么？问题二，促进和阻碍英语专业学生课堂英语口语交流意愿的语境因素是什么？问题三，这些因素是如何相互作用而影响英语专业学生课堂英语口语交流意愿的？

混合研究设计结合定量与定性方法来回答以上三个研究问题。首先通过课堂观察学生、教师的半构造式访谈调查促进和阻碍英语专业学生课堂英语口语交流意愿的个人与语境因素来回答研究问题一与二。定性数据按主题编码进行内容分析。主题编码表格纵向为 Wen 和 Clément 理论模型中所有十个因素，包括交流意愿、交流欲望、小组凝聚、教师帮助、冒危险能力、忍受模糊的能力、情感附属、任务取向、抑制监控、积极评价期望；横向为四方面，包括高交流意愿与有利的教学情境、高交流意愿与传统的教学情境、低交流意愿与有利的教学情境、低交流意愿与传统的教学情境。再通过自行设计问卷调查促进和阻碍英语专业学生课堂英语口语交流意愿的个人因素来回答研究问题三。问卷由基于 Wen 和 Clément 的交流意愿模型的七个因素组成，包括了学生的交流意愿、交流欲望、焦虑、个性、积极交流期望、情感附属、自我认定的交流水平。除为不同英语专业设计交流意愿因素的问卷外，其余因素问卷基于前人基础，通过提取前测的各因素前六个最大标准差项目来减少问卷总项目数。研究假设这七个因素相互交织影响。问卷使用统计软件 SPSS18.0 与 AMOS18.0 进行验证性因子分析，建立结构方程模型并修改。之后将结合定量与定性研究，定性研究分析内容将定量化与定量研究结果进行结合对比以得出研究发现。

三、研究结果

为解决研究问题一与二，本研究观察了外语学院六节英语专业的综合英语课，按照班级、性别、性格的最大差异法采访了十二名英语专业学生，按照课堂环境对学生交流意愿的支持与否采访了两名英语教师。内容分析后发现小组凝聚与情感附属有利于提升英语专业学生的交流意愿，模型中的其他因素则阻碍学生的交流意愿。

两位专家评估员同时观察了六节课堂，分别对课上英语学生的交流类型、任务难度、交流意愿进行了打分。两人的所有分数相关结果显示 r=.85，具有较高可信度。两人的分数相关分析结果可见下表 1。两人的结果一致表明交流类型和任务难度存在正相关（分别为 r=.29，r=.41），任务难度与高交流意愿存在负相关（分别为 r=－.41，r=－.48），任务难度与低交流意愿无相关。

表 1　两评估员在学生课堂交流类型、任务难度、交流意愿上的打分分数相关分析结果

	1	2	3
交流类型	—		
任务难度	.29＊＊(.41＊＊)	—	
交流意愿(高/低)	—/.24＊ (.20＊/—)	－.41＊＊/—(－.48 ＊＊/—)	—/—

注：括号内的数据为第二位评估员的相关分析结果；＊＊表示 sig. 在.01，＊表示 sig. 在.05

此外，观察与访谈中还发现小组凝聚与情感附属能提升英语专业学生的交流意愿，其他因素则阻碍学生的交流意愿。此结果并不完全支持 Wen 和 Clément 的中国英语学习者交流意愿模型中认为的八个因素都阻碍学生交流意愿的概念假设。

为解决研究问题三，有效问卷回收 295 份。自行设计问卷先经过探索性因子分析确定了 43 个项目。之后的验证性因子分析（见表 2）经过二次模型修改后模型成立。二次修改后模型中 $\chi 2/df<5$，$p>.50$，CFI、gamma$\geqslant .90$，RMSEA 与 SRMR$<.08$，显示假设成立，即问卷的七个因素互相影响，交流意愿模型中存在八因素的假设成立。

表 2　验证性因子分析(N=295)

模型	项目	$\chi 2$	df	$\chi 2$/df(p)	CFI	gamma	RMSEA	SRMR
CFA	43	1911.73	839	2.28(.13)	.91	.85	.066	.054
CFA 一修	40	1568.44	719	2.18(.13)	.93	.88	.063	.046
CFA 二修	38	2530.74	644	1.97(.16)	.94	.9	.058	.043

四、教学启示

根据研究的结果，能对按照交流意愿的高低和课堂情境的支持与否进行分类的四大类高校学生的英语课堂教学提出相应的解决方法。第一类学生有能力有意愿，但传统的教学情境不需要交流意愿;第二类学生有能力有意愿,同时有利的教学情境需要和支持交流意愿;第三类学生能力较薄弱无意愿,同时传统的教学情境不需要交流意愿;第四类学生能力较薄弱无意愿,但具有有利的教学情境和支持交流意愿。

研究结果针对这四类学生提出了相应的教学改革建议(见图 2)。加强了教师帮助、个性、动机和态度等在英语课堂教学中的作用。对于第一类学生,英语教师要建立有利的教学环境,如提供更多的交流机会、布置具有挑战性但可完成的学习任务、使用贴近生活的真实情境活动、给予合适的反馈等。对于第四类学生,英语教师要鼓励学生发展积极的自我意识、建立社会支持性的学习环境,如让学生在更不具威胁性的小组环境中体验评价。对第二类学生,英语教师需保持对其学业上的帮助,继续提供有利的教学情境,使他们能保持高交流意愿。对于第三类学生,则要同时应用针对第一类与第四类学生的教学策略。

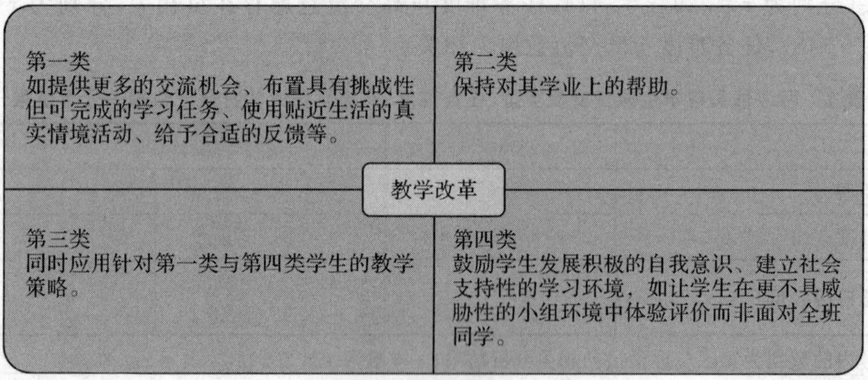

图 2　四类英语专业学生的教学改革建议

五、结　语

本研究着眼于英语专业学生的课堂交流意愿。通过检验 Wen 和 Clément 的中国英语学习者交流意愿模型,发现模型中各因素相互影响。其中小组凝聚与情感附属能提升英语专业学生的交流意愿,而其他因素则阻碍学生的交流意愿。由此对根据交流意愿的高低和课堂情境的支持与否进行分类的四大类高校学生的英语课堂教学提出了相应的教学改革建议。当然,英语专业教师在实际课堂教学中仍需要灵活性地运用这些教学改革建议,才能达到期望的提高学生交流意愿的效果。

参考文献

[1] MACINTYRE P D, DÖRNYEI Z, CLÉMENT R, et al. Conceptualizing willingness to communicate in a L2: A situational model of L2 confidence and affiliation [J]. The Modern Language Journal, 1998, 82(4): 545-562.

[2] MCCROSKEY J C, BAER J E. Willingness to communicate: The construct and its measurement [R]. Paper presented at the annual convention of the Speech Communication Association, Denver, CO. 1985, November.

[3] MCCROSKEY J C, RICHMOND V P. Willingness to communicate: A cognitive view [J].

Journal of Social Behavior and Personality,1990(5):19-37.

[4] MACINTYRE P D,BAKER S C,CLÉMENT R, et al. Willingness to communicate,social support and language learning orientations of immersion students [J]. Studies in Second Language Acquisition, 2001(23):369-388.

[5] KANG S. Dynamic emergence of situational willingness to communicate in a second language [J]. System,2005,33(2):277-292.

[6] CAO Y Q,PHILP J. Interactional context and willingness to communicate:A comparison of behavior in whole class,group and dyadic interaction [J]. System,2006,34(4):480-493.

[7] CAO Y Q. Investigating situational willingness to communicate within second language classrooms from an ecological perspective [J]. System,2011(39):468-479.

[8] WU D X. An investigation of Chinese EFL learners' self-perceived communicative competence and willingness to communicate [J]. Modern Foreign Languages,2008,31(3):280-290.

[9] WEN W,Clément R. A Chinese conceptualisation of willingness to communicate in ESL [J]. Language,Culture,and Curriculum,2003,16(1):18-38.

[10] 吴庄,文卫平. 英语专业本科生的第二语言交际意愿:社会情境、动机指向、性格及情感意识的影响[J]. 外语教学理论与实践,2009(1):32-35.

[11] GARROTT J R. Chinese cultural values: New angles, added insights [J]. International Journal of Intercultural Relations,1995,19(2):211-225.

[12] SHI L J. The successors to Confucianism or a new generation? A questionnaire study on Chinese students' culture of learning English [J]. Language,Culture and Curriculum,2006, 19(1):122-147.

[13] WHEATON B,MUTHEN B,ALWIN D F et al. Assessing reliability and stability in panel models [J]. Sociological Methodology,1977,8(1):84-136.

[14] PETERSON E R,BROWN G T L, IRVING S E. Secondary school students' conceptions of learning and their relationship to achievement [J]. Learning and Individual Differences,2010 (20):167-176.

双语平行语料库与传统翻译教材的互动*

——谈语料库在日汉翻译教学中的应用

陈　红①

(浙江工商大学日本语言文化学院)

摘　要:本研究探讨了双语平行语料库与传统翻译教材的辩证关系,并通过《中日对译语料库》与《日汉翻译教程》具体分析了两者在日汉翻译教学中的应用。双语平行语料库与传统翻译教材各具优势,翻译教学宜在汲取传统翻译教材精华的同时,通过语料库补充大量生动可靠的例句。并把语料库作为传统翻译教材的延伸,让学生在课外进行翻译训练,为学生提供直观的翻译样例,启发其翻译意识,提高其翻译水平。

关键词:双语平行语料库;翻译教材;《中日对译语料库》;《日汉翻译教程》;教学改革

一、引　言

语料库翻译学是近30年来兴起的产物。所谓语料库翻译学,就是"以语言理论和翻译理论为研究上的指导,以概率和统计为手段,以大规模双语真实语料为对象,采用语内对比与语际对比相结合的方法,对翻译现象进行历时或共时的描写和解释,探索翻译本质的一种翻译学研究方法"。其中,语料库在翻译教学中的应用是语料库翻译学研究的重要内容之一。其研究成果多集中于汉英双语语料库,且探讨的多是语料库对翻译教学的意义及具体应用,鲜有文章谈及语料库与传统翻译教材两者的关系。日语学界在语料库应用研究中也有不少成果,不过,多涉及二语习得、认知语言学、翻译研究等层面,尚未见到关于语料库应用于日汉翻译(笔译)教学方面的研究成果。因此,本文拟从语料库与传统翻译教材互动的角度,具体探讨双语平行语料库在日汉翻译教学中的应用。

二、语料库与传统翻译教材的辩证关系

语料库对翻译教学有着重要意义,Bernardini 认为"翻译教学辅以大型语料库检

* 本文为浙江省课堂教学改革项目"《中日对译语料库》与日汉翻译教学改革"(kg2013153)(浙教办高教〔2013〕109号)研究成果。

① 陈红,日汉翻译研究所副所长,讲师,华东师范大学对外汉语学院在读博士,国际日本文化研究中心访问学者。

索，翻译专业学生可以形成‘有意注意’‘反思能力’和‘灵活应变能力’。而正是这些特征使专业译者有别于业余译者”。语料库虽然有其他教科书难以取代的作用，但在将其引入教学中时，笔者以为不应完全抛弃传统的翻译教材。传统的翻译教材往往由拥有丰富翻译理论知识和实践经验的专家学者总结提炼精华撰写而成，条理清晰、重点突出，积聚了这些专家学者的智慧，但也存在不足：在翻译材料的数量上，受教材限制，传统翻译教学往往只能选取某些片段作为教学对象，容易脱离上下文语境，不利于学生认识和把握不同语境下翻译的灵活性；在翻译文体的丰富性上，传统的翻译教材取材往往偏重于文学作品，对其他文体的翻译探讨较少，不利于学生掌握各种文体的翻译技巧。实际上，笔者针对国内 20 多所高校进行了翻译教学方面的问卷调查，约有 43％的任课教师认为传统翻译教材存在不足，主要意见有：例句陈旧、不够有趣，实用文体语料过少、例子太少等。

其实这些不足可以用语料库来弥补。在现有的语料库中，最适合应用到日汉翻译教学中的是由北京日本学研究中心研制的《中日对译语料库》。《中日对译语料库》是双语平行语料库，分为日语原文、译文，汉语原文、译文 4 个子库。收录的作品时间跨度很大，既有《哥儿》(『坊っちゃん』)(1906 年)等明治晚期作品，也有《五体不满足》(『五体不満足』)(1998 年)等较新的著作。且语料十分可观，达 2000 万字，为翻译教学提供了大量鲜活客观的事实依据。此外，该语料库还收录了小说、诗歌、散文、传记、政论、法律条约等体裁的中日文本，语料丰富。

另外，通过问卷调查我们还了解到，日汉翻译教材中使用最广的是《日汉翻译教程》。其主编是国内日语翻译研究专家，多年来一直致力于翻译教学改革，编写过多部翻译教材，发表过多篇翻译研究论文。《日汉翻译教程》便是编者近年翻译教学改革的重要成果之一，已被列为普通高等教育“十二五”国家级规划教材。因此，以该教材为例来探讨语料库与传统翻译教材的互动不失为一个好的选择。

三、语料库与传统翻译教材的互动

王克非认为，双语平行语料库在翻译教学中的应用主要体现在三方面：(1)对某一检索词或短语提供丰富多样的双语对译样例；(2)为常用结构提供多种双语对译样例，供讲解和仿习；(3)提供丰富的可随机提取的一本多译作为对照参考。限于篇幅，笔者仅以(1)为例来尝试探讨《中日对译语料库》与《日汉翻译教程》在教学实践中的具体应用。

自翻译学完成从语言学向文化的转向以来，文化一直是翻译研究和教学的重要内容。《日汉翻译教程》第六章“词义的‘文化外衣’”专门从词汇层面探讨了文化负载词的翻译。其中包括日语中异常丰富的表现雨的词语，如五月雨、春雨、氷雨、時雨、夕立、通り雨、霧雨、小糠雨、天気雨、桜雨等。日本作家菊池宽也曾经在《日本的现代文学》中提到：日本根据四季不同、下雨的方式不同，分为二十几种叫法。编者说：“可惜中文里缺少此类按照时节或状态对雨进行分类的词语，所以这部分词语的空缺就不是光靠译者努力就能弥补上的。”

其实在教授这种“不是光靠译者努力就能弥补”的词语时，利用语料库来检索展示丰富的样例便是在短时间内启发学生翻译意识,令其掌握相关翻译技巧的好方法。通过《中日对译语料库》,我们可以检索到和"雨"相关的词语表达共计391处。除了《日汉翻译教程》中提到的词语外,我们还找到了以下几种表达及其相应译文(见表1)。

表1 关于雨的日语表达及译文

序号	日语中关于雨的表达	中译文
1	霧のような雨	细雨如烟
2	細かい雨	霏霏细雨
3	豪雨	大雨
4	大粒の雨	大颗雨点
5	光のない雨	无光的雨
6	慈雨	甘露,慈雨
7	長雨	雨下久了,连日下雨
8	万年筆ぐらいな太さの棒のような雨	钢笔杆那么粗的雨
9	冷ややかな雨	砭人肌肤的冷雨
10	何日かつづいたやわらかな雨	连日温馨的霏霏细雨
11	窓の外を降りつづける四月の雨	窗外的绵绵春雨
12	風を伴わないまっすぐな雨	没有一丝风,雨帘垂直落下
13	汗くさい雨	汗臭的雨
14	まぶしい雨	耀眼的雨点
15	切々と土を説いているあたたかな雨	诚心润土的暖雨

注:实际上本表并没有穷尽语料库中关于雨的表达,像"细雨""大雨"等与中文相差无几的词语并未收录在内。表中分号表示有多个译法。

限于教材篇幅,《日汉翻译教程》仅介绍了"時雨"的两种译法,即"阵雨""秋雨潇潇"。但我们还可以在语料库中找到如下译法:

例1

【原文】丹後由良駅で汽車を待つうちに時雨が来、屋根のない駅はたちまち濡れた。

【译文】在丹后山良站等火车时下起了雨。站台没有顶篷,不一会儿就全淋湿了。

例2

【原文】やがて時雨が通るらしかった。

【译文1】过不多久,好像就要下雨的样子。

【译文2】不久似乎下了一场阵头雨。

【译文3】不大会工夫,好像下了一阵秋雨。

其中,"阵头雨"是"阵雨"的口语化表达,"秋雨"与"秋雨潇潇"也大同小异。还有译成"雨"的,译法是否合适就要看具体语境了。无论查阅哪本词典,表达气象学概念上的

“雨”,其释义只可能是“雨”,但随着语境的不同,译法却各不相同。这种情况在语料库中并不少见,请看下面几个来自《挪威的森林》中的例句。

例 3

【原文】「ううん、そんなことないのよ。私が今すこし疲れてるだけ。雨にうたれた猿のように疲れているの」

【译文】“不不,你这说哪去了。只是现在我有点累,就像淋过一场大雨的猴子似的。”

该句原文表达的是被“雨”淋到了“疲れている”(疲惫)的程度,可见雨势之大,应该不是蒙蒙细雨,而是倾盆大雨。因此,例 3 中译成了“大雨”。

例 4

【原文】「どんな話って、普通の話よ。一日の出来事、読んだ本、明日の天気、そんないろいろなことよ。まさかあなた誰かがすっと立ちあがって『今日は北極熊がお星様を食べたから明日は雨だ!』なんで叫ぶと思ってたわけじゃないでしょう?」

【原文】“谈什么? 平常事啊。一天中遇到的事,看的书,明天的天气,不外乎这些。大概你总不至于以为会有人突如其来地站起大声宣布‘今天北极熊吞食星座所以明日有雨’吧?”

该句表达的是一般北极熊吞食星座就会下雨这种自然规律,上下文也没有具体暗示到底雨有多大,因此译者只简单处理成“有雨”。

例 5

【原文】「良い曲ね。私、これ大好きよ」とレイコさんは言ってワインをひとくち飲み、煙草を吸った。「まるで広い草原に雨がやさしく降っているような曲」

【译文】“好曲子! 我,大大的喜欢!”说完,玲子喝了一口葡萄酒,吸了口烟。“简直就像霏霏细雨轻轻洒过无边无际的茫茫草原。”

此句描写的是玲子对《米歇尔》这首曲子的评价,因为有“やさしく降っている”(轻柔地下着)这样的修饰成分,所以译者将其处理成了“霏霏细雨”。

通过以上例句我们发现,词语的翻译是不可思议的。看似只能处理成单一译词的“雨”,译法因语境的不同而不同。单纯依赖词典释义,就容易丧失译文的丰富多彩性。通过这些例子的讲解,可以培养学生的翻译意识,让学生学会思考究竟什么是翻译,翻译中我们可以在多大程度上发挥主观能动性。这点又刚好与《日汉翻译教程》一直提倡的重视翻译语境的主旨相吻合。

四、结 语

以上我们探讨了双语平行语料库与传统翻译教材之间的关系，并以《中日对译语料库》和《日汉翻译教程》为例具体分析了两者在日汉翻译教学中的应用。双语平行语料库与传统翻译教材各具优势，又各存不足，因此将两者有机结合起来、各取所长，可以优化现有的翻译教学。在具体操作上，笔者认为可以在传统翻译教材的基础上，以具象再现的方式从语料库中提取合适的语料，丰富扩充传统翻译教材，培养学生翻译意识，提高其翻译水平。限于篇幅，本文仅探讨了词语的翻译，但语料库与传统翻译教材可在多方面互动合作。

语料库语料丰富且质量相对较高，除了能在课堂教学中拓展传统教材内容外，还可作为学生课外自主学习的材料。学生可选择感兴趣的语料进行翻译训练。不过《中日对译语料库》由于对软件安装环境要求高，语料本身难度大及知识产权等问题，并不十分适合学生自学。为此，我们可打造一款更加适合学生自学的翻译教学辅助语料库，这也是笔者目前正在努力的方向。

参考文献

[1] 王克非. 语料库翻译学探索[M]. 上海：上海交通大学出版社，2012：4.

[2] 肖忠华，戴光荣. 翻译教学与研究的新框架：语料库翻译学综述[J]. 外语教学理论与实践，2011(1)：8-15.

[3] 徐一平. 中日对译语料库[DB]. 北京日本学研究中心，2003.

[4] 高宁. 日汉翻译教程[M]. 上海：上海教育出版社，2008.

[5] 王克非. 双语平行语料库在翻译教学上的用途[J]. 外语电化教学，2004，12(100)：27-32.

[6] 玉木雄三. 翻訳から見た異文化考：『雪国』とSnow Countryの間[J]. 堺女子短期大学紀要37，2002，3(10)：55a-43a.

[7] 金田一春彦. 日本語[M]. 東京：岩波書店，1957：123-124.

新型大学文化教育社区空间规划方法研究*

——以清华大学“苏世民学者项目”设计为例

赵秀敏①

(浙江工商大学艺术设计学院)

摘　要:在现今社会背景下,现代大学的教育模式日益强调文化教育综合社区的建设。本文在综述国内外文化教育建筑研究的基础上,探讨文化教育社区综合体的设计要义。现主要做了以下工作:分析文化教育综合社区的运行机制和各类使用者需求,提出文化教育社区综合体设计规划原则,将传统文化教育建筑与文化教育社区综合体的特点进行对比,提出现代新型社交生态条件下的文化教育社区综合体的创新点。

关键词:社区综合体;文化教育社区;社区营造

一、建设文化教育综合社区的必要性

随着社会经济的快速发展,我国各地相继提出了建设文化教育综合社区的诉求。但现有的许多文化教育综合社区由于年代久远、设计手法陈旧等多种因素都存在一定问题,这已无法满足多元化、高品质化、个性化、高科技化的现代教育建筑需求。如何针对特殊群体、特殊地段、特殊条件的项目进行精确定位和精确设计,已成为文化教育机构、设计师和业界的一种新的思维模式和研究热点。

教育文化社区的设计亦是如此。随着步入社会转型期的中国经济突飞猛进,在各种教育需求压力和发展契机的推动下,我国的大学校园建设在取得成就的同时也陷入了“质”与“量”难以兼顾、校园归属感渐渐丧失等困境。针对上述现象,本文试图从不同角度研究、思考国内外先进的复合型文化教育综合社区规划案例,归纳总结出复合型文化教育综合社区的一些经验和思路,谋求对复合型文化教育综合社区的设计发展提供一些思路和方向。

近日,清华大学国际经济管理学院提出了新的复合型文化教学社区项目。该项目拟命名为“苏世民书院”,在集古典传统与现代气息、融东方神韵与西方风格于一体的清华园中,苏世民书院建成后无疑将成为一道新的校园景观。本文以此项目为研究对象,对复合型文化教育综合社区的设计与规划展开研究。

---

*　2013年度浙江省高校重大人文社科项目攻关计划项目“以人类行为与心理轨迹为导向的增值型室内艺术设计基础理论研究”,编号2013QN023。

① 赵秀敏,环境艺术设计系主任,博士,副教授,研究方向为建筑与环境空间设计。

二、校园文化教育社区建设的理论探索

在信息技术和现代社交网络转型(So-Lo-Mo,即社会化、本地化、移动化)的社会背景下,以西方顶尖现代大学为代表的教育模式,越来越强调“文化教育社区综合体”这一创新概念。针对校园文化社区的规划与设计,不少国外学者都提出了不同的设计与规划理念。如托马斯·A.盖里斯提出了校园设计是在绘画、雕塑、建筑艺术之外,以规划作为新要素的第五维艺术,把外部空间作为评价校园的首要因素,围绕规划、建筑、景观三方面对典型校园进行了详尽的论述分析;建筑历史学家斯特凡·修斯针对战后欧美国家高等教育的繁荣发展中围绕校园建设产生的各种观念与言论进行了全面系统的论述,总结了国外不同国家中新兴校园的设计与建设中在设计者、使用者及社会、政府人士共同参与下形成的各种新方法。

近年来,国内许多学者也针对校园的规划与设计展开了大量的研究。例如刘万里主要从文化的视角展开校园空间研究,通过分析社会文化、大学自身的精神文化等内外因素对校园的影响,增进对于大学机构特性的理解,从而深刻认识大学校园空间历史演变中的现象与倾向,揭示驱动校园空间发展的深层结构,把握校园空间的根本需求与发展机制,进而提出基于校园空间文化性的设计理念与方法,发挥实践指导作用,促进大学校园建设健康、理性地发展。另外卜域、夏莺等学者也从各角度做出不同探索。

三、文化教育社区综合体的设计原则与创新之处

(一)文化教育社区综合体的设计原则

以清华大学苏世民书院为例,文化教育社区综合体的规划设计应综合考虑总体策略、居民安迁等方面,系统地强调园区在产业和功能上的复合性特征。同时还应最大程度追求“园区即社区”的目标,是一种体现高效性、整体性、宜居性、生态性的自上而下的创新型复合产业园区的规划设计模式,其设计原则如下。

1.综合性原则(多功能复合辐射)

建筑综合体是将各部分之间优化组合,合并共存于一个完整的体系当中,从而达到“部分之和大于整体”的建筑实践类型。文化教育综合社区作为建筑综合体的特殊属性也决定了其功能的多样化,规划与设计更是需要体现综合性的原则。特别是将传统教育建筑群的各种使用功能集于一体,这使文化教育综合社区在设计和规划上具有更为强烈的矛盾性和复杂性。正是这种复杂性和矛盾性,使建筑功能与空间不断趋向社区化,使用功能在设计中需要考虑到更高层次的整体协调性和多元复合性。同时由于各种不同类型的文化教育建筑之间的多义组合,带来了不同使用目的的潜在人群,他们作为文化教育综合社区的使用主体,也具有不同的使用要求和目的。这就要求文化教育综合社区具有更多的灵活性和适应性,以满足不同的建筑使用功能和公共生活需求。

2.协调性原则(自然与人文相协调)

人是自然发展的最终目的,只有与自然和谐相处,才能合理、有效地利用自然为自

身服务。然而很多校园建筑在进行设计建造时,没细致分析环境便仓促动手设计,强行改造基地及周边环境的自然要素,以致对原有的资源不能充分利用或破坏原始的生态环境等。没有完全考虑到原有的校园文脉,更忽视了对文脉的延伸。

校园中的历史文脉具有特殊的文化价值,它们既是大学历史的见证,也融合了大学文化的深厚积累,形成了独具魅力的精神场所,成为大学在城市空间形象与民众心理印象上鲜明的标志象征。苏世民学院的建筑单体设计实现了历史感与现代性的结合,自然景观与人文景观的协调。

3.场所性原则(内与外的渗透)

场所使处于其中的人们联想到以往所进行的活动意象,而场所宏大的精神内涵体现为一种特定的环境氛围,让人们不知不觉地进入一种特定的境界,感悟到某种深刻的人生经验和丰富的情感文化意象。这正是一种人性化的空间。建筑设计及其相关空间环境的形成,在于成就自身的完整性与能否赋予所在环境以特定的场所意义。特别是建筑是以空间的形式存在的,作为存在空间的具体化,空间对人的作用有消极空间和积极空间两种。建筑师的责任是在人的生活环境中建立一种有秩序的空间,它具有几何性与理性的两个方面的概念,并且重视人的生活世界与感性现实,重视从逻辑的空间到人的感性认识的过程。所以建筑空间有逻辑抽象的一面,也有人感性的一面。因此建筑空间的人性化设计一方面考虑空间的客观逻辑的合理性质,另一方面要强调人对这个建筑空间的主观感知。

(二)文化教育社区综合体设计的创新点

1.革新传统教育建筑的使用功能

创新点一:在建筑使用功能方面,文化教育社区综合体打破传统教育建筑的单一功能属性,打造复合型综合社区,综合教学、餐饮等各种功能于一体。

传统教育建筑设计在功能分区的原则下,被清楚地划分为多种区域。各区域之间无法交融、渗透,导致教师和学生三点一线的乏味路线且无亲切的气氛。这种现象的成因在于决策者和建筑师没有重视校园使用者,仅停留在建筑规划层面进行设计。

在校园用地指标不变的情况下,苏世民书院打造的复合型文化教育社区综合体的密集的布局为扩大室外空间提供了可能。从而使校园室外空间环境布局更为灵活,同时有利于扩大绿化面积,更好地满足现代教育发展的需求。

2.刷新传统教育建筑的服务对象

创新点二:无论从建筑产品设计上还是服务产品设计上,人文教育社区综合体都能满足各类人群的多元化需求,较之于传统教育建筑,大大扩展了社区服务的受众面。

根据国际知名的城市设计专家扬·盖尔在《交往与空间》中强调,公共空间中的户外活动划分为三种类型:必要性活动、自发性活动和社会性活动。必要性活动主要指人们在日常生活中必须进行的活动。自发性活动是指时间以及其他外部条件允许下,人们愿意参加的活动。社会性活动则是指在公共空间中有赖于他人参与的各种活动。很显然每种活动类型对于物质环境的要求都大不相同。自发性活动与外部环境关系不大,参与者没有选择的余地;自发性活动只有在适宜的户外条件下才会发生;社会性活动需要人们在同一空间徜徉、流连中才能产生。因此,当户外空间的质量不理想时,就只能发生必要性活动。当户外空间具有高质量时，尽管必要性活动的发生频率基本不变，但由于物质条件更好，它们显然有延长时间的趋向，各种自发性活动也会随之发生。而只要改善公共空间中必要性活动和自发性活动的条件，就会间接地促成社会性活动。由此可见充分舒适的户外空间的重要性。

社区的综合化功能使人们生活之余的文化交流以及娱乐消遣活动在生活区就能得到满足，相比于传统教育建筑，不仅增加了使用主体参加各项活动的频率，而且增加了使用主体之间的沟通与交流，使社会性活动时间呈现延长趋势。

四、传统教学空间向现代多功能空间的演变

从本质上讲，建筑综合体是城市聚合化后对建筑类型的发展提出的客观要求。例如北京的民族文化宫，内设 20 个涉及文化事业、经营及职能管理部门。具有宣传党的民族政策、举办民族展览、开展民族文化交流等多项功能。相比于传统的文化教育建筑来说，我们不难发现复合型文化教育综合社区的特点：

(一)功能多元化、综合化

建筑综合体是将各部分建筑之间优化组合，合并共存于一个完整的体系当中，从而达到"部分之和大于整体"的建筑实践类型。而复合型文化教育建筑综合社区则是主要体现文化与教育功能的建筑综合体，其本质也是多个使用功能不同的空间组合而成，不仅仅包括文化教育空间，还有休闲区、居住区等。因而相比于传统的文化教育建筑具有功能多元化、综合化的特点。

(二)设计更加人性化

复合型文化教育综合社区具有功能多元化、综合化的特点，在设计时需要考虑的不仅是如何体现文化教育功能，而且是要将生活区、休闲区等各种功能区间融入文化教育功能区中，使各个功能区间协调一致，而不至于感到各个功能区间的突兀。任何建筑，只有当它和环境融合在一起，并和周围的建筑共同组成一个统一的有机整体时，才能显示出它的价值和表现力。好的文化教育建筑规划能有效组合空间、合理利用环境，为居住者创造一个完美、舒适的学习环境，营造一个和谐共生的品质环境。

(三)增进交流

在城市化进程中，人与人的距离明显增大，仅一扇门的距离导致的却是面对面的不相识，这往往是因为人与人之间缺少沟通的平台。文化教育建筑的设计不仅仅是要建立在不断发展的科学技术基础之上，而且还应该满足民众日益追求的多元化审美需求，这样才能呈现文化教育建筑的纷繁多样性，才能让文化教育建筑既符合民众的审美心理，又能贴近时代、贴近本土文化气息，才能让文化建筑更具魅力与吸引力。复合型文化教育综合社区相比于传统文化教育建筑，不仅满足民众日益追求的多元化审美需求，还增加了人们共同生活交流的空间，实现了将文化教育真正融合到生活中的目标。

(四)技术的不够成熟

相较于传统文化教育建筑,复合型文化教育建筑有着层次丰富,布局多元化,功能丰富,更加人性化等特点。这是应对未来教育体制改革所做出的调整,为了充分发掘学生的潜力,营造更加优良的学习气氛。但毕竟复合型文化教育建筑还不成熟,在很多地方还需要进一步改进,还需要更多地研究中国学校的学生各种生活习惯和学习习惯,这样才能逐步适应中国的教育体制。

五、结　语

文化教育社区综合体是在当下大学教育新要求和现代新型社交生态条件要求下应运而生的综合社区模式,一方面它要满足大学校园的教育目的,另一方面满足新型社区营造的时代需求。清华大学“苏世民学者项目”是国内相对较早的一次文化教育社区综合体设计的尝试,本文以此为出发点,对该类新型社区综合体进行了探讨和分析,从运行机制、设计方案、设计原则、设计创新等方面对此进行了剖析,并从与传统教育建筑的演变比较中,总结了此类社区综合体的特点与不足。

参考文献

[1] GANIES T. The Campus as a Work of Art [M]. New York: Praeger Publisher, 1991: 1-237.
[2] MUTHESIUS S. The Postwar University: Utopianist Campus and College [M]. New Haven: Yale University Press, 2000: 1-243.
[3] 刘万里.大学校园空间的文化性研究[D].哈尔滨:哈尔滨工业大学,2011:1-206.
[4] 扬·盖尔.交往与空间[M].何人可,译.北京:中国建筑工业出版社,2002:1-203.
[5] 杨珺.空间组合在新型教育建筑及景观中的功能性运用[J].中国园艺文摘,2014(5):135-136.
[6] 陈英桦.以审美角度浅析文化建筑的环境艺术设计[J].设计艺术研究,2011(3):38-46.

我们商大思想政治理论课是如何调查“两富”浙江的

詹真荣[①]

(浙江工商大学马克思主义学院)

摘　要:本文回顾了近一年来,浙江工商大学思想政治理论课教师带领全校本科生以“中国特色社会主义在浙江的实践”为主题,围绕浙江改革开放的话题,从“改革引起的变化”“改革带来的影响”“改革取得的成就”“改革存在的问题”“改革获得的经验”“改革的重大意义”等角度,从经济、政治、文化、社会、生态文明等各个领域对“两富”浙江进行调研,为建设“两美”浙江探索献计献策。

关键词:浙江工商大学;思想政治理论课;调查;“两富”浙江

高校思想政治理论课实践教学是高校思想政治理论课教育教学体系的重要组成部分,是解决高校思想政治理论课教学过程中理论联系实际的重要问题,是提高高校思想政治理论课教学实效性的迫切需要,是高校思想政治理论课的一项重要的任务。我们浙江工商大学马克思主义学院“毛泽东思想和中国特色社会主义理论体系概论”(以下简称“概论”)课全体任课教师积极探索思想政治理论课实践教学形式,我们带领学生走出校园,进行了主题为“中国特色社会主义理论在浙江的实践”系列调查研究活动,我们指导学生形成了“观察‘两富’浙江”的系列调查报告。

从2013年初开始,我校“概论”课程实行“4+2”模式教学改革,对原有6个学分、每周6课时的“概论”课程进行新的教学安排,其中理论教学占2/3的学时,实践教学占1/3的学时。每周2课时用于实践教学,实践教学环节放在开课学期的课余时间做;学生实践采用的是社会实践(即社会调查)形式,同学们坚持实地调研,主要是实地走访调研(访谈)、问卷调研。实践证明,“概论”课程“4+2”模式教学改革对于提高学生学习“概论”的积极性和实效性,具有一定的现实意义。通过社会实践,大学生走进社会、走近百姓,亲身感受改革开放以来我国经济社会快速发展、人民生活明显改善的巨大变化,坚定了理论自信、道路自信和制度自信;在社会实践中,大学生勇于直面改革开放和现代化建设中的种种问题,加深了对国情、省情、民情的了解,增强了大学生的责任感和使命感;通过社会实践,锻炼和提升大学生面对社会、分析问题和解决问题的能力。

一年来,在“概论”课程“4+2”模式教学改革探索中,我们“当代马克思主义教学与研究”团队指导学生完成了数百篇社会实践报告,经过层层筛选,共推出31篇优秀社会实践报告,形成浙江工商大学思想政治理论课社会实践优秀成果第2辑。

---

① 詹真荣,副院长,教授,博士,研究方向为马克思主义理论和世界社会主义运动。

本辑社会实践报告以“中国特色社会主义理论在浙江的实践”为主题，围绕浙江改革开放的话题，从“改革引起的变化”“改革带来的影响”“改革取得的成就”“改革存在的问题”“改革获得的经验”“改革的重大意义”等角度，从经济、政治、文化、社会、生态文明等各个领域探索浙江道路和浙江经验。

一、关于浙江经济建设方面的调查

走进农村，关注新农村建设。改革开放30多年来，全国新农村建设取得了可观的成就。物流1102班郭寅、徐碧琼、吴新、屠国东的《经济致富路，文明百姓家——杭州滨江区西兴街道星民村新农村建设调查》关注星民村独特的发展道路和发展特色，介绍了星民村繁荣发展的秘诀。经济1103班周思忆、刘杰楠的《浙江农村工业化和城镇化政策选择和发展机制的研究——以浙江省嘉兴市嘉善县洪溪镇为例》同样是对农村的发展提出了自己的见解。

为了更好地了解农家乐这类产业的市场和掌握其发展前景，计算1001班陈璐佳、孙丹、卓依晓的《磐安县农家乐发展调查》，主要分析了农家乐的基本问题，并对农家乐发展不足之处提出了相关建议。

人力1102班牛莉、王槐楠、金佳斌、魏露露的《“农二代”的身份认同危机及影响——基于在杭“农二代”的考察》以在杭“农二代”为例，考察了“农二代”身份认同现状及市民化意愿。他们建议从改善制度环境、改变思想观念、提供融入平台和加强公益宣传四个方面来增强“农二代”身份认同，加快市民化进程，推动杭州和谐发展。统计1002班李英、马蕾、王益、屠亚华、何子建的《新生代农民工城市生根现状及影响因素的探究——以杭州市为例》中指出了影响新生代农民工城市生根的因素，认为新生代农民工具有受教育水平较高、行业选择灵活、住所相对稳定等基本特征。

走向市场，发现企业问题。近年来，由于需求不足等因素，领带行业整个形势不容乐观。混合1104班汤鹏赟、郭炜烽、余海波、张炜鸣先后赴义乌、嵊州等地调查，他们在《浙江省领带行业发展现状调查分析社会实践报告》中指出该行业发展存在的问题，提出了解决问题的思路，为轻工产业集群优化转型升级的道路提供了借鉴。经济1101班郭佳丽、徐俊敏、丁思诗、雷文辉、郑莉莉在《电商能否撼动传统零售商格局》中表达了他们对于销售途径的观点。

国贸1103班徐佳、张雪燕、周佳楠、刘欣在《绍兴轻纺城税收现状调查》中展示了轻纺城税收实施的具体情况以及商户们的态度，指出轻纺城税收制度在实践过程中存在的一些问题，提出了进一步促进税收制度完善的建议。

统计1002班顾盈盈、金毅、费路挺、许世杰针对宁波市当前部分业主与社区物业之间矛盾对立的现状，对宁波市物业管理的现状进行了调查，在《宁波市社区物业管理的现状及优化》中对物业公司、业主、政府三方提出了建设性意见。

二、关于浙江政治建设方面的调查

杭州市余杭区塘栖镇唐家埭村是余杭北部一个普通的村庄，知识产权1201班邢璐、王洁、胡佳炜、王静,法学1202班方扬的《余杭区塘栖镇唐家埭村自荐海选调查》介绍了该村自荐海选的方式、表现、影响等。规划1101班何燕妮、程媛缘、令欢欢、周雨琦认为,从国情调查能促进马克思主义理论大众化,对坚持理论自信有重要意义,她们在《关于农村发展党员项目调查的实践报告——以何务村为例》中指出,何务村党委高度重视发展党员工作,把发展党员工作作为加强基层组织建设的重要措施,着力在提高组织领导的认识程度和工作力度上下功夫。

法学1104班葛如婷则关注到了现实生活中的拆迁问题,在接触真实的拆迁事实,了解到拆迁背后的故事,思考拆迁中涉及的人权问题及法律问题之后写出了《由"拆迁"引发的人权问题之思考》,希望能以此为契机,深入解剖"拆迁"事件之真相。人力1201班詹志男、叶春兰、吴慧宜、王丹妮在《杭州市民社会心态现状调研》中指出,杭州市民对社会的总体信任度并不高,在维权方面也缺乏勇气与决心;他们认为,杭州市民在社会信任和维权行动上都有待加强,这不仅需要市民不断提高自身素质,而且也需要政府的支持。

三、关于浙江文化建设方面的调查

这个方面的调查涉及影视文化、社区文化和道德文化建设等方面的内容。数学1001班葛美丽、罗书红、李捡妹、李丽娟的《关于横店影视产业发展带动旅游消费的调查》中指出,横店从一个默默无闻的小镇发展为今天各种旅游资料上的"江南第一镇""中国好莱坞",与它积极发展影视产业有着极其重要的关系。

社区是社会的基本单位,良好的社区文化建设是提高居民素质的重要途径。公管1201班李影、王越华,文管1201班许倩倩、张蕊、顾婷玲的《关于城市基层社区开展文艺文化活动的调查报告——以杭州市下城区天水街道灯芯巷社区为例》从一个侧面研究社区文艺文化的发展,对于促进基层社区建设、加强社会和谐文化建设具有积极作用。

当今时代,有人认为大学生整体道德水平逐渐下降,重新认知大学生的最美本质、了解属于大学生的"最美现象"显得十分必要。土管1201班张立坤、丁梦梦、林平、诸涛、黄杰盛通过研究"最美大学生"这一现象,形成《关于"最美大学生"现象的影响力调查》,以使人们重新认识当代大学生的道德素质,重新定义当代大学生的整体道德水平。

四、关于浙江社会建设方面的调查

调查教育问题。随着户籍管理制度的改革,外来务工人员子女的教育问题受到社会的关注。公管1101班刘森、陈平、范玲兰以问卷的方式对下沙高教东区的外来务工人员进行调查,完成了《关于外来务工子女教育问题的调查研究》。节约是中华民族的良好品德,为了解大学生的节约意识和节约行为状况,《大学生节约意识调查——基于杭州下沙高教园区大学生的调查》中指出,大学生总体上节约观念较强,但部分同学的节约意识有待提高。

关注社会保障。随着我国人口老龄化趋势的加快,现行的社会养老保险制度面临更加严峻的挑战。物流 1102 班、物流 1101 班赖贞平、潘立飞、黄文耀、周海尔、甘锡梁的《以养老机构为视角,对杭州人口老龄化问题的探究》展示了杭州市老龄人群的真实生活情况,将他们的真实需求带给社会。物流 1102 班舒成鸿、胡燕燕、阮蒙莎、俞琪杰的《关于社会养老保险的调查与思考》指出了现阶段养老保险政策中存在的问题,并提出了他们的看法和建议。

高校后勤工作是保障师生生活质量的服务性工作。物流 1202 班苏清霞、杨健、钱佳婵、周俐琴、李尹在《高校后勤人员生活现状调查——以下沙四大高校为例》中介绍了学校后勤部门职工们的生活现状与工作中面临的困难和尴尬,提出了自己的建议,希望有关方面予以关注。

新生代农民工和外来务工人员成为社会的一个主要群体,公共管理学院社会 1102 班应洁琴、童彩彩、姚潇潇在《社会资本视角下的新生代农民工社会融入分析——基于杭州下沙的调研》中通过对现有文献的整理分析,探讨了新生代农民工的群体特征、生活状况、身份建构、制度支持等一系列的问题。国商 1101 班陈依茹、梁悦、顾思璇、徐悦针对外来务工人员在温州的生活状况、社会保障等问题以问卷的形式做了一系列研究,在《背井离乡在温州——新温州人的幸福感(社会保障)的调查与思考》中努力找出现在社会保障体系的缺陷及改善方法。

调查医疗卫生状况。财会 1203 班徐项雨、动画 1101 班林栩琦的《关于"看病难看病贵"的调查——以浙二医院为例》就当今普遍存在的"看病难看病贵"问题进行了探究。蒋伯恩的《基于多因素拟真模型的人口生育意愿影响因素分析——以江浙沪为例》调查报告以江浙沪地区为例,发现经济原因在一定程度上仍然是影响人们生育意愿的主要原因。

调查社会分配问题。统计与数学学院数学 1001 班郑安妮、1002 班郑洁采的《杭州市贫富差距现状的调查与分析——基于杭州江干区一般消费水平的调查》通过问卷和访谈方式对居民的基本消费水平、对贫富差距看法进行调查,发现收入水平对消费观念有重大影响。

关注社会基层治理现状。经济 1102 班丰美婵、金冰莹、董乐云,国贸 1102 班林智申的《关于杭州市八堡社区居民对基层社会管理的满意度调查分析》从城市社会管理体制的现有状况以及群众的收入、生活成本等因素分析出发,通过发放问卷和访谈调查了八堡群众对基层社会管理的满意度,发现一些管理上的不足,提出了一系列的改善措施。

五、关于浙江生态文明建设方面的调查

建设"美丽中国"需要安全的环境保障。带着对"尘肺村"的同情与震惊,混合 1101 班林姝婷、王梦丹、杜雅雯、盛晓婷的《深入萧山坎山镇荣新村》继续关注荣新村。国会 1201 班苏勇强、姚徐、邹洁、应思婷、周珂晴对嘉兴城区居民关于环境状况满意度进行了调研,涉及了嘉兴水质状况、空气质量、垃圾处理、噪声状况等。物流 1101 班吴婷芸、陈雪琴、彭弋凌、陈淑珍的《下沙新城发展与宜居性问题调查报告》是围绕下沙新城经济建设与宜居性问题展开的。笔者主持共有 27 位师生参加的浙江工商大学下沙环境状

况调研课题组就杭州下沙环境现状进行了专题调查，报告具体分析了居民对下沙环境现状满意度和居民对政府治理环境污染情况的认可度，该调查报告引起了省政府有关领导和部门的重视。笔者主持的师生共同参与的浙江工商大学嘉兴环境状况调研课题组对嘉兴居民生态环境状况满意度进行了调查，调查结果显示：大部分居民对嘉兴水质污染和空气污染不满，环境污染直接影响居民身体状况，空气污染源分布较广，嘉兴最严重的环境问题是水污染。调查认为，应该对重污染工业加大监管力度，居民应多关注环保部门公布的环境质量状况。浙江省人民政府副省长熊建平对该报告做出了批示。笔者主持浙江工商大学“杭州环境状况调研”课题组对杭州居民环境现状评价和对政府治理环境污染工作的认可度进行了调查，课题组通过对杭州市居民的环境评价调查，发现了杭州市居民对环境污染程度的一些看法和问题，并提出杭州的空气质量亟待治理，而其治理的关键在于如何处理汽车尾气和工业废气。在调查中还发现居民环保意识普遍较强，但在垃圾分类过程中仍需保洁员多加监督和指导，居民对于政府环保信息的公开度较为满意等特点。中共浙江省委书记夏宝龙对该报告做出批示，肯定了《杭州市居民环境评价调查》报告，并请前省委常委、市委书记龚正和市委副书记、市长张鸿铭同志参阅。

中国当代文学史教学中的文学社团及其流变

郭剑敏[1]

（浙江工商大学人文与传播学院）

摘要：新中国成立后文艺管理机制的变化，使得文学社团的面貌及属性也具有了某种新的性质，同时在当代不同的历史发展阶段呈现出不同的特点。不论是20世纪50年代探求者社团的命运，还是60至70年代的地下文学社团，以及80年代以来的极具先锋意义的文学社团，它们均与现代文学史的文学社团有着不同的含义，同时也成为当代文学发展史上的特有现象。

关键词：当代文学；文学社团；流变

社团林立、流派纷呈既是中国新文学蓬勃兴起的一大标志与景观，同时也是中国现代文学发展演进过程中的一大业绩与收获。中国文人自古即有结社的传统，学者何宗美在其《明代文人结社综论》一文中指出："文人结社始于中唐，兴于宋、元，至明代而极盛。"中国现代文人社团的兴起则是伴随着"五四"新文化运动大幕的拉开而产生的，据统计，"五四"文学革命发生后的第一个十年中，全国各地成立的文学社团有一百五十多个，而至1949年新中国成立时，现代文学三十年发展过程中先后涌现出的社团有七百多个，这个数字应该说是十分惊人的，也正是这些林立的社团，推动了中国新文学的发展，繁荣了中国新文学的创作局面。文学研究会、创造社不仅是"五四"文学革命运动中诞生的两个最早的新文学社团，同时也成为新文学运动得以深入发展的两个重要的阵地，它们各自的文学主张与艺术理念对此后中国现代文学的发展产生了深远的影响。其他诸如语丝社、未名社、莽原社、沉钟社、湖畔诗社等较早涌现出的新文学社团，也为新文学在第一个十年的勃兴发挥了重要的作用。而春柳社、民众戏剧社以及南国社等则为引进和推动现代话剧在中国本土的发展起到了奠基作用。而1930年3月于上海成立的中国左翼作家联盟则成为引领中国30年代左翼文学创作潮流重要组织，它与新月派、论语派、现代诗派、新感觉派以及"自由人""第三种人"之间冲突、论争以及各自的文学活动，共同构成了新文学第二个十年最主要的内容。1937年抗战全面爆发以后，中华全国文艺界抗敌协会成为在抗日战争中一个历史最久、影响最广的全国性文艺界抗日民族统一战线的组织，而七月诗派以及九叶诗派则成为在诗歌领域中抗战时期影响力最大的诗歌社团。

---

① 郭剑敏，副教授，博士，研究方向为中国现当代文学与文化。

一

进入当代以来，由于新中国文艺管理机制的国家化、行政化以及意识形态化，使得真正意义上的文学社团、同人刊物以及作家群体不复存在。1949年7月召开的中华全国文学艺术工作者代表大会，即第一次文代会被看作是建构起当代文学体制的一次重要的会议，这次会议上所成立的中华全国文学艺术界联合会以及中华全国文学工作者协会(1953年以后改名为中国作家协会)成为管理全国文艺工作者的最高机构，而由其下设的全国各地的“文联”以及“作协”机构将文艺工作者以单位的形式纳入到了行政管理体系当中，同时，对刊物的管理也被纳入到党和国家的宣传机构体系之中，这样便使得同人刊物以及依此而存在的文人社团在进入当代之后不可能产生和存在。曾经也有一些作家在这方面做出过努力和尝试，但招致的却是甚为严厉的压制与打击，这其中最具代表性的便是昙花一现于50年代中期的“探求者”文学社。

关于“探求者”文学社团的来龙去脉，学者周根红在2011年第6期《钟山风雨》上发表的《“探求者”文学社团的酝酿、批判与平反过程》一文中有过详细的阐述。1957年，江苏的几位作家，主要有陆文夫、高晓声、陈椿年、方之、叶至诚等在“双百”方针的鼓舞下决定成立一个名为“探求者”的文学社团，同时筹划创办同人刊物《探求者》。1957年第10期的《雨花》上刊发了《“探求者”文学月刊社章程》和《“探求者”文学月刊启事》，前者由陆文夫执笔，后者由高晓声执笔。在这份《章程》和《启事》里，“探求者”的同人们表达了自己的文学理念：“本月刊系同人合办之文学刊物，用以宣扬我们的政治见解与艺术主张。”“我们将勉力运用文学这一战斗武器，打破教条束缚，大胆干预生活，严肃探讨人生，促进社会主义。”“现在的文艺刊物是中央有几个，各省有一个，各自为政。各省杂志的任务大都是‘贯彻“百花齐放、百家争鸣”的方针，团结与培养本省作者，繁荣创作’；中央则扩而大之，因此都不得不面面照顾，杂志的内容就也不得不拼盘杂凑。另外，这些杂志编辑部的组成人员是用行政命令从各方面调来的，编辑之间的观点往往各不相同。即使有艺术观点一致的编辑部，却又因为面面照顾，必须登载那些和本身观点相抵触的作品。所以杂志就谈不上独特的见解和艺术倾向，树立不起自己的风格来。用行政方式办杂志的缺点还在于作者和编辑部是脱节的。作者得听凭编辑部的摆布。有时候同一编辑部对于作者的同一个作品都会提出相反的意见；何况作者往往和几个编辑部接触，一篇稿件在几个编辑部旅行之后，听了各种各样的意见，修改了，发表了，而作品原有的特色也往往不见了。这就使作者难于认识自己，容易迷失方向。不仅无助于自己的风格的形成，相反的带来了苦闷。”“我们这样来办杂志，我们是同人刊物，有自己的主张，自己的艺术倾向；我们把编辑和作者混同一起。稿件的主要来源就依靠同人，我们将在杂志上鲜明地表现出我们自己的艺术风貌。”“本刊系一花独放、一家独鸣之刊物，不合本刊宗旨之作品概不发表。”

从这里可以看出，“探求者”文学社团力图通过对刊物的创办，在一定程度上打破新中国成立以来文艺生产机制日益行政化的局面，但是他们的这种尝试和愿景却很快在随后而来的“反右”斗争中被打击得烟消云散。“反右”运动大幕拉开后不久，1957年10月9日的《新华日报》发表了长篇社论《“探求者”探求什么？》，社论对“探求者”文学社团进行了全面的批判:"他们既然不满意现状,当然只能探求到现状的反面去。离开马克思主义的指导思想,离开共产党的领导,离开社会主义道路,必然走向资本主义道路。二者必居其一,这是不用探求就很明白的常识。因此,他们所谓'打破教条束缚',就是要打破马克思主义和共产党的领导;所谓'大胆干预生活',就是反对社会主义的制度;所谓'严肃探讨人生',就是否定辩证唯物主义的世界观和人生观;就是他们所谓'探求'的实质。"至此,"探求者"文学社及其成员的命运已定,"至 1957 年 12 月,除叶至诚、陆文夫没戴'右派'帽子,叶至诚被留党察看和降职处分下放劳动外,其余'探求者'的成员无一幸免地都被打成'右派'。作家曾华受迫害屈死,方之、梅汝恺被送去劳改。首先想起办同人刊物的省文联专业创作员高晓声成为'主谋',被发回原籍武进务农编管。陆文夫降两级去苏州机床厂当学徒工。翻译家陈椿年降两级被发配到青海。对创办《探求者》表过态的省委宣传部文艺处处长艾煊也被打成'右派'下放到宜兴太华山劳动。"

"文革"结束以后,在新任《雨花》主编顾尔镡以及理论组组长陈辽的努力下,1979 年第 4 期的《雨花》杂志发表了社论《探求无罪有错必纠》,给"探求者"成员平反。"《雨花》杂志平反的文章发表后,在全国文艺界产生了巨大的反响,开了文艺界'右派'摘帽的先河。中共江苏省委也很快下达了为'探求者'平反的红头文件。接着,省文联党组决定,除艾煊、叶至诚原已调回省文联工作外,又把'探求者'成员梅汝恺、高晓声、陈椿年调回省文联;建议南京市将方之调回南京市文联;建议苏州市将陆文夫调回苏州市文联;已在'文革'时去世的曾华,则在原单位平反昭雪。至此,'探求者'得到彻底平反。"

二

探究中国当代的文学社团就不得不提及活跃于六七十年代的地下文学社团,这其中主要包括的,一是"文革"时期由青年文学爱好者所组成的沙龙性质的文学团体;一是"文革"之后依托民办刊物《今天》而形成的"今天"作家群。从现有资料来看,对"文革"时期的地下诗歌社团进行专门记载和描述的著作主要有两本,一是杨健所著的《文化大革命中的地下文学》,该书由朝华出版社出版;另一本是《沉沦的圣殿:中国 20 世纪 70 年代地下诗歌遗照》,由新疆青少年出版社于 1999 年出版。"文革"时期的这些地下文学沙龙主要是由一些思想较为活跃的青年一代组成,他们大多是一些在校读书的大学生和中学生,在狂热而又充满思想禁锢的政治运动年代,他们其中的一些志同道合者,以秘密结社的方式,去交流一些有关时政、社会、人生、文艺、哲学等方面"不合时宜"的"异端"思想,"X 诗社"和"太阳纵队"是当时两个较有名气的文学沙龙。其中"X 诗社"是由郭世英发起,主要成员有:郭世英、张鹤慈、牟敦白等。郭世英是郭沫若的六儿子,当时在北京大学哲学系读书,后诗社被定性为反革命团体,郭世英也因此于 1968 年 4 月在中国农业大学被迫害致死。张鹤慈则是哲学家张东荪的孙子,其父为北京大学生物学教授张宗炳。"太阳纵队"成立于 1962 年底或 1963 年初,主要成员有:张郎郎、张久兴、甘露林、于植信、张新华、张振州、董沙贝、牟敦白、巫鸿、张润峰等。由廖亦武主编的《沉沦的圣殿:中国 20 世纪 70 年代地下诗歌遗照》一书中,收录了牟敦白所撰写的《X 诗社与郭世英之死》以及张郎郎的《"太阳纵队"传说及其他》,文章对两个社团的一些活动情况及人员遭际进行了描述。

构成“文革”时期地下文学社团的另一股重要力量便是知青，他们的探索和努力尤其体现在诗歌方面，为新时期大幕拉开之际新诗潮的涌现提供了宝贵的艺术经验与思想和启迪。谈到“文革”时的地下诗歌运动，首先应该提及的一个人便是郭路生(笔名：食指)，他的诗歌对“文革”时影响最大的知青诗人群体“白洋淀”诗群、“文革”后的“今天”作家群以及浮出水面后的朦胧诗人群都产生过巨大的影响。他被称为“文革”时期的地下诗歌的第一人，是朦胧诗的真正奠基人与幕后盟主。郭路生生于 1948 年，“文革”时期还是中学生的他开始了诗歌创作，主要作品有《命运》《鱼儿三部曲》《四点零八分的北京》《相信未来》等。1968 年赴山西杏花村插队，他的诗歌也正是从那时开始在全国各地的知青中广为流传，成为“文革”时期影响力巨大的地下诗歌。

在“文革”时期真正以诗人群体的形式出现并展开活动的团体是白洋淀诗群。白洋淀诗群是指 20 世纪 60 年代末到 70 年代中期，一批由北京赴河北白洋淀插队的知青形成的诗歌创作群体。主要成员有姜世伟(笔名：芒克)、栗士征(笔名：多多)、岳重(笔名：根子)、方含、白青、宋海泉等。他们在思想表达与艺术探索上，形成了对那个极端政治时代种种禁忌的全面突破，以强烈的个人主义姿态抒写出了那个时代难能可贵的青年人的反叛意识。代表性的诗作如芒克的《天空》《秋天》《十月的献诗》，根子的《三月与末日》《白洋淀》《橘红色的雾》，多多的《里程》《行礼：诗 38 首》等。洪子诚在其《中国当代文学史》中这样论及白洋淀诗人的艺术个性：“他们这一时期的诗作，有对现实社会秩序，对专制、暴力的批判的主题，也写下他们生命的受挫，表达足下的土地发生断裂、错动时的迷惑、孤独和痛苦的体验。在艺术方法上，虽然也从中国当代主流诗歌接受影响，但在较广泛的阅读中，也多方面地从中国现代诗歌和外国诗中寻找材料和方法。这在写作上出现了这样的现象，诗中使用的意象、描述的情景，许多来自他们读到的诗、小说，而与作者当时生活环境的关系并不是很密切；他们的感觉和表达方式，大都与他们的阅读和‘文化积累’有关。由于心理上和在实际生活上的普遍被放逐的感觉，使他们中的一些人，更倾向于俄国诗人(如普希金、叶赛宁、茨维塔耶娃等)的抒情方式。”

论及中国当代的民办刊物以及同人群体，“今天”诗人群是一个绕不过去的话题。目前关于《今天》刊物以及“今天”作家群的活动状况的研究、分析和描述的文字主要见于廖亦武主编的《沉沦的圣殿：中国 20 世纪 70 年代地下诗歌遗照》(新疆青少年出版社 1999 年出版)、查建英的《八十年代访谈录》(三联书店 2006 年出版)以及刘禾的《持灯的使者》(广西师范大学出版社 2009 年出版)。《今天》创刊于 1978 年 12 月 23 日，1980 年 9 月被迫停刊，共出版九期。由北岛、芒克等人主办。第一届编委有芒克、北岛、黄锐、刘禹、张鹏志、孙俊世、陆焕兴等。《今天》第一期刊出后，因见解之争，编辑部内部发生分裂。后由芒克、北岛牵头组成第二届编委，主要有北岛、芒克、周郿英、鄂复明、徐晓、陈迈平、刘念春等，赵一凡为幕后编委。在创刊号上，发起人北岛用激情而富有诗意的语言写下了《致读者》一文，在文中表达出了创办《今天》的宗旨：“今天，当人们重新抬起眼睛的时候，不再仅仅用一种纵的眼光停留在几千年的文化遗产上，而开始用一种横的眼光来环视周围的地平线了。”“我们的今天，植根于过去古老的沃土里，植根于为之而生，为之而死的信念中。过去的已经过去，未来尚且遥远，对于我们这代人来说，今天，只有今天！”《今天》刊登小说、诗歌、评论，同时还有少量的外国文学译介作品。小说方面主要有：艾珊的中篇小说《波动》，以及石默、万之、天然、舒婷等人的短篇小说。其影响最大的是在诗歌领域,先后刊发的诗歌作品主要有:舒婷的《致橡树》《啊,母亲》《中秋夜》《四月的黄昏》,芒克的《天空》《冻土地,我是诗》《十月的献诗》《秋天》《我有一块土地》,北岛的《回答》《雨夜》《陌生的海滩》,食指的《相信未来》《命运》《疯狗》《鱼群三部曲》《四点零八分的北京》,江河的《纪念碑》,杨炼的《我们从自己的脚印上》以及严力的《我是雪》等。《今天》被看作是新中国成立以来出现的第一份民办刊物,它的出现同时也被看作是一个影响深远的精神事件与思想事件。围绕《今天》刊物而聚合到一起的作家群,成为当时以及之后很长一段时间内引领中国当代文艺新潮的重要力量,尤其是在诗歌探索方面,这一群体被看作是80年代初期崛起的朦胧诗派的核心力量。

三

1985年前后,一群在朦胧诗的影响下走上诗坛但又锐意反叛朦胧诗艺术理念的新潮诗人群开始崛起,他们给当代诗歌增添了鲜明的后现代主义的特质。1986年《深圳青年报》与安徽的《诗歌报》联合推出了"中国诗坛1986现代诗群体大展",大展征集荟萃了1986年中国诗坛上全部主要的现代诗歌社团与流派,大小诗人社团与诗派有六十余家,主要有:四川的"非非主义""整体主义""大学生诗派""流派外离心分子""四川五君""自由魂""野牛诗派""新传统主义""莽汉主义""群岩突破主义""新感觉派""新古典主义又一派""莫名其妙派",江苏的"他们派""阐释主义""新口语派""日常主义""东方人""呼吸派""色彩派""南方派""撒娇派""主观意象""情绪流",北京的"情绪独白""生命形式""男性独白""深度意象",吉林的"迷宗诗派""八点钟诗派""特种兵""超低派",浙江的"地平线诗歌实验小组""咖啡夜""极端主义",广东的"现代女诗",黑龙江的"体验诗",湖南的"裂变诗派",贵州的"生活方式派",河南的"三脚猫",云南的"黄昏主义"等。这些诗歌团体与流派,兴起于朦胧诗之后,体现出一种更为强烈的前卫性、反叛性与颠覆性。这其中影响较大的有"非非主义""莽汉主义"诗社、"大学生诗派"以及"他们"文学社。

"非非主义"于1986年成立,主要成员有周伦佑、蓝马、杨黎、敬晓东等,他们在"非非主义"宣言中表达了自己的艺术理念:"我们要摒除意识屏幕上语义网络构成的种种界定。因为它阻挡在诗人的直觉体验与意识之间,干扰和涂抹着非文化的意识平面,使诗人的体验与意识因语义界定的楔入而彼此绝缘,导致非文化意识的缺如甚至丧失,扭转这一过程,便是我们声称的意识还原。""我们拿定主意要超越'是'与'非'的两值价值评价,使所用语言在非两值定向化的处置中,获得多值乃至无穷值的开放性,赋予语言新的更加丰富的表现力。"由李亚伟、万夏、胡玉等人组成的莽汉主义诗社则在其宣言中表示其艺术努力的宗旨便是:"捣乱、破坏以至炸毁封闭式或假开放的文化心理结构!莽汉们老早就不喜欢那些吹牛诗、软绵绵的口红诗。莽汉们本来就是以最男性的姿态诞生于中国诗坛一片低吟浅唱的时刻。""在创作过程中,莽汉们极力避免博学和高深,反对那种对诗的冥思苦想似的苛刻获得。在创作原则上坚持意象的清新、语感的突破,尤重视使情绪在复杂中朝向简明以引起最大范围的共鸣,使诗歌免受抽象之苦。一首真正的莽汉诗一定要给人的情感造成强烈的冲击。莽汉诗自始至终坚持站在独特角度从人生中感应不同的情感状态,以前所未有的亲切感、平常感及大范围链锁似的幽默来体现当代人对人类自身生存状态的极度敏感。”80年代初期由于坚、韩东、尚仲敏、燕晓冬等人成立的“大学生诗派”则在其宣言中明确表示出了对朦胧诗艺术理念的反叛:“当朦胧诗以咄咄逼人之势覆盖中国诗坛的时候,捣碎这一切! ——这便是它运用的全部手段。它的目的也不过如此:捣碎! 打破! 砸烂! 它绝不负责收拾破裂后的局面。它所有的魅力就在于它的粗暴、肤浅和胡说八道。它要反击的是:博学和高深。”

第三次诗歌浪潮中所涌现出的众多社团影响最大的当数“他们”文学社。“他们”文学社于1984年成立于南京,出版有民办刊物《他们》,该刊从1984年至1995年共出版9期,1995年起停刊,2002年8月改为网刊进行出版。常立著有《“他们”作家研究:韩东·鲁羊·朱文》一书,2010年8月由上海三联书店出版,是国内目前对“他们”文学社最为全面的论述。“他们”文学社的主要成员有:韩东、鲁羊、朱文、于坚、刘立杆、顾前、朱朱、小海、金海曙、普珉、吴晨骏、丁当、王寅、于小韦、吕德安等。社团核心成员韩东曾著文表达过社团的文学理念与艺术主张:“我们关心的是诗歌本身,是诗歌成其为诗歌,是这种由语言和语言的运动所产生美感的生命形式。我们关心的是作为个人深入到这个世界中去的感受、体会和经验,是流淌在他(诗人)血液中的命运的力量。我们是在完全无依靠的情况下面对世界和诗歌的,虽然在我们的身上投射着各种各样观念的光辉。但是我们不想、也不可能用这些观念去代替我们和世界(包括诗歌)的关系。”他们文学社在文学界引起较大反响是缘于所谓的“断裂”事件。1998年朱文、韩东、鲁羊三人向全国七十三名作家分发了一份问卷,问卷调查所向,实际上表达了新生代作家对当代主流文坛秩序以及文学观念、文学体制、文学史论断的全面质疑与批判,从而宣告了与文坛规范和秩序的决裂。正如有学者所言:“尽管参与‘断裂’行为的各个作家的动机不尽相同,但是从根本上讲,‘断裂’是一次由朱文、韩东、鲁羊发起,部分作家参与的力图与现有文学秩序决裂,并宣告一个时空下另一种写作存在的行为。”

参考文献

[1] 何宗美.明代文人结社综论[J].中国文学研究,2002(2).
[2] 陆文夫.“探求者”文学月刊社章程[J].雨花,1957(10).
[3] 高晓声.“探求者”文学月刊启事[J].雨花,1957(10).
[4] 周根红.“探求者”文学社团的酝酿、批判与平反过程[J].钟山风雨,2011(6).
[5] 洪子诚.中国当代文学史[M].北京:北京大学出版社,1999:214.
[6] 敬亚,孟浪,曹长青,等.中国现代主义诗群大观 1986—1988[M].上海:同济大学出版社,1988.
[7] 常立.“他们”作家研究:韩东·鲁羊·朱文[M].上海:上海三联书店,2010:35-36.

教学方法篇

JIAOXUE FANGFA PIAN

“审计学”一体化案例 PBL 课堂教学模式设计*

张宜霞[①] 周 玲[②]

(浙江工商大学财务与会计学院)

摘 要:“审计学”是会计学专业的核心课,也是很多相关专业的选修课,对于培养学生的综合素质非常重要,但教学效果普遍不甚理想,既有课程本身的原因,也有课堂授课方式的问题,应当结合该课程的特征构建一体化案例 PBL 课堂教学模式,实现教学的内容模块化、案例一体化、授课 PBL 化、考核过程化,理论联系实践,引导学生主动参与、独立思考,提高学生自主学习、钻研问题、探究创新的兴趣和能力,以改善学习效果,培养和提高学生的综合素质。

关键词:PBL 课堂教学模式;模块化;案例化

一、“审计学”课堂教学的现状与原因

“审计学”是会计学专业的核心课之一,无论是会计方向、财务管理方向,还是审计方向,以及其他相关专业的学生都会必修或选修这本课程。与学生学习过的会计或财务管理课程相比,“审计学”是一门内容相对抽象、理论性和逻辑性相对较强的专业课程,它要在学生以往会计学、财务管理知识的基础上培养、形成和提高学生的综合分析能力和专业判断能力,是培养学生从学习知识到形成能力的一个关键环节,对于提高会计专业学生的综合素质、培养高素质、管理型财会人才起着至关重要的作用。

(一)“审计学”课堂教学的现状

然而,这门课程无论是教学效果,还是学习效果总体上都不容乐观,无论是教师对学生,还是学生对教师,彼此的满意度都不甚理想。不少学生在完成了“审计学”的学习之后,即使期末考试得了高分,实际上也没有理解审计的一些基本概念和基本理论,不清楚审计实务的操作流程,更没有形成一定的专业判断能力,以至于他们走出校门在以后的学习和工作中遇到障碍和困难。不但学生觉得难学,教师更觉得难教,付出比其课程更多的努力,但学生的学习效果却相对较差,很多教师不愿意讲授“审计学”,不少财

---

* 2013 年度浙江工商大学课堂教学改革项目,编号 201306。

① 张宜霞,副教授,博士,研究方向为内部控制与风险管理。

② 周玲,助理研究员,硕士,研究方向为教学管理。

务管理方向的学生也不选修"审计学",更出现了一些学生没有修过"审计学"却到会计师事务所实习的异象。这已经成了一个由来已久、各大学普遍存在但又迟迟没有解决的问题。

(二)"审计学"课堂教学困境的原因

"审计学"课程学习效果相对较差在各大学会计专业是一个普遍存在的现象和问题,因此,它不是由个别学校或个别教师的特定原因造成的,而是受多个因素影响,由多方面原因造成的,既有课程本身特点的原因,又有课堂教学模式和学业评价模式的原因。

从课程本身来说,学生学过的会计和财务管理课程在内容上更加具体,没有那么复杂的逻辑关系,前后联系也没有那么紧密,面对的是企业会计、财务上的具体问题,学生学习和理解起来相对容易。而"审计学"在内容上相对抽象,理论性和逻辑性较强,课程内容紧密衔接、互为基础和依据、前后联系更加紧密,需要较强的逻辑能力和综合分析能力,需要在熟练掌握会计和财务管理知识以及具有一定工作实践经验的基础上才能理解和掌握,所以,在学习和理解难度上要比学过的那些会计和财务管理课程更大。

从课程本身来看,学生学习过的会计和财务管理课程通常都会按照重点划分为多门课程,比如会计课程通常会分为"基础会计""中级财务会计""高级财务会计""成本会计""管理会计""财务报表分析"等多门课程,在多个学期先后完成。而"审计学"作为一门学科,这么多的内容需要在一个学期内讲授完成,分配的课时甚至都不如会计学其中的一门课程多。这么短的时间,让学生理解和掌握这么多抽象的、逻辑性强的知识,其难度必然远远超过一般的会计课程。

更需要指出的是,学生在经历了几个学期内容相对具体的课程的学习之后突然转成了内容抽象、逻辑性强的课程的学习,在短时间内往往无法打破已经形成的惯性,无法有效解决路径依赖的问题,从而造成不能尽快适应"审计学"的学习,引发诸多困扰,学习相对吃力,学习效果下降。

从课堂教学本身来看,会计学和财务管理很多课程的教材和课堂教学都可以根据具体问题和内容提供许多言简意赅、篇幅较小的案例,教材内容也比较成熟,课堂教学采取传统的授课模式往往就能取得较好的效果。而"审计学"由于其内容前后联系的紧密性,教材和课堂教学都很难根据具体问题和内容提供充分和适当的案例,如果非要在某一章节进行案例教学,就必须提供大量的背景资料和数据,不但篇幅较大,而且难以获得真实可靠的资料和数据,更麻烦的是往往牵涉到后面还没有讲授的内容。所以,教师在课堂教学的时候往往选择不讲案例,只讲概念和逻辑;或者提供一些零碎的、割裂的小案例,表面上看起来便于学生的理解,但实际上这种零碎的小案例反而会导致学生片面地理解相关知识。这种困境和现状一方面导致学生面对抽象的概念和逻辑时非常的迷茫,并不清楚这些概念和逻辑用来解决什么问题,导致理解和接受困难,只能机械地记忆;另一方面,在他们的印象中留下的只是零碎的概念和术语,无法真正掌握一个本来前后逻辑严密的知识体系,难以用于指导以后的审计实务工作。这些都最终导致课堂教学效果差,而且学习效果也较差。

以往课堂教学方式引发的另一个问题就是学生学业成绩的评价不客观,不准确。

受限于"审计学"传统以理论和概念讲解为主的课堂教学方式,以往学业成绩的考核主要采用期末闭卷考试加平时成绩的终结性评价方式。限于闭卷考试的时间和篇幅,试卷内容主要是基本的概念和基本理论,较少或几乎不涉及实务案例问题,学生往往期末突击背诵就能轻松过关,并不能有效考核学生真正的学习效果和对知识的掌握及能力的培养。所以,就出现了期末考试成绩很高,但对基本概念、基本理论却不甚了解的现象,这样既不利于客观评价学生,也不利于正确引导教学。

二、"审计学"课堂教学改革的目标

作为一门专业课程,"审计学"对于培养和提高学生的综合素质以及对学生未来的学习和工作都具有非常重要的意义。如果不能有效地改善和提高其学习效果,将会严重影响我国会计人才的培养质量,进而影响我国会计行业的发展,乃至影响我国经济的有效运行,所以必须在课堂教学案例应用、课堂教学模式和学业评价方式方面进行系统的教学改革。

(一)设计和撰写一体化案例

选择一家上市公司,模拟审计实务流程,设计和撰写贯穿课程主要内容和审计实务流程的一体化案例,前后衔接,用于"审计学"课堂教学,避免采用零碎的、割裂的小案例,促进课堂案例教学方式的应用,理论结合实践,面向实际问题,提高学生学习兴趣。

(二)构建 PBL 课堂教学模式

在一体化案例的基础上构建 PBL 课堂教学模式。首先根据审计实务流程归纳和总结出审计实务中面临的实际问题,让学生针对问题结合案例进行思考、分析和讨论,然后再由教师结合讨论的结果和课程相关内容进行讲授和分析。这样就从直接讲授概念和理论转向问题导向,从以教为主转向以学为主,引导学生主动参与、独立思考,提高学生自主学习、钻研问题、探究创新的兴趣和能力。

(三)设计和构建形成性学业成绩评价模式,客观、全面地评价学业成绩

改革学业考核方式,由终结性评价转向形成性评价,增加授课过程中的考核环节,改进考核内容,撰写一体化考核案例,以实务案例应用和学习小组的方式,分阶段来考核学生对基本概念和理论的掌握情况,客观地评估学习效果。

三、一体化案例 PBL 课堂教学模式的构建

为了有效解决"审计学"课堂教学存在的问题,实现课堂改革目标,应当构建"审计学"一体化案例 PBL 课堂教学模式(见图 1),在"审计学"教学过程中充分实现内容模块化、案例一体化、授课 PBL 化和考核过程化。

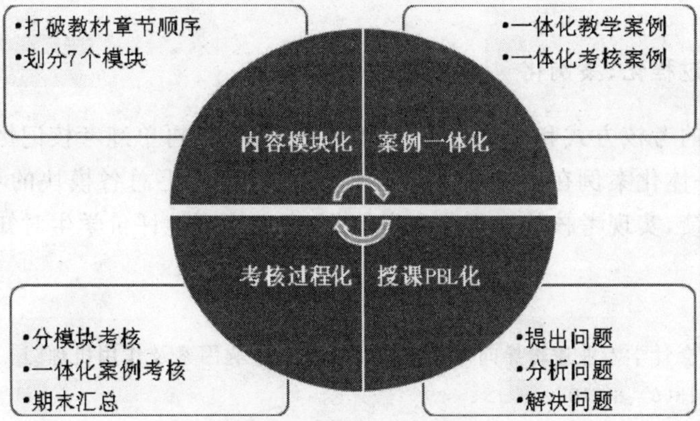

图 1　一体化案例 PBL 教学模式

(一)内容模块化

打破传统教材章节的限制和束缚,从审计实务流程出发,结合审计理论的内在逻辑,将“审计学”的内容从原先相对分散的 24 章按照先后和逻辑顺序划分为 7 个模块,每个模块的内容按照逻辑和流程重新组合,授课不再以章节为单位,而是以模块为单位(见图 2)。

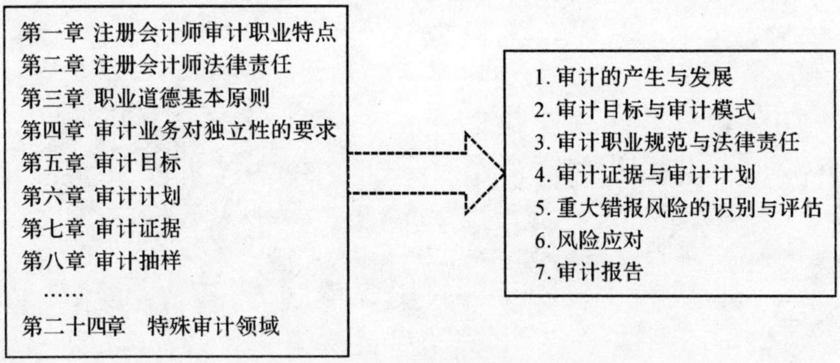

图 2　从章节到模块

(二)案例一体化

选择两家有代表性的上市公司,模拟审计实务流程,结合“审计学”的 7 个模块,设计和撰写贯穿课程主要内容和审计实务流程的两个一体化案例,一个用于各模块的课堂教学,一个用于各模块内容的考核,实现教学案例一体化和考核案例一体化。

(三)授课 PBL 化

分模块授课,结合一体化教学案例和“审计学”的 7 个模块,归纳和总结出每一个模块在审计实务中面临的实际问题,让学生分组结合一体化教学案例的实际情况进行分析、思考和讨论,并提出解决方案,然后再由教师针对讨论的结果和学生提出的解决方案,结合课程相关内容进行分析和讲解,给出可行的解决方案,并引导学生进一步进行讨论和分析。

(四)考核过程化、案例化

改革原有的考核方式和考核内容,取消期末考试,不再单纯考核记忆性的概念和理论,而是采用一体化案例在学习过程中分模块考核,期末汇总各模块的考核结果,形成最终的考核成绩,实现考核的过程化和案例化,真正客观地评价学生对知识的掌握。

参考文献

[1] 张宜霞.会计学专业逻辑导向性课程学习效果的影响因素及作用机理[J].中国会计研究与教育,2013(6):88-105.

[2] 姜晓昱.PBL应用于高等院校本科教学实践的三种变形[J].江苏高教,2010(3):75-77.

[3] 黄斌.PBL与我国的教育现实[J].普教研究,2008(6):7-9.

[4] 王超杰.WPBL教学模式的构成要素分析[J].电化教育研究,2008(1):55-57.

[5] 仲崇光.PBL的高等院校教学模式探讨[J].中国成人教育,2010(2):123-124.

[6] 张宜霞.学习效果、就业压力与教学改革对策[M]//陈寿灿.人才培养与教学改革——浙江工商大学教学改革论文集(2013).人才培养与教学改革.杭州:浙江工商大学出版社,2014:66-70.

图论中欧拉图和哈密尔顿图的教学设计*

李 珏①

(浙江工商大学统计与数学学院)

摘　要:本文针对欧拉图和哈密尔顿图的教学内容,以及离散数学课程的特点,给出这个章节的具体教学设计细节,其中充分应用了启发式互动的教学方法,提出详细教学思路,为该课程的教学提供参考。

关键词:启发式互动;欧拉图;哈密尔顿图

一、学情分析

图论是离散数学课程中的一个重要部分,而欧拉图和哈密尔顿图是图论的一个核心章节。离散数学作为一门专业基础课,授课对象为本科计算机相关专业一、二年级学生。学生上课前对数学类课程的喜好和接受程度一般,教学内容必须要根据学生的接受程度进行设计和调整。

(1)概念繁多枯燥:离散数学课程的特点之一就是概念多,因此必须采取启发式教学,学生才有积极性,在恰当的时候提出恰当的问题,引导学生自己提出概念,自己想出结论,充分发挥主动性。

(2)内容抽象:这是本课程的另一特点,学生理解不了时就很容易走神,因此一定要注意讲课的节奏,不能"快",时刻注意学生的接受情况,同时必须加以大量生动形象的例题,调动学生情绪。

(3)定理证明如何讲述:学生对定理的证明总是有抵触心理,如果是接受程度好的学生,可以完整讲,但对接受程度较弱的学生,可以引导体会证明的核心内容,不必完整讲。

二、教学方式与方法

(一)启发式互动:即在恰当的时间提出恰当的问题

发现问题—解决问题—再发现问题的过程在数学学习中无处不在,数学教育有责

* "'启发式互动'数学教学方法研究——以两种专业课程为例",浙江工商大学高等教育教学改革项目,编号Xgy14075。

① 李珏,副教授,博士,研究方向为应用数学。

任向学生展现这种创造力,让学生学习这种创造力,这才是大学数学教育的终极目标。

让学生在学习的过程中养成动脑的习惯,潜移默化地提高他们的思维能力。下面结合离散数学中的一些实例说明教学方法的实现。

1. 由解题引出问题

集合运算有一系列的恒等式,如果一一列举让学生记忆,效果不好。如在介绍了分配律后,让学生证明吸收律 $A \cup (A \cap B) = A$,由于此式的特殊结构,学生会首先考虑采用刚学到的分配律,正中我下怀,分配律只会将其转化为另一个吸收律等式 $A \cap (A \cup B) = A$,无法证明,那么如何解呢？此时让学生讨论引出同一律 $A \cap U = A$ 和零律 $A \cup U = U$,自然对这几个恒等式都会记忆深刻。并且把解题的思路完整地表现出来,学生能够有体会。

2. 由问题引出问题

当讲解等价类的概念时,由于比较抽象,学生往往无法理解,不知其有何用。如先提出问题,证明:11,111,111,……中没有平方数。学生对无限多整数束手无策,那么关系"$\equiv_4$"的四个等价类将正整数集分成四块,使得题目得以解答。学生自然会提问,为何等价类起了作用呢？于是指出等价类构成划分,可以将无限多元素分成有限块。学生在理解概念的同时也了解了应用。

3. 由问题引出解题

数学问题往往不能一概而论,由特殊到一般的推进需要多加琢磨。如在介绍代数运算的特殊元素时,举例集合 $S = \{a\}$,规定 $a * a = a$,问这个运算的特殊元素情况,则学生讨论得出 a 既是单位元,又是零元,且 a 的逆元仍为 a。我肯定答案正确的同时提出,至少有两个元素的集合里能找到既是单位元,又是零元的元素吗？学生在愕然后,会仔细推敲,随之发现不会有这样的元素存在。在解决这个问题的同时,也明白了引申过程的不确定性。

(二)引入大量激发兴趣的例题

选择例题时注意以下几点:

1. 联系学生的实际。
2. 实用性和前沿性。
3. 故事性。
4. 延续性。

(三)教学媒体设计

本课程的特点是概念多,内容抽象,理论性强,这样的课程必须辅以形象生动的多媒体课件才能让课程变得有吸引力。

1. 理论课的 PPT 以白底黑字的干净样式比较受学生喜爱,清爽,即使看 45 分钟,也不会造成学生视觉疲劳。

2. 每一页 PPT 上的内容不宜过多,把重点内容显著地放在 PPT 上,既能加深印象,也能避免页面内容太多使得学生注意力分散。

3. PPT 的演示过程必须与个人的讲解内容紧密结合,可以讲一句放一段 PPT,抓住学生的注意力。

4. 图论有大量需要画图解决的例子，利用 PPT 的动画功能，可以形象地展示这一过程。

5. 概念在 PPT 上一一从左至右展开，建议用擦除模式，符合人的阅读习惯，更有条理，学生更能接受，也避免板书时粉笔和黑板质量问题造成的不良效果。

（四）本章节中用到的具体方法和改革（详见教学过程安排）

1. 引例的应用：在讲正式内容前通过与实际生活相关的引例，大大提高学生的学习兴趣。

2. PPT 的大量动画应用：形象生动的表现形式，牢牢抓住学生的注意力。

3. 重点讲解欧拉问题图论模型的建立和求解：让学生体会用数学方法解决实际问题的过程，训练学生的数学思维能力。

4. 定理证明的适当删减：讲解证明的核心问题，而不是完整讲述证明过程，来保持学生的学习热情，记住重点内容。

三、教学过程安排

（一）引例

例 1：一个班级的学生共计选修 A、B、C、D、E、F 六门课程，其中一部分人同时选修 D、C、A，一部分人同时选修 B、C、F，一部分人同时选修 B、E，还有一部分人同时选修 A、B，期终考试要求每天考一门课，六天内考完，为了减轻学生负担，要求每个人都不会连续参加考试，试设计一个考试日程表。

（1）例题特点：结合学生实际生活——考试；解答中用到补图的概念，作为复习；哈密尔顿道路的概念是本章节内容，作为铺垫。

（2）这个例子的讲解要注意引导学生体会图论模型的特点，用图解决实际问题的奇妙之处，产生继续往下学的兴趣。

（3）PPT 中一定要把图中的边的走法用动画表现出来，形象有趣。

（二）欧拉图

1. 起源

在历史上，图论的创立开始于对著名的哥尼斯堡（Königsberg）七桥问题的研究。哥尼斯堡是 18 世纪欧洲的一个城市，位于普雷格尔河畔，河中有两个岛屿 A 和 D，人们架设了七座桥把河岸和两个小岛连接起来。

当时城中的居民热衷于讨论这样一个问题：能否从某地出发，通过每座桥恰好一次，在走遍七桥后又返回到出发点？

于是有人去请教了瑞士数学家欧拉，他给出了图论模型。

注意：一定要引导学生自己建立这个图形，并给出数学描述。让学生自己找找看，学生发现找不到。结论确实是找不到，并且即使允许起点和终点不同依然找不到。

为什么？理由当然不能是我们散步时走不出来，需要一个数学的严谨的解释。瑞士数学家欧拉于1736年解决了这个问题，他发表了图论的第一篇论文，证明了七桥问题是无解的。同时他提出并解决了更为一般的问题，从而奠定了图论的基础。

提出：知识来源于生活，数学也不例外，离我们并不遥远，需要大家去仔细体会。

鼓励学生，这个原因不需要看欧拉的论文，我们自己也能推导出来。并引出定义。

2.定义：欧拉路、欧拉回路、欧拉图

注意：给出3个例子依次讲解，引导学生找到欧拉定理的推导的核心问题，就是和结点相关联的边的个数的奇偶性。

3.定理：判断欧拉图和欧拉路的充分必要条件

注意：定理的证明不要一句一句详细讲解，消耗学生的听课热情，指导学生体会到核心思想，就是欧拉路中的结点的关联边数的特点。

我们再回过头来看"七桥问题"，图中的4个结点均为奇结点，故不存在欧拉回路，"七桥问题"无解。

提出：承上启下，总结整个过程即为一个数学建模的过程。

4.例题

应用实例：城市街道单行线和双行线的合理布局，有助于合理控制交通的目的。

注意：例题目的是让学生了解欧拉图的前沿应用。解释欧拉图理论为何能帮助单行线的布局，提出有向图为欧拉图的判别方法。强调这是200多年前的结论，到今天依然在我们的生活中起作用。

提出：3个有关应用的例子，难度不高，学生自己解答。

(三)哈密尔顿图

1.起源

与欧拉回路、欧拉路类似，还存在另一种回路或路径，叫哈密尔顿回路与哈密尔顿路。欧拉回路与欧拉路要求是简单的(即边不重复)，而哈密尔顿回路与哈密尔顿路则要求是基本的(即结点不重复)。

所谓哈密尔顿回路，起源于一个名叫"周游世界"的游戏，它是由英国数学家哈密尔顿(Hamilton)于1859年提出的。他用一个正十二面体的20个顶点代表20个大城市，这个正十二面体同构于一个平面图，要求沿着正十二面体的棱，从一个城市出发，经过每个城市恰好一次，然后回到出发点.这个游戏曾风靡一时，它有若干个解。

注意：解的过程用PPT动画展示，清楚生动。引出定义。

2.定义：哈密尔顿路、哈密尔顿回路、哈密尔顿图

例6：下列图中是否有哈密尔顿路或哈密尔顿回路？

注意：3个例子依次讲解，引导学生寻找判断方法。

3.定理

尽管哈密尔顿回路和哈密尔顿路问题与欧拉回路和欧拉路问题同样的有意义，但遗憾的是至今尚未找到一个判别它的充分必要条件，这是图论中尚未解决的主要问题之一。这里先介绍一个简单而有用的必要条件。

注意：这个证明的理解有一定难度，讲解时要配合板书，看学生状况决定详细讲或

简单讲。

利用该定理可判别某些图不是哈密尔顿图或不存在哈密尔顿路。

然后不做证明给出一个判断哈密尔顿图的充分条件,再用例题加深印象。

提出:需要注意的是,定理给出的是充分条件而不是必要条件,用例题说明。

提出:哈密尔顿图的判定是图论中较为困难而有趣的问题,这里我们介绍的只是初步,感兴趣的同学可以进一步阅读有关的材料。

4. 应用实例:"货郎担"问题

注意:要和学生解释,实际中很多问题都可以归结为货郎担问题:如汽车走怎样的路线能使空车路线最短;要在钢板上挖一些孔,自动焊机割嘴走怎样的路线,使空走的路线最短;怎样铺设管道,才使耗费最少;等等,应用非常广泛。

四、设计总结

设计核心:只有学生自己想学,才能真正学到东西;细节决定课堂质量。

教学理念:

(一)教学目标能实现的首要前提是学生的学习兴趣,个人觉得,要教好一门课,除了自己必须要熟练掌握课程内容之外,更重要的是在教学中要想方设法培养学生的学习兴趣。

(二)授课是一件很细致的工作,比如上课时仔细观察学生对你的每个授课内容的反应,及时调整,课后立即做出相应的修改和记录,比如 PPT 的修改,虽然这门课已经上了许多遍,但每次课前课后依然要考虑是否可以改得更完美些,等等。总之,细节决定品质。

参考文献

[1] 保罗·哈尔莫斯. 我要做数学家[M]. 马元德,等译. 南昌:江西教育出版社,1999.

[2] 叶丽霞. 计算机专业离散数学教学改革与实践[J]. 计算机时代,2012(10):47-49.

[3] 黄光荣. 问题链方法与数学思维[J]. 数学教育学报,2003(5):35-37.

[4] 马千里,李世群. 基于学生数学现实的离散数学教学研究[J]. 计算机教育,2012,15(8):8-11.

[5] 黄兴丰,李士锜. 数学课堂师生对话的形式与内容[J]. 数学教育学报,2007(5):20-23.

[6] 王涛,徐中宇,王红梅. 对离散数学课程改革优化的研究[J]. 长春工业大学学报(高教研究版),2012,33(3):100-102.

以学生为本的经济学实验课课堂教学改革研究*

刘 彤[①] 俞 毅[②]
(浙江工商大学经济学院)

摘　要:从世界各国的高等教学实践中不难发现,实验课程教学实际在创新人才的培养及综合能力素质的教育中所起的作用非常重要。然而,我国高等院校的文科类课堂教学,往往比较偏重于理论知识的培养,而忽视了文科实验教学的作用。因此,以学生为本,转变教学理念,打破现有传统文科课堂实验教学体系,根据经济学实验课程的性质及专业特点,研究创新实验教学模式,更新扩展教学内容,使之更加适应创新人才的培养的需要,对于提高本科教学水平以及学科建设的进步都具有十分重要的意义;同时也对推动高校实验课程体系的改革与创新会产生积极的促进作用。

关键词:教学理念;综合能力素质;创新人才培养

一、现行经济学实验教学的弊端

我国的高等教育法明确指出,“高等教育的任务是培养出具有创新精神和实践能力的高等专业人才”。但对于高等院校的文科类课堂教学,往往比较偏重于理论知识的培养,而严重忽视了经济学实验教学的作用。特别是现有的经济学实验课教学受到传统观念以及教学模式的影响,存在着不少弊端。

(一)高等教育必须要与社会经济发展对人才的需求相适应

现行的高等教育对经济学实验教学缺乏足够的重视。当今社会已进入知识经济的时代,是知识化、信息化与学习化的时代。因此,一方面,对人才的要求不再是传统意义上的“书生”,而应是高素质的复合型人才,并具备全面的综合素质和综合能力;另一方面,对高等教育的要求也不再是单纯理论知识的传授,而应是能够更有效地培养人才的知识转化水平和提高人才的实际竞争能力。高等学校的文科教育必须要顺应时代的潮流,不断深化课堂教学改革,通过加强实验课教学,培养学生积极主动地思考,观察发现实际问题的综合能力,才能使他们走出校门后更快、更好地为社会做出贡献。

---

* 浙江省2013年度高等教育课堂教学改革项目,项目编号:1050XJ2913108

① 刘彤,经济系副主任,副教授,博士,研究方向为发展经济学、人力资源。

② 俞毅,副院长,教授,研究方向为国际贸易、金融。

(二)教学改革并不单纯是教学方式、教学形式的改变,更重要的是要以学生为本,转变教学理念。

随着我国高校现代化建设的推进,高校的教学硬件设施日益先进,但与此同时,高等教育理念的改革却显得相对落后。虽然高等教育改革的呼声很高,但往往只重形式,忽略了实质。因为教学改革并不仅仅是从“板书”到“幻灯投影”等课堂教学方式的改变,也不仅仅是从“教室”到“网络多媒体”的教学形式的变化,而是要实现以学生为本,彻底改变传统的教学理念,按照每个学生的特点因材施教,通过启发诱导式、个性化的教学方法调整,努力激发学生自主学习的热情以及创新思考的意愿。

(三)重理论、轻实践,重知识、轻能力的传统教学模式,导致学生缺乏创造性,以及分析具体问题、解决现实问题的实际能力。

当今我国高等院校的文科教学往往比较偏重于理论知识的灌输,忽视了实验课程教学在创新人才的培养及能力素质的教育中所起的重要作用。而且,在传统的实验教学中,学生只会按照实验程序操作和验证标准的原理及定律进行实验,实验教材对所需的数据、方法、操作步骤,甚至分析结果等都有详细的说明。这样的实验教学除了教学环境不同,与通常的理论教学没有区别,很难培养学生自主地发现问题、分析解决问题的能力,更不利于创新意识的培养。

(四)传统的实验教学观念只是理论课程的延续,或使用某些专业性应用软件,单纯地通过上机操作验证某些课本上抽象的理论。

这种传统的实验教学存在的具体问题包括:(1)课程中的专业软件通常只在课堂教学和研究中被使用,如SPSS、Eviews等,而普通的个人电脑中极少配备,因此,学生在课后,或当学生走向社会就职于非研究部门后,就很少有机会再接触和使用这些软件;(2)实验内容枯燥,缺乏对现实社会经济的把握,往往仅局限于有关教科书内容的实验,不但缺乏趣味性,更不利于培养学生融会贯通、举一反三的自主学习习惯和能力;(3)实验教学内容往往只注重实验技能的教授,缺乏对学生综合能力的培养,如综合实验能力、实验设计能力、研究能力等。

为此,我们成立了经济学专业实验课课堂教学改革研究课题组,根据课程的性质及专业特点,研究创新实验课教学模式,更新扩展教学内容,使之更加适应创新人才的培养的需要。我们提出并逐步实施了打破现有传统文科课堂实验教学体系的教改计划,结合国内外高等院校的教学改革经验与教训,力求减少所谓的“经典”,增加最新的知识信息,在有限的学时内使学生了解和掌握与时代发展同步的理论和技能。我们相信经济学实验教学改革对于我校(浙江工商大学)提高本科教学水平以及学科建设的进步都具有十分重要的意义,并希望对推动全省以至我国高校实验课程体系的改革与创新产生积极的促进作用。

二、经济学实验课课堂教学改革目标

经济学实验教学改革需要针对存在的实际问题，制定明确的教学改革目标。为此，在教改计划实施之前，我们通过对现有经济学实验教学课程的实际观察分析，以及在对听课学生反馈意见的汇总整理中发现的几点问题，制定了相应的教改目标(见图1)。

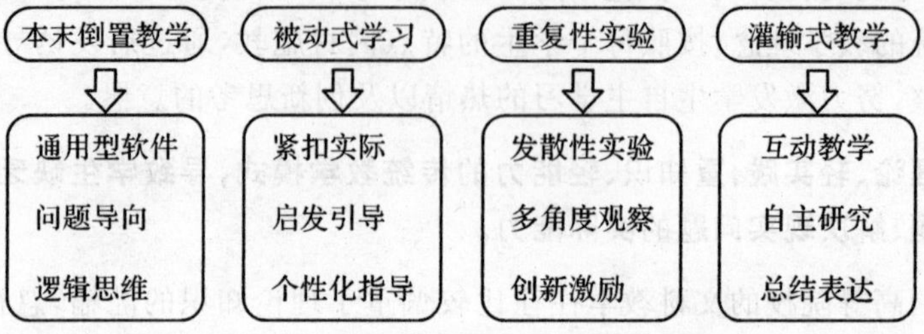

图1　经济学实验课课堂教学问题与教改目标

第一，针对“本末倒置”问题，创新课堂教学方法。传统实验课教学为了突出课程的专业性，使用较为复杂的专业统计软件开展教学，而由于教学时间有限，学生的主要精力往往被用于熟悉专业软件的使用上，对实验课程的核心内容，即对“为什么实验”却缺乏理解，违背了实验课教学的宗旨。因此，本教改方案通过对分析工具的调整，将教学的中心重新拉回到学生对实验内容的理解和分析上，培养学生的逻辑思维能力。

第二，针对“被动式学习”问题，创新课堂教学方式。采用以学生为主导的发散性实验课课堂教学方式，即教师只确定教学模块，学生自由选择具体分析问题，改革传统实验课教学中单纯的理论验证型实验方式，培养学生的学习兴趣和热情，引导学生自主学习。

第三，针对“重复性实验”问题，创新课堂教学形式。本教改方案的核心是通过促进师生的“教”与“学”互动，启发学生独立思考，并通过学生自主学习，个性化指导，提高学生的综合能力素质，因此不设固定教材，避免了简单机械的重复性实验。培养学生从理论的角度观察、思考实际经济现象和经济问题，做到学以致用。

第四，针对“灌输式教学”问题，创新课堂教学思路。传统的实验教学往往采用灌输式教学，使学生只能基本掌握某些特定的实践技能，导致学生既无法灵活应用，更难实现创新。因此，本教改方案的教学效果着眼于学生创新能力的发掘和培养，通过个性化的启发式教学，积极促使每个学生都能够发挥其自身的优势和主观能动性，逐渐成为更具创新能力的优秀人才。

总之，我们结合实验课课堂教学的实际情况，将教学改革的根本目的凝练成“三主、三自、三会、三维”的目标体系(见图2)。在打破传统教学模式的基础上，充分发挥我校经济学实验教学基地的优势，培养学生积极思考、自主创新的综合实力，以体现“以学生为本，转变教学理念”的课堂教学改革宗旨。

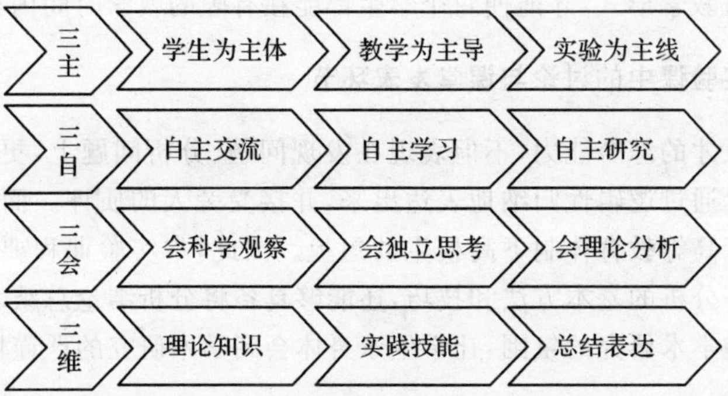

图 2　经济学实验课课堂教学改革目标体系

三、经济学实验课课堂教学改革对象及具体教改内容

我们的课堂实验教学改革对象为“经济学常用软件应用”及“经济政策模拟实验”两门实验课程，均为我校经济学专业中实践性、综合性很强的专业课。课程要求学生在具备一定的经济学、统计学等相关理论知识的基础上，对现实经济社会有较全面的了解。截至目前，具体实施的教改内容如下：

(一)不设定固定教材

现实经济千变万化，只关注固定教材中的理论不利于培养学生的灵活性和创造力。因此，上述实验课程改革后不设定固定教材，而是以观察实际经济问题为出发点，主要利用网络数据库及我校图书馆的数据资料库，指导学生如何观察经济现象，并通过分析查找数据，发现实际的经济问题。

(二)使用常用的 Excel 计算机分析软件

对于实验课教学而言，计算机软件只是作为分析工具，应该本着实用性原则，改变以往使用专业统计软件的局限性。通过使用学生较为熟练的普及型办公系统 Microsoft Office 中的 Excel 软件，引导学生分析各类经济问题。

(三)引导学生独立观察现实经济

我们将实验课的学习重点放在让每个学生学会对各自关心的实际问题进行详细数据发掘，计算整理的过程上，并在此基础上，结合所学的经济理论进行深入分析和论证，并在教师细致的个性化指导下，最后撰写并提交实验报告。使学生体验完整的研究过程，即在理论的指导下，选择恰当的分析手法得出结论，并能总结表达，为今后的学习工作打下基础。

(四)采用小班制(每班 20 人)使课堂理论与实验相结合的教学方式充分发挥作用

以培养学生的综合能力为目的，将个性化的教学指导运用在理论分析和实验的过程中，尽量为每一个学生量身定制研究方案。在实验课程学时较短的情况下，只有采用少人数制的小班教学形式,才能使每个学生都能在有限的教学时间内得到充分的指导。

(五)增加实验课中的讨论与课堂发表环节

高等专业人才的综合能力,不但表现在发现问题、分析问题上,更重要的是能够将分析总结的结论通过逻辑性归纳地表达出来,并接受旁人的质评。而这种“Output”的能力也正是现行高等教育体制下高校生的短板。因此,本实验课程要求学生不但要通过实验熟悉经济分析的基本方法和技巧,还能够具备将分析结论总结表达的能力,并结合课堂发表营造学术研究的氛围,让学生亲身体会到学术研究的严谨性和乐趣。

(六)改革单一的实验教学学生成绩考核方式

按照学生提交实验报告的实验内容、理论水平、分析难度、创新性以及课堂发表的表现,通过综合成绩对学生进行评价。我们实施的成绩考核体系包括五项。(1)学习态度:包括数据的可靠性、图表的形式、报告的严谨性(脚注、参考文献等);(2)理论水平:研究的目的、意义是否明确、是否与相关理论紧密联系;(3)分析的难度:分析方法是否得当、模型及检验是否正确;(4)创新性:整体报告从问题、方法到结论是否有创新点;(5)课堂发表:对研究内容的表达是否准确合乎逻辑、能否应对各种质疑等,最后按照各项评价成绩给出综合得分,并使学生通过成绩评价体系了解各自的能力特征。

四、教改实施效果与反馈

目前,我们已按照上述课堂教学改革方案,顺利地进行了一轮教改尝试,基本取得了预期的效果。

以“经济政策模拟实验”为例,在2013/2014学年第1学期期末,我们通过集中授课的方式,针对经济学专业2011级的近160名学生,第一次制订并实施了课堂教改方案。

首先,通过课程开设之前的调查,我们发现,超过九成的学生有个人电脑并安装有Office系统,其中更有超过八成的学生已经有使用Excel软件的基础知识。因此,选用Excel分析软件作为实验课分析工具,不但可以节省教授软件使用方法的教学时间,而且学生基本在课后也能进一步熟悉和使用软件进行复习和预习。其次,该课程设置的目的,是为了增强学生以经济学理论为基础,科学地观察、思考、分析实际经济问题的综合能力。因此,我们为该课程设计了三大教学模块(见图3),(1)经济观察与经济问题:教授学生科学地观察现实经济的思路和方法,学习以经济理论为指导,观察并发现问题的技巧;(2)数据处理及图表绘制:带领学生通过网络数据库及我校图书馆数据库,收集各类经济数据,并对数据进行整理加工,思考经济指标、数据所包含的意义以及数据之间的关系,为分析问题奠定基础;(3)经济分析及分析方法:在发现问题的基础上,指导学生按照各自的理论专长有目的地选择使用正确的数据和分析方法揭示经济问题的本质。

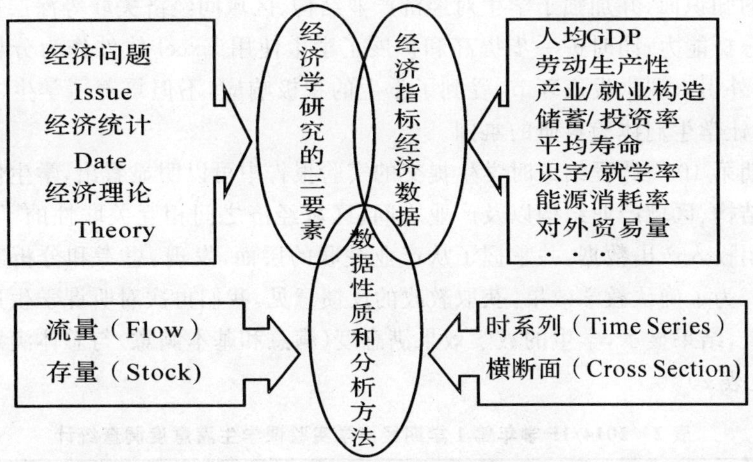

图 3 《经济政策模拟实验》课程教学模块

经过 16 学时(2 天)的集中授课，学生们不但熟悉掌握了 Excel 软件的操作分析方法，而且基本掌握了通过收集整理各类经济统计数据，发现和思考经济问题的方法，更重要的是能够结合所学的经济学理论知识，按照严谨的统计学以及计量经济学的分析方法，分析现实的经济问题。通过对听课学生进行的不记名问卷调查数据显示，学生的总体满意度(满意和基本满意)达到 97%(见表 1)。

表 1 2013/14 学年第 1 学期经济学实验课学生满意度调查统计

	满意	基本满意	不满意	弃权	不满意或弃权的主要原因
教学内容	95%(146 人)	3%(5 人)	0%(0 人)	2%(3 人)	内容太多，难以消化理解
教学方法	98%(150 人)	1%(2 人)	0%(0 人)	1%(2 人)	没用过 Excel 软件
教学进度	93%(143 人)	2%(3 人)	3%(5 人)	2%(3 人)	进度太快
教学效果	93%(143 人)	3%(5 人)	1%(2 人)	3%(4 人)	不会分析
考试评价	96%(148 人)	2%(3 人)	0%(0 人)	2%(3 人)	(无)
总体评价	95%(146 人)	2%(3 人)	1%(2 人)	2%(3 人)	不熟悉 Excel 操作

注：调查课程名称：《经济政策模拟实验》；实施时间：2014 年 1 月 20 日；实施对象：2011 级经济专业学生共计 160 人，有效问卷(154 张)回收率 96%。

在第一次实验课教学改革的基础上，2014/2015 学年第 1 学期，我们又针对实验课“经济学常用软件应用”进行了第二次教改尝试。同样采用常用的 Excel 分析软件，由于该课程为 30 学时，相对“经济政策模拟实验”教学时间较为充裕，为了能够使学生们进一步了解经济运行的机理和结构，我们制订了更加系统和完整的教学大纲和教改计划。围绕宏观经济的投入产出表及模型，带领学生在熟悉和理解经济产业内部结构的基础上，使用特定的计量经济学模型，揭示宏观经济的结构特征和发现问题。该课程的教学设立了六大模块，分别是：(1)投入产出核算与国内生产总值核算的关系；(2)投入产出表的基本形式及基础理论；(3)利用 Excel 软件分析投入产出表的基本方法；(4)投入产出分析的基本模型；(5)区域投入产出分析的思路和方法；(6)Excel＋VBA 的投入产出实证分析方法。在该实验课程的教改中，我们进一步加强了专业理论知识的学习，拓展学生的知识面，并加强了学生对经济产业结构、区域间经济关联等深层次经济问题的观察和分析能力；同时进一步提高和扩展了学生使用 Excel 软件作为分析工具的应用水平；另外引入课堂发表环节，受到了学生的积极响应，不但培养了学生"Output"的能力，还能让学生们体验科研的氛围。

从学期第 10 周课程结束时学生提交的实验报告中可以明显看出，学生们加深了对我国产业结构、区域产业结构以及产业之间、区域经济之间相互关联性的了解，能够较熟练地利用投入产出数据，并掌握了从产业关联的层面，发现、思考和分析宏观经济问题的方法。为了确认教学效果，获取教改的反馈意见，我们再次对听课学生进行了不记名问卷调查，结果显示，学生的教学效果满意度（满意和基本满意）与总体满意度均达到了 99%（见表 2）。

表 2　2014/15 学年第 1 学期经济学实验课学生满意度调查统计

	满意	基本满意	不满意	弃权	不满意或弃权的主要原因
教学内容	91%（72 人）	5%（4 人）	0%（0 人）	4%（3 人）	内容太复杂，不理解
教学方法	94%（74 人）	3%（3 人）	0%（0 人）	3%（2 人）	不熟悉 Excel 操作
教学进度	87%（69 人）	6%（5 人）	3%（2 人）	4%（3 人）	进度太快
教学效果	93%（73 人）	6%（5 人）	0%（0 人）	1%（1 人）	完全不理解
考试评价	96%（76 人）	4%（3 人）	0%（0 人）	0%（0 人）	（无）
总体评价	95%（75 人）	4%（3 人）	0%（0 人）	1%（1 人）	（无）

注：调查课程名称："经济学常用软件应用"；实施时间：2014 年 11 月 26 日；实施对象：经济 1101、经济 1102、经济 1103 及混合班共计 79 人，有效问卷回收率 100%。

通过两次、两门实验课程的教改实践，在学生和院校各级部门的积极配合和共同努力下，我们的课堂实验课教学改革方案取得了预期的成效。主要表现为：①通过指导学生查找一手数据，提高了学生科学观察实际经济的能力和意识；②通过引入投入产出分析手法，丰富了教学内容，增强了学生分析问题的能力；③创新教学方法，通过课堂发言，加强学生的总结表达能力，形成学以致用的良性循环；④通过个性化教学，培养学生独立思考的能力，激发学生的创新精神；⑤严格要求、规范指导内容，在发掘学生潜力的同时，使更多的学生体会到科学研究的乐趣，能够继续在相关领域学习和深造，为各学科的发展储备更多更优秀的人才。

当然，从两次实验课教改的反馈意见中，也让我们发现了教改方案实践中的一些问题。一是学生们的理论知识水平相差悬殊，特别是数学及统计学的基础相对比较薄弱，需要在实验教学的同时继续加强；二是学生计算机操作水平和分析能力的个体差别较大，从一定程度上影响了教学进度和教学效果；三是实验课总体设置上存在课时不足的问题，影响教学计划的全面开展。

五、问题与思考

根据前期制定的经济系实验教学改革目标和目前方案的实际实施情况，可以看到，虽然我们已经取得了初步的成果，并积累总结了不少宝贵的经验，但通过教学小组内部以及与院校相关老教师的交流，我们认为课堂实验教学改革还需要协同学校以及学院的各方面力量，从两方面进一步努力和完善教学改革体系，提高教学效果：

一是加强实验教学课程与理论课程之间的联系，包括通过对课程时间安排上的调整，使理论课内容与实践教学内容有效衔接，并形成体系，从而共同提高理论与实践教学的效果。比如，利用投入产出模型分析经济产业构造及区域经济关联性的"经济学常用软件应用"课程，实验内容主要涉及宏观经济学以及区域经济学的相关理论，因此，可以将该课程安排与上述理论课程同步进行，使学生在学习理论知识的同时，通过课堂实验教学，加深对理论的理解，也便于提高实验教学的效果。

二是扩大和充实文科，特别是经济类实验课程的教学范围和教学内容，使学生们能够更多地通过实践教学提高综合能力，将枯燥、单纯的理论学习转化为以提高实战能力为主的实学教育。目前，我校经济类专业的实验教学课程只有两门，对于全面培养学生的综合实战能力，显然不够。我们希望借本次实验教学改革研究试点的机会，总结课堂实验教改经验，结合经济学的专业设计，转变教学理念，通过校内外的协同创新，开发更多的适合经济学本科生培养，以及顺应社会经济发展需求的，能有效提高本科生综合能力素质的实验课程。

本课堂实验教学改革得到了省教育厅及我校教务主管部门的大力资助，虽然高等教育改革的道路任重而道远，然而我们必将全力以赴，以学生为本，创新教学理念，为高等教育的发展尽绵薄之力。

参考文献

[1] 高玲芬. 国民经济核算概论[M]. 杭州：浙江工商大学出版社，2013.

[2] 袁建文. 投入产出分析实验教程[M]. 上海：上海人民出版社，2011.

[3] 李善同. 2002 中国地区扩展投入产出表：编制与应用[M]. 北京：经济科学出版社，2010.

[4] 张亚雄，齐舒畅. 2002、2007 年中国区域间投入产出表[M]. 北京：中国统计出版社，2012.

[5] 国家统计局国民经济核算司. 2007 中国地区投入产出表[M]. 北京：中国统计出版社，2011.

[6] 井出真弘. 产业关联分析导论[M]. 东京：产业能率大学出版部，2005.

[7] 远藤薰. Excel 的计量经济学[M]. 东京：经济学家出版社，2007.

[8] 涌井良幸. 图解回归分析[M]. 东京：日本实业出版社，2002.

[9] ALMON C. The craft of economic modeling [M]. 4thed. New York：Interindustry Economic Research Fund，Inc. 1999.

[10] 中华人民共和国国家统计局. 中国统计年鉴[M]. 北京：中国统计出版社，2000-2015.

专业双语课教学中学生能力培养的重点和平衡问题研究*

郎春雷[①]

(浙江工商大学经济学院)

摘　要:随着高等教育国际化趋势的日益明显,双语教学已越来越普遍。本文以浙江工商大学相关专业双语教学实践和探索为基础,对上过专业双语课的学生开展了问卷和访谈调研,总结了教学过程中的经验和不足,提出了一些关于专业双语课教学中学生能力培养的重点和平衡的建议,以提高高校专业双语课的教学效果。

关键词:专业双语课;专业能力;语言能力

教育部2001年下发了《关于加强高等学校本科教学工作提高教学质量的若干意见》,其中对高等学校开设双语教学提出了明确要求。自此以后各大高校积极响应教育部文件要求,以适应高等教育新的形势,陆续在各专业的教学计划中开设了各种专业双语教学课程。虽然十几年过去了,很多高校也为了适应专业双语课程的开展将教师送到国外去培训,但是专业双语课程开展的效果依然有待改进,水平参差不齐,对于双语教学的研究也数量不多。因此,本文主要在总结国内外关于双语教学研究的基础上,对开设专业双语课的学生开展了问卷和访谈调研,总结了教学过程中的经验和不足,提出了一些专业双语课教学中学生能力培养的重点和平衡的建议,以提高高校专业双语课的教学效果。

一、文献回顾

(一)国外研究回顾

国外目前关于双语教学的研究主要集中在低年龄段双语教学的普及和开展上,这主要是跟国外实际的语言环境有很大的关系(Steven S. Martinez,1982;Müzeyyen Sevinç, F. Lemis Önkol,2009;Victor Moin, Anna Breitkopf, Mila Schwartz,2011)。另外,在一些非英语国家,有些是针对本科双语教学的必要性、教学方法等问卷调研的结果(Melor Md Yunus, Gan Ek Hern,2011)。

* 浙江工商大学2014年度校高等教育研究一般课题,项目编号:Xgy14059

① 郎春雷,博士,研究方向为人口、资源与环境经济学。

(二)国内研究

国内,从研究领域范围看,基本上均侧重在专业和课程两个角度,有些是研究某一个专业如何从整体上规划双语教学和提高双语教学质量(徐磊,2010),主要集中在国际贸易与经济(龙凤,2013;徐磊,2010;张春洁,2013)、金融(崔蕊,2012;程皓,2008)、旅游管理(项萌等,2010)、会计学(杨夏,2012)等相对少数的几个专业上;有些研究则主要针对某一课程的双语教学是如何展开的(阎志军,2011);此外,还有少数一些关于综合性的双语教学研究(陈冬纯,2005)。

国内文献的研究内容主要集中在双语教学开展的必要性(刘添才,2009;徐磊,2010)、双语教学主要存在的问题(刘添才,2009;周志霞,2012),以及提高双语教学质量的建议或双语教学改进模式等(周志霞,2012;刘添才,2009;徐磊,2010;阎志军,2011;陈冬纯,2005)方面。

(三)评述

综上所述,国内外关于专业双语教学的研究主要集中在现状的共性问题上,结合课堂实践教学的个性分析比较少,尤其是经济理论课的双语教学研究,结合目前高考降低对英语测试的要求背景下的研究较少;多侧重于如何同时提高学生的专业和外语能力的方法研究上,而事实上要做到两项能力都有很大的提高在目前的情况下还是有一定困难的,因此必须在双语教学中有一定的侧重,从而做到学生专业能力和外语能力的平衡,提高专业双语教学的质量。

二、专业双语教学实践中经验和不足
——基于问卷和访谈调研结果的分析

(一)问卷调查及其结果分析

1.问卷调查的基本情况介绍

为了更好地了解专业双语教学课堂实践教学的效果,找到专业双语课教学中学生能力培养的重点,改进专业双语教学的教学方法,平衡专业双语教学中的学生能力的培养,提高专业双语教学的教学质量,笔者分别对浙江工商大学经济学专业以及社会保障专业开设专业双语课的部分大三和大四学生进行了问卷调查。问卷共计发放42份,其中回收有效问卷41份。在有效问卷中,按照年级分,包括大三学生19人,大四学生22人;按照英语水平基础分,其中28人通过了大学英语四级,13人通过大学英语六级;按照双语课的学习经历分,其中25人接受过双语教学,16人之前没有接触过双语教学;按照课程来看,主要涉及“劳动经济学”和“公共经济学”。

2.问卷调查的结果分析

通过问卷调查,我们发现经过了这几年教学经验的积累,专业双语教学在双语教学必要性的认可程度、专业双语课堂教学的接受程度、专业双语教学的作用以及对于专业双语教学的师资的认可程度等方面均已经取得了一定程度上的成绩和经验,但是显然也存在很多问题和不足。

(二)专业双语教学中的经验

专业双语教学获得认可的方面,主要表现在以下几点。

1. 首先,双语教学的必要性基本获得了认可。有25位同学,即约61%的同学认为双语教学是十分有必要的,另外有约24%的同学认为双语教学有一定必要。

2. 其次,对于目前专业双语课堂教学的接受程度尚可。在41位调查的对象中,只有3位同学认为目前的教学内容完全不能理解,仅占总数的7%;有19位同学,即几乎一半的同学认为目前的专业双语教学内容是可以完全理解的;另外有18位同学,即约44%的同学认为虽然目前的专业双语教学内容难以完全理解,但是只要做好预习和复习还是可以做到理解和接受的。

3. 再次,专业双语课程在学生专业知识学习中有很大帮助。绝大部分学生认为专业双语教学对自己的专业学习有很大帮助;对于在专业双语教学中学生能力培养的重点和平衡问题,有30位同学,约占总数的73%认为作为专业理论课程更多的应该专注学生的专业能力的培养,只有8人觉得专业双语课中教师应该更注重学生语言能力的培养。

4. 最后,目前专业双语教学的师资队伍基本获得了认可。共计39人,即约95%的同学对目前专业双语教学中教师的语言水平和专业水平表示了认可。

(三)专业双语教学中主要存在的问题

虽然专业双语教学获得了一定认可,但依然存在较多的问题,其中主要包括对教学的必要性和目的认识不够、教材难度过大、全英文课件难以理解等方面问题。

1. 对于专业双语教学的必要性,虽然多数同学认为是有必要的,但是仍有41%的同学认为专业理论课程开设双语教学是没有必要的。这一点在访谈调研中也得到了证实,访谈中有几位同学提到了关于双语教学的课程选择问题,认为地理课、文化课或其他与生活相关的实用性强的简单课程开展双语教学较为合适。对于专业理论课,专业双语课学习既要理解相对深奥的专业知识,又要克服语言理解的难关,学生感觉有较大压力。

2. 对于专业双语教学的目的不清楚,有将近59%的同学认为对于目前的专业双语教学的目的并不清楚。学生对于专业双语课程的选择多数比较被动,近一半的同学(共20人)选择专业双语课的主要原因是该课程本身就是专业必修课,不得不选;又有29%的同学觉得选择专业双语课程是因为从众心理,大家选,所以自己也一起选了;只有11人,约27%的同学认为选择专业双语课程是由于自己喜欢或者是想提高自己的双语学习能力。

3. 对于专业双语教学的教材难易程度,虽然多数同学觉得目前的双语教材选择是难易正好的,但是还是有18人,约44%的同学觉得目前的英文教材在理解上还是存在一定难度。并且共有18人认为教材是目前专业双语教学中存在的主要问题。

4. 对于专业双语教学的课件,虽然多数同学(18人)认为全英文的课件已经可以适应,但是依然有14人,约34%的同学认为全英文的课件还是无法完全理解,尤其是课后单独复习的时候。

(四)访谈调研的结果分析

在访谈调研和问卷调查中,我们不难发现专业双语教学中存在的很多问题都是一致的,比如对于专业双语教学的课件、教材的选择以及专业双语教学中学生能力培养的重点和平衡问题,由于访谈调研在问题的细节的分析上显出了自己的优势,有助于我们对于专业双语教学中存在的问题可以进一步理解和解决。比如关于专业双语课程开设的时间选择,很多同学在访谈中建议专业双语课程的开设适合在大二第二学期开始,即在有英语课的学期开设,因为在这个时候学生的英文知识基础相对比较好,英文学习的环境也比较好,否则到了大三和大四阶段,很多同学觉得英文语言知识几乎忘记了,语言能力退化造成专业双语课程学习的困难。

三、专业双语课教学中学生能力培养的重点和平衡的建议

在国内外关于双语教学研究的基础上,结合问卷调查和访谈调研显示的结果以及在专业双语教学中的实践,就如何在专业双语教学中突出学生能力培养的重点以及平衡学生能力、改进专业双语教学的质量,提出以下意见和建议:

(一)明确专业双语教学的目的,激励教师提高教学质量

1.完善专业双语教学设置计划

在专业双语教学设置计划中把握课程开设时间以及专业双语教学课程的选择两个方面。首先,专业双语教学课程的选择,应该尽量避开最为专业的理论基础课程,在一定的专业理论基础知识掌握的基础上再进行一些专业课的双语教学,这样不仅可以利用双语教学的优势,比如可以更直接接触一些专业的外文文献资料,有助于拓宽专业知识学习的知识面,为掌握最前沿的专业知识打下基础,而且也可以利用原有的专业基础知识进一步深入学习专业知识。

其次,专业双语课程的时间选择尽可能将第一门专业双语课开设在大学二年级第二学期。这样不会因为开设过早,造成没有一定专业理论基础的问题,也不会由于过晚而失去英文学习的最佳时机。

2.提高教师开展专业双语教学的积极性

首先,因为专业双语教学的特殊性,对教师的要求相对较高。教师除了要具有相对较为扎实的专业知识,还必须具备双语教学的能力,因此在课程的备课准备以及上课过程中都要付出更多的精力和时间,再加上目前高校教师的科研压力较大,因此没有一个相对较好的教师激励机制,很难提高专业双语教学的师资队伍的素质。针对这一问题,可以采用提高专业双语教学的教学课时系数或者提高专业双语教学的单课时课酬等对策。

其次,通过系统的专业双语教学师资队伍的培训建设体系来提高教师开展专业双语教学的积极性。跟其他行业一样,一套良好的培训制度对于现代职工具有无可比拟的吸引力,有时候甚至比提高教师的物质待遇的激励作用更大,而且有利于保持师资队

伍的稳定性。

(二)优化专业双语教学的手段和方法,实现学生能力培养的平衡

1.重视教材的选择

教材是课程的核心内容之一,因此合适的教材是实现教学目的的重要条件。专业双语教学课程教材的选择除了难易适中之外,应该注意几点:第一,尽可能选择国外相同层次相同课程的主流教材,以保持跟国外教学的同步性以及实现一些教学资料的共享性;第二,尽可能选择国内出版社已经引进使用的原版教材,这一方面可以节约学生的书籍成本,另一方面,这样的教材一般会有对应的中文教材,可以方便部分学生在专业双语学习的初始阶段克服语言学习的困难和障碍以及在课外更好地独立理解专业知识。

2.在课件中突出专业能力的培养

为了突出以及更好地把握专业双语教学中学生专业能力培养的重点,双语课件的制作除了跟其他课程一样要求尽可能地精美和丰富之外,还应该加强课本之外最新案例和数据的补充。由于专业双语课教材的更新相对比较慢,因此教材中的一些数据和案例虽然往往具有典型性,但不具备时新性,需要在课件中做出回应和补充。此外,专业双语课程的课件可以对一些专业术语进行双语的注释,以便学生更准确理解专业知识。

3.活跃课堂气氛,加强学生专业语言能力的锻炼

虽然无论是学生还是教师,都认可在专业双语教学中学生专业能力的培养是专业双语教学能力培养的重点,但是语言能力的提高也是不能忽视的,尤其当可以通过语言能力的加强提升学生对于专业能力锻炼的兴趣时。具体可以通过以下几个方面:第一,通过课堂的多提问或者案例讨论和数据分析的环节,尽可能多地增加学生开口说话的机会,锻炼学生的语言能力;第二,课外提高学生相关外文文献资料阅读的要求,比如采取分小组的形式,每周安排一个小组就某一专业知识相关的外文文献进行梳理和分享。

4.丰富考试形式,平衡学生专业能力和语言能力

改革传统的唯一书面考试的形式,采用多样化的考试形式,以平衡学生的专业能力和语言能力。比如,采取口试的形式,对学生两种能力进行平衡。

参考文献

[1] 项萌,伍进.高校旅游管理本科双语教学探索[J].高教论坛,2010(9).

[2] 阎志军.《世界经济》课程双语教学的调查与思考[J].牡丹江教育学院学报,2011(1).

[3] 陈冬纯.论专业英语教学与专业“双语”教学[J].中山大学学报论丛,2005(6).

[4] 龙凤.国际经济与贸易专业双语教学体系的构建[J].科教纵横,2013(3).

[5] 徐磊.国际经济与贸易专业双语探索与实践[J].现代企业教育,2010(5).

[6] 程皓.国内金融专业双语教学的比较优势[J].中国大学教学,2008(4).

[7] 刘添才.高校专业双语教学的问题与对策[J].淮北煤炭师范学院学报(哲学社会科学版),2009(3).

[8] MOIN V, BREITKOPF A, SCHWARTZ M. Teachers' views on organizational and pedagogical approaches to early bilingual education: A case study of bilingual kindergartens

in Germany and Israel[J]. Teaching and Teacher Education, 2011(8):1008-1018.

[9] MD YUNVS M, EK HERN G, Malaysian undergraduates' perceptions and attitudes on bilingual education[J]. Procedia-Social and Behavioral Sciences, 2011(15):2618-2622.

[10] ÖNKOL F L, SEVINÇ M. Language processing skills of 5—6 years old turkish children attending monolingual and bilingual preschool education[J]. Procedia-Social and Behavioral Sciences, 2009(1):1378-1383.

[11] STEVEN S. MARTINEZ. Preschool policy and bilingual education in the United States[J]. Studies in Educational Evaluation, 1982(8):291-297.

人本视野中塔式多维化教学及考评模式探索*

施永清①

(浙江工商大学食品与生物工程学院)

摘　要:在科学人本主义教育理念指导下,塔式多维化教学及考评模式注重学生的人格发展,开展个性化、人性化和特色化的教育,挖掘学生的成长潜能,强化自我完善机制,通过团队合作演讲,提高学生协商沟通能力。塔式考评模式有效促进形成性评价与终结性评价的有机结合。

关键词:人本主义;师生互动;考评模式

一、引　言

现代社会经济的快速发展对工科学生在实践能力、创新能力方面提出了新要求,需要学生具有工程意识、创新思想、运用规范语言和解决实际问题能力。目前工程类课堂实践教学多数偏重于理论讲授,缺少联系实际的案例,方法过于死板,不能激发学生的兴趣,不利于提高分析和解决工程问题的能力。学生进入企业后,往往需要较长过程来适应工作环境。因此,提高工程实践课堂教学质量成为我们必须认真思考和研究的课题。人才培养目标已从传统的工程技术教育转向知识、能力、综合素质的培养,着眼于培养有较强分析、创造、经营管理能力的应用型人才。

人本主义心理学以积极的态度研究人性,尊重学生个性,体现人文关怀,允许学生自由选择,正确对待学生的现实需要,重视学生的潜能,从根本上激发学生对工程课程的学习兴趣。针对工程教学存在的问题,笔者引入塔式多维化教学及考评模式,创建以学生为本位的课堂文化,培养学生工程实践和创新能力。

二、人本主义理念

现代人本主义教育思想的核心是"以人为本",主张教育是为了培养心理健康、具有创造性的人,充分激发创造潜能,使每个学生达到具有满足感与成就感的最佳状态。教师采取差异化的教学方法,针对学生的不同个性、学习能力,帮助学生设立恰当的目标,

---

* 2013 年度浙江工商大学课堂教学改革项目"工程设计课堂多维化教学研究",编号:1110XJ2913061。

① 施永清,教授级高工,硕士,研究方向为食品工程教学。

克服依赖性和信心不足等心理障碍，达到学习目的明确、态度端正、主观能动性强，自觉发挥主体作用，努力将自我价值扩展到社会之中。在奋斗过程中，帮助学生不断调节偏离或妨碍目标的行为，确保顺利实现理想。教学过程充分体现个性化，考虑不同起点的学生，既要照顾起点较低的学生，又要为基础较好的学生创造发展空间，最终实现自主学习。

三、多维化教学及考评模式

在现代人本主义理念指导下，分析原有教学内容和方式中可能存在影响学生积极性的因素，从课程总体目标入手，充分考虑学生的知识背景和理解能力，提供适合不同认知水平或兴趣的项目，满足学生不同选择需要，允许学生根据自身实际情况适度调整学习重点内容和进度，帮助学生自我发现在不同阶段需要掌握的知识点，使其从心底萌生学习的欲望，促进学生的“自我发展和实现”。

新教学模式呈塔式结构，由 4 个部分 1 个中心组成，4 个部分是“创新构思”“工程表达”“团队协作”“演讲展示”，1 个中心是由学生自主学习发展实现工程创新(见图 1)。在课堂教学中，选择典型工程案例，采用图片、视频和工程图纸向学生展示生产情境，直观生动，扩大学生观察工程项目的广度，激发工程“创新构思”，通过“工程表达”将理论与实践紧密结合。“演讲展示”给学生创设了一个平台，让他们各抒己见，充分展现才能，达到了学以致用的目的。通过讨论和点评，顺利实现“师生互动”。

塔式多维化考评体系以出勤、态度为前提条件，对草图说明、CAD、创新、团队演讲等方面进行评分，按照一定权重统计总分(见图 2)，提升学生创新能力。新考评模式基于人本主义理念，秉持以人为本、尊重个体差异、重视学生情感和态度因素等教育理念，立足于学生自身的发展和提高。

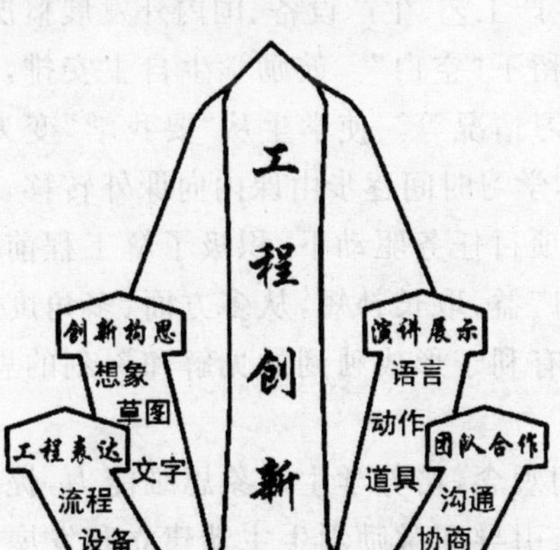

图 1　塔式多维化教学模式

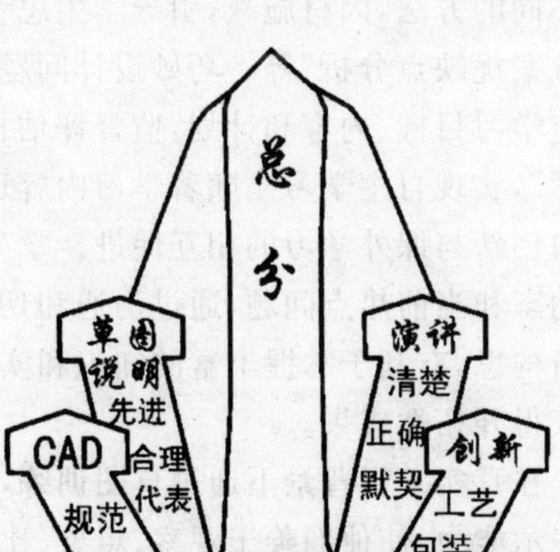

图 2　塔式多维化学生成绩考评模式

多维化教学及考评模式营造轻松、愉快的教学气氛，减轻学生心理压力，消除紧张情绪,有利于师生情感交流。

四、塔式多维化模式改革实践

该教学探索改革工作从2013年开始,先后为3个专业12个班级学生精心选择综合性工程项目,组织学生观看创新案例,努力将学生引入门,进行创新构思训练。以案例分析让本来枯燥乏味的课本概念原理变得生动化、趣味化,吸引学生注意力,提高学生听课热情,启发学生深层思考,使学生由被动的听讲者转变为主动的探索者。将典型实例和创造思维方法寓于教学之中,可有效开阔学生的视野和思路,激发学生的创造欲望。教师将实践中所出现的"热点""难点"问题引入课堂,通过视频、图片、图纸、实物等创设类似于现实情况的问题情境,形成图、文、声、像、物并茂的教学方式,增强直观感、立体感和动态感。引导学生运用工程原理进行理解和分析,力求使新理论不断融入社会实践。学生经过训练,完成创新构思草图、说明和CAD,提高独立思考能力以及工程创新能力。

教师密切关注学生解决问题的具体过程,多讲线索、思路,启发学生积极思考,达到发散思维的目的;当学生创新思想不够成熟,甚至有些偏颇时,我们万万不可立即否定他们,而应该理解他们,给予充分的指导帮助,相信学生能实现有价值的创新。尊重学生的个性,对于建构能力强的学生可提出更多、更深的问题,避免"吃不饱";对于进度较慢的学生,应该用不同的方法,加强创意构思、草图训练等环节的培养。

工程创新是集成创新,需要整合各方面的力量,形成创新团队才能实现。新模式鼓励学生根据共同的兴趣爱好,自愿组成团队。教师帮助团队学生商量确定项目,创建任务情境,尽可能让不同特长的学生发挥聪明才智。教师向学生提供自主学习参考书籍、期刊,帮助学生利用图书馆网站查阅相关中外文资料。对不同学生提供不同的素材,运用不同的方法,因材施教,引导学生思考"产品生产工艺、生产设备、国内外发展概况、多种方案优缺点分析"等。巧妙设计问题,给学生留下"空白"。鼓励学生自主安排,包括确定学习目标、内容和计划,监督评估自己的学习情况等。使学生从"要我学"变为"我要学",实现自主学习。随着学习内容逐渐深入,学习时间逐步由课内向课外转移,达到课内创新与课外学习的相互促进。学生在团队项目任务驱动下,积极了解工程前沿发展动态和当前热点问题,通过沟通和切磋,集思广益,取长补短,从多方面、多角度进行创新构思,有利于掌握丰富的知识和实践技能,有利于形成独到的见解和深刻的思想,以获得开拓性成果。

在真实工程背景下通过草图训练,增强空间观念,培养学生形象思维能力,提高徒手表示能力,使他们善于观察、想象、比较,启发、引导和激励学生主动建立和发展创新思维方式。师生互动中鼓励学生广开思路,积极发言,使各种观点互相交流与碰撞,不断修正和完善对问题的理解,激发创新的思想火花,让学生在解决问题过程中获得成就感。创新训练有利于培养学生的辩证思维能力,提高综合运用工程技术深度分析和解决矛盾的能力,为今后工作中开拓创新打下良好基础。

大学生具有强烈的展示才能和智慧的欲望,力争给同学一个优秀印象。演讲比赛给他们提供了一个自我表现的平台,使其个性得以释放。教师通过营造轻松自由的课堂氛围，鼓励和启发学生独立思考，开展有效的合作学习，使学生在活泼、刺激的气氛中掌握知识。为了充分调动学生参与积极性，采用了团队全体队员上台演讲的方式，避免个别学生把自己当成一个旁观者。学生在不同观点的冲突中达到对工程问题的深刻认识，提高灵活运用知识分析和解决问题的能力，获取的知识往往根深蒂固地印在脑海里。让学生各抒己见，不仅是知识的学习和探索，更重要的是促使学生多角度思考问题，有助于思想的交流和碰撞，并且产生创新的火花。师生彼此真诚坦率地沟通交流，相互理解，进一步激发教、学双方的热情，建立起相互尊重、信赖、公平的师生关系，营造活跃融洽的教学氛围。对于基础知识薄弱、缺乏工程背景的少数学生，通过单独辅导使其迅速进入下一阶段，增强学生自信心，提高学习兴趣。

多维化考评模式是多层次全面考核体系，构建"出勤与态度、草图说明、CAD表示、创新意识、团队演讲"的多元化评价指标。考评是提高学生运用知识能力、分析和解决问题能力以及创新能力的过程。出勤是学生学习态度和精神风貌的基本评价指标。新模式既要保证基本教学内容的完成，又要有利于学生创新能力的培养。为了充分体现公平和合理，教师与学生代表评委共计5人，另外再设置计票员、监票员进行综合考核。

学生把项目创新构思草图和说明交给团队，团队成员进行自评互评，互相吸收好的创意，选出代表作品。学生自评互评可提高沟通能力，有利于自主学习能力的提升，促进学生对自己学习活动进行反思。学生对所学内容进行归纳整理，并与自己原有知识融会贯通，构建自己新的知识体系。团队学生综合各草图优点，从不同层面、不同角度认识、分析和解决工程问题，协作完成CAD图及说明，并且编写演讲稿。演讲比赛过程中，台上学生精彩地展示个性，台下学生积极提问、点评，认真诚恳、实事求是。新的考评体系特别注重对创新性及综合素质水平的评价，鼓励台上台下学生敢于冲破传统，大胆质疑，学会批判性、多元性和独特性的思维。评委对于演讲者展现的独创性观点给予加分。教师对学生创新内容及时肯定，发挥促进、帮助和指导作用。这样有利于提高学生的辩证思维能力，形成推崇和追求创新的观念。计票员、监票员认真记分、核实，确保正确无误。演讲结束，当堂公布成绩。整个考评过程充分发扬民主，师生平等参与，消除位差效应，让学生感受到教师对他们的信任，避免因教师主观看法而产生的片面性。新的考评体系使学生从被动接受评价者转变为评价的主体参与者。

五、结　语

人本主义思想指导下的塔式多维化教学及考评模式以学生为主体，教师为主导，尊重学生个性，帮助学生将课堂知识和社会经济建设紧密联系起来，更多了解服务社会的有效途径。课堂演讲让学生从"台下"走到"台上"，成为知识的主动探索者和评价的主体参与者，学生在心理上获得满足感、愉快感。新模式激发了学生学习积极性，让学生主动利用课余时间参加创新活动，拓宽了学生的视野，有效提高学生自我发展能力。新的考评体系使一次性考试变为全过程的综合考评，富有启发性和挑战性，帮助学生从被动和枯燥的学习中解脱出来，将"形成性评价"与"终结性评价"有机结合。师生角色互换营造生动活泼的课堂文化，学生在宽松、愉快又有挑战的氛围中，无拘无束地思考、想象，发挥智慧，深入探究，有利于产生更多创造性成果。

参考文献

[1] 唐新川.科学理性中的人文主义追求——美国20世纪课程观演变研究[J].南京理工大学学报(社会科学版),2006,19(6):71-74.

[2] 李娟.人本视野中的学习自主权[J].职教论坛,2003(20):60.

[3] 林永乐.人本主义信仰对课堂教学改革的启示[J].江西科技师范大学学报,2013(2):117-120.

[4] 李秀明.论人本视野中企业团队精神的培育[J].企业家天地下半月刊(理论版),2009,(9):7-8.

[5] 鲁道夫.F维尔德伯等.演讲的艺术[M].北京:清华大学出版社,2008.

[6] 任云仙.课堂演讲与和谐课堂文化的建构——以"中国近现代史纲要"为例[J].教育与教学研究,2010,24(8):92-94.

基于独立知识点的“计算机网络”教学方式浅谈

高 明[①]

(浙江工商大学信息与电子工程学院)

摘 要:在总结分析“计算机网络”的课程特点的基础上,针对其知识点数量众多、高度分散且彼此相对独立等显著特征,提出一种基于独立知识点的“计算机网络”教学方式。通过该方式使得学生在最短的时间内建立起对计算机网络体系结构的宏观认知,从而使得后续学习过程有的放矢。

关键词:独立知识点;计算机网络;教学方式;教学改革

一、引 言

“计算机网络”作为网络工程专业的基础课程,对于后续专业课学习的重要性不言而喻,因此本学院在“计算机网络”教学过程中,结合自己的办学特色对授课方法进行了诸多创新实践,如课程视频公开、读写议、公开课等,然而实际的教学效果评估却不尽如人意。

通常的情形是:学生们学了后面忘了前面,老师们反复强调的知识点学生们始终无法记住;于是老师们上课时就开始埋怨学生为什么这么不用心,而学生们也很理直气壮地抱怨说“计算机网络”的知识点这么多、这么分散,根本记不住,仿佛每一方都各有道理,如此陷入一个不能跳脱的恶性循环;结果是一个学期的“计算机网络”学下来,大部分的同学除了隐隐约约地记得计算机网络的 OSI 7 层模型和 IP 地址,貌似其他的知识点也记不得什么了,距离原定的教学目标差距实在很大。作为一名任课教师,不停地埋怨学生是没有太大意义的,因为实际的情况就是如此,你无法期待你的授课对象都是一群智力非凡、无比勤奋的人。

在互联网的时代背景下,每个人都已经习惯了通过便捷甚至傻瓜化的方式来获取知识,对于老师本人又何尝不是如此,将心比心地说学生的抱怨也不是一点道理都没有,更何况作为一名授课老师也不可能通过短短的 50 节课不到的时间让学生的心灵受到极大的启迪,从此改头换面、奋发图强。既然无法改变学生,老师就应该从自身找问题,与时俱进地改变授课方式,追求教学效果的最大化。

---

① 高明,讲师,博士,研究方向为计算机网络领域的教学和新型网络体系架构。

二、"计算机网络"的课程特点

首先需要说明的是,"计算机网络"与许多课程不同,具体表现为:①知识点数量众多;②知识点高度分散且彼此相对独立;③学习过程中不需要复杂的理论推导和数学演算;④诸多知识点貌似贴近现实世界又无法进行机械的类比;⑤很多知识点间相互矛盾却又实际存在;⑥网络技术发展迅速,需要经常性地补充一些新知识。

知识点数量众多。教学过程中,我们采用 Andrew S. Tanenbaum 所编写的"计算机网络"教材,这是一本世界上著名的计算机网络教材,内容丰富、十分权威,清华大学潘爱民和徐明伟两位老师的翻译也十分准确。然而,每每学生拿到教材的第一感觉就是教材真的很厚重,心里或多或少有些发怵,这时老师们会告诉他们不用太担心,并不是所有的章节都要学习掌握,尽管如此,全书近 70 个零散知识点要掌握也是不争的事实。

知识点高度分散且彼此相对独立。目前所有的"计算机网络"教材在内容组织上都大同小异,第一章概述性介绍计算机网络的体系结构,其余章节围绕着物理层、链路层、网络层、传输层和应用层展开论述,知识点分布呈现出平面化、网状化。以"面向连接的服务"问题为例,学生学习过程中一直很困扰,"为什么这个问题在每一章里都讲,而每一章的讲法又各不相同",其实,类似问题在"计算机网络"中比比皆是,这也正是"计算机网络"不同于其他课程的原因之一。同一知识点横跨网络各层、在不同章节中反复出现,网络各层中的知识点呈现出网状结构。仔细分析,这是由计算机网络本身的特性所决定的,计算机网络的本质就是实现互联互通,而就互联互通问题而言,不管计算机网络采用何种体系结构及分层设计,网络层与层之间所面临的问题是一致的,只不过表现形态不同而已。这对习惯了递进式学习的学生而言,面对这种现象会无所适从,因为一直以来,学生的学习规律前一章的学习是为后续章节服务,因此这门课需要老师站在一种更高的角度帮助学生们梳理清楚知识点在各章节中的位置和作用,在课程一开始就让他们明白这些知识点存在的必要性而不只是就知识点讲知识点。

学习过程中不需要复杂的理论推导和数学演算。学习完"计算机网络"的同学都会有一种感觉:"计算机网络"没有特别高深的理论和数学模型,对数学基础要求不是很高。实际的情况也的确如此,至少在本科生阶段的学习如此。"计算机网络"作为一门工程实践极强的课程,其中太多的问题无法套用数学理论讲清楚,例如 TCP 协议中的重传定时器的设定问题,最后居然是一种人为的估算值。然而,"计算机网络"的复杂数学模型虽不多,并不表示它很容易学习,因为缺少相应的工程实践,很多问题反而很难想清楚、弄明白。

诸多知识点貌似贴近现实世界又无法进行机械的类比。在"计算机网络"的讲授过程中,针对路由问题,为方便学生的理解,我们经常用现实生活中的邮政系统进行类比,因为两者之间的确有太多的相似之处,然而当我们讲到路由中的帧变化时,邮政系统又无法提供相应的案例进行类比。因此在同一个知识点讲授过程中,老师经常会同时拿出多个实际系统进行类比,典型的如选路问题对应邮政系统、数据报子网对应公路系统、虚电路子网对应电路系统等。当这么多的类比系统同时出现时,学生需要频繁地进行时空和场景的转换,造成的结果是:上课时听明白了,下课后又想不起来了。

很多知识点间相互矛盾却又实际存在。网络技术的发展过程很大程度上是由诸如思科、华为等大型网络设备厂商所推动的,这些设备厂商所研发的技术又是应用户的实际需求而提出的,对传统的计算机网络理论和体系结构考虑并不多。因而,学生在学习《计算机网络》课程的过程中,经常会发现课程里所学习到的知识和实际不符,甚至互相矛盾。以三层交换为例,众所周知,帧的处理和交换原本是传统二层设备的工作,路由是传统三层设备的工作,而我们讲到三层交换机时会告诉他们说"这是一个具备三层功能的二层设备",就有学生直接问我:"为什么不能说它是一个具有二层功能的三层设备?""二层设备就是二层设备,三层设备就是三层设备,为什么要混为一谈?"因为直觉告诉他这两种说法并没有什么不同。当然,作为一名老师,我们十分清楚这是用户在特殊情形下的特殊需求,但学生却感觉很困惑。"计算机网络"经常出现一些完全对立的观点,如面向连接和无连接,没有绝对的好与不好,有时只能用一些哲学的思维来分析、取折中,这一点也让很多学生觉得很苦恼。

网络技术发展迅速,需要经常性地补充一些新知识。网络技术的发展实在太快,当我们讲网络设计追求吞吐量时,服务质量出来了;而当我们开始讲服务质量时,软件定义网络(Software Defined Network,SDN)又出来了。当然,"计算机网络"课程不可能面面俱到、被动地追着最新的技术跑,但是如果只讲传统的网络技术又和当前的技术现状差距太远,适当地增加一些技术前沿介绍也是必要的。

综上,不难发现"计算机网络"教学中的突出问题是:复杂且零散的知识点结构使得学生很难建立起宏观的计算机网络体系结构认知。因此有必要摆脱传统的知识点平面化、网状化分布局限,对各知识点进行重构从而凝练出一组横跨网络各层、相对独立的知识点,以专题的形式开展知识点教学,让学生能在最短的时间建立起对计算机网络体系的宏观认知。

三、"计算机网络"的知识点重构

知识点重构目的是让学生在较短的时间内建立起计算机网络体系结构的宏观认知,为实现该目标需要强化第一章的教学,用10课时左右的时间讲清楚计算机网络的体系结构和网络各层所面临问题(面向连接和无连接、交换方式、封装和解封等)存在的必要性,总结出一组基础的、独立知识点,后续围绕这些独立知识点在各层中如何实现集中式讲解,以改变原有逐章逐节、逐层式、只见树木不见森林的讲解方式。

总体上以邮政通信系统类比计算机网络,邮政通信网的组织要素:收寄端、邮件处理中心、投递端和邮路分别对应计算机网络中的接收主机、路由交换设备、发送主机和通路。详细展开后,以邮政系统的行政区划类比计算机网络的分层结构;以邮件类比计算机网络中的数据包,进而引出封装和解封装的问题;以邮路中的公路和铁路运输类比通信系统中的面向连接和无连接的服务。

结合计算机技术的发展过程,务必要让学生深刻认识到当前的计算机网络体系结构的分层方式为什么是物理层—链路层—网络层—传输层—应用层,而不是其他的分层方式。以本人多年的教学实践为例,绝大部分的学生难以理解"链路层、网络层、传输层三者之间的关系究竟是什么”,因为不止一次学生向我发问“我能够理解计算机网络为什么要分层,但不能理解为什么要这么分”,我想这个问题可能大部分的老师回答都是“数据链路主要负责数据的封装、解封装、流量控制;而网络层主要负责路由,总结就是数据链路层传输的数据帧,网络层传输的是数据包,等等”,事实证明这种回答学生是很难明白的。针对这个问题,作者认为:通过分析传输层和应用层之间的密切关系,强调传输层对应用进程的区分作用,不难理解传输层的存在必要性;网络层决定数据在通信子网怎么走、走哪条路,而数据链路层负责向网络层提供可选择的路。

当然以上都是教师授课过程中的细节问题,因人而异。但是作者坚持认为:“计算机网络”的概述非常重要,务必要在前面几次课上让学生建立起对计算机网络的宏观认知而不是学期快要结束时。通过邮政系统的类比,不难理解计算机网络分层的体系结构设计,在此基础上高度凝练体系结构设计中所需要解决的问题,总结出 5 个核心问题:提供什么样的服务,传输过程中谁来为数据包选路,传输过程中数据包的形态及变化,如何标示网络中的主机终端,怎么保证数据的可靠传输。

通过回答上述 5 个核心问题引出 6 个知识点:有连接的服务,无连接的服务,封装和解封装,路径选择,寻址,提供可靠传输。以上每个知识点都紧扣体系结构涉及了网络各层,彼此间有一定的独立性,这 6 个独立知识点共同支撑起对计算机网络的宏观认知,如图 1。

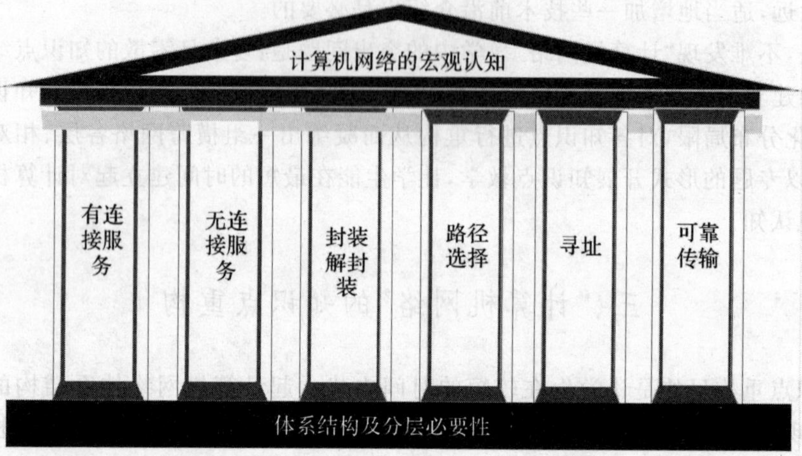

图 1 “计算机网络”课程的独立知识点

上述 6 个独立知识点横跨网络各层,针对每个独立知识点适合开展的专题教学,每个专题具体包含内容如表 1:

表1　独立知识点在网络各层中所具体包含的内容

网络各层章节主题 \ 独立知识点		有连接服务	无连接服务	封装、解封装	路由交换	寻址	可靠传输
数据链路	成帧			字符计数 位填充			
	错误控制						海明码 CRC 校验
	流控制						滑动窗口协议
	协议示例	PPP	HDLC				
媒介访问控制子层	多路访问协议						ALOHA CSMA/CD
	以太网		快速以太网 千兆以太网	MAC 子层协议		MAC 地址	
	链路层交换				网桥		生成树
网络层	网络层概述	虚电路子网	数据报子网				
	路由算法				最短路径优先路由 距离向量路由 链路状态路由 洪泛路由 分层路由		
	拥塞控制算法						准入控制 抑制包 逐跳抑制包
	Internet 上的网络层		基于 IP 的虚拟互联网络	IP 报文格式	最长前缀匹配 CIDR	有类 IP 地址 划分子网 ARP	
传输层	传输层概述					端口 IP 复用 IP 分用	连接建立 连接释放 流量控制与缓存 从崩溃中恢复
	UDP	数据报传输模式		协议报文格式			
	TCP		字节流传输模式	协议报文格式			连接管理 定时器管理 窗口管理 拥塞控制

四、总　结

本学期以来，在“计算机网络”教学活动中引入基于独立知识点的教学方式，强调计算机网络概述的重要性，旨在于最短的时间内让学生建立对计算机网络体系结构以及各独立知识点存在必要性的认知，从而对于后面的学习有的放矢。为了独立知识点的教学方式,我们重新制作了课件,课件的组织结构不再以教材的章节为准,每个独立知识点作为一个专题同时涉及了网络各层。虽然最终的教学效果有待进一步评估,但目前看来学生相较于之前更愿意接受这种教学方式。由于该教学方式实施时间不长,相应的"计算机网络"教材编写工作未能及时跟进,这也是我们下一步的工作重点。

参考文献

[1] 徐明伟,徐恪,崔勇.计算机网络实验教学与NetRiver实验系统[C].第一届全国高等学校计算机网络课程教学研讨会.北京:清华大学,2008.
[2] 冯博琴.计算机基础教学新阶段的教学改革研究[J].中国大学教学,2009(4).
[3] 徐明,窦文华,姚丹霖."计算机网络"国家精品课程建设[J].计算机教育,2008(8).
[4] 王玉璟,李佩琛.浅谈《计算机网络》课的教学[J].科技资讯,2009(18).
[5] 孙连云,王金库.关于提高《计算机网络》课教学效果的新思维[J].办公自动化,2009(02).
[6] 黄维平,于磊."计算机网络"课教学体会[J].中国地质教育,2005(01).
[7] 大理学院精品课程《计算机网络》简介[J].大理学院学报,2009(08).
[8] 李毅.中专《计算机网络》教学法探讨[J].职业技术教育,2000(25).
[9] 夏冉,邵鹏飞.关于《计算机网络》课程教学改革的几点思考[J].中国教师,2010(10).

结合应用实例的渐进式数据结构教学

杨文武[①]

（浙江工商大学计算机与信息工程学院）

摘　要：针对计算机程序设计教学过程中学生普遍感觉数据结构抽象难懂、难以掌握的问题，本文提出了一种结合应用实例的渐进式数据结构教学方法。在课堂授课方面，该方法以编写实用程序为目标，通过直观形象的实例化教学，以帮助学生完全掌握数据结构并且最终能够在实际程序设计中灵活使用数据结构。在上机实验方面，该方法采用渐进化的方式设计上机内容，上机形式由易到难，最终达到逐步提升学生数据结构编程能力的目标。

关键词：数据结构教学；实例教学；渐进式实验教学

一、引　言

数据结构和算法是计算机程序设计的核心部分。要提高程序设计以及算法分析设计能力，学习并掌握“数据结构”这门课程至关重要。数据结构主要讨论抽象的数据关系以及相关算法在计算机中的表示与实现，主要涉及数据在计算机中的表示、组织和处理。

一般，学生在学习“数据结构”这门课程之前，要求已学习并掌握某一种具体的编程语言，例如C、C++或Java等。在数据结构学习过程中，要求学生能够使用已掌握的某种编程语言，实现不同类型数据关系的表示以及相关的算法。但是，在数据结构学习过程中，多数学生会感觉数据结构深奥难懂、难以掌握，这主要是由于以下两方面原因造成：

(1)与学习一条编程语法即可看到实际程序运行效果不同，数据结构学习主要是分析并理解抽象的数据关系，这容易给学生造成迷惑：这样抽象的东西在编程时有什么用？

(2)“数据结构”要求学生已具备扎实的编程基础，能够实现抽象数据关系的表示及其相关算法，编程难度有一个跃进式的提升。

由于上述原因，数据结构教学需要面对极多的挑战。为了帮助学生提高数据结构的学习兴趣，并最终掌握且能够在程序设计中灵活运用数据结构，本文提出了一种结合应用实例的渐进式数据结构教学方法。针对学生难以把抽象的数据关系与实际编程结

---

① 杨文武，副教授，博士，研究方向为计算机动画、计算机图形学等。

合在一起的问题，本方法以编写实用程序为目标，通过直观形象的实例化教学，帮助学生完全掌握数据结构并且最终能够在实际程序设计中灵活使用数据结构。同时，本方法采用渐进化的方式设计上机内容，上机形式由易到难，最终有效地逐步提升学生的数据结构编程能力。

二、实例驱动的渐进式教学

师者，传道授业解惑也。在“数据结构”课程中，根据个人经验与体会，可把其“道”“业”“惑”归纳如下：

学习程序设计的最终目标是编写出“用户可用”的程序或者软件。因而，编写高效的实用程序是“数据结构”课程的终极目标，即它的“道”。

数据结构的“业”，包括介绍各种类型的数据关系及其算法，以及它们在具体问题中的应用。

在使用具体编程语言实现抽象数据关系的表示以及相关算法的过程中所遇到的各种问题，即是“惑”。

为了解决上面的数据结构教学过程中的“道”“业”“惑”，本文提出的结合应用实例的渐进式数据结构教学方法包含以下三方面内容：基于“程序框架”结构的程序设计方法、结合应用实例的数据结构教学、渐进式的数据结构实验方法。下面，围绕数据结构的课堂理论和上机实验教学，我们将详细介绍本文提出的新方法。

（一）程序设计框架

为了让学生能够充分体会到编程的乐趣和成就感，较好的方法是让学生独立完成一个具有特定功能的实用小程序。此外，拥有一个明确的实用程序编写目标，也有助于学生长期保持编程热情和学习兴趣。但是，为了编写一个“用户可用”的实用小程序，需要学生拥有较强的数据结构以及程序结构设计能力，而大多数初学数据结构的学生（甚至那些拥有扎实编程基础的学生）尚不具备这样的能力。结果是，多数学生不仅没有完成初定的程序编写目标，反而造成了编程的挫败感和恐惧感，最终对编程失去了兴趣和信心。因此，有必要提供一种标准化的程序设计思路或者编码模板，以辅助学生完成实用小程序的编写。

我们可以这样直观地理解一个实用小程序。首先，每个实用程序均是对特定的数据进行处理。其次，在程序运行时，它会呈现给用户一个界面，用户可以进行交互而程序会进行相应的数据处理并反馈结果。基于该理解，我们提出了一种基于“程序框架”结构的程序设计标准方法。在该方法中，一个实用程序由数据、界面和算法处理三部分组成。下面，我们以五子棋程序的C代码为例，介绍如何使用该方法来完成一个实用程序的编写。

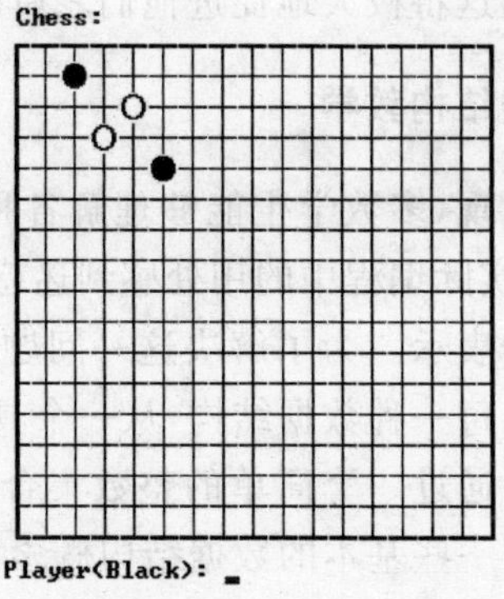

(a)

```
#define BLACK 0
#define WHITE 1
#define CHESSBOARDROW 15
#define CHESSBOARDCOL 15

struct BoardStock{
    int isEmpty; // 0 / 1
    int chessPlayer; // black / white
};

struct BoardStock chessBoard[CHESSBOARDROW][CHESSBOARDCOL];
int chessPlayer;
```

(b)

图1 五子棋程序的界面及其数据定义

首先,需要定义程序中的数据。如图1(a),该五子棋程序包含棋盘、棋子和玩家三种数据,其定义见图1(b)。其中,数组变量ChessBoard代表了一个15×15大小的棋盘;数组中的每个元素对应着一个棋盘格,并且记录了该棋盘格中是否下了一个黑子或白子;变量ChessPlayer记录了当前玩家是黑方还是白方。然后,我们通过一个函数DisplayChessboard()来实现五子棋程序界面的打印。在该函数中,打印棋盘时,我们根据每个棋盘格是否落子,来决定是打印十字形还是黑白圆圈。此外,在函数PlayChess()中,实现对算法的处理。该处理函数对应着一个死循环,在每次循环时,它根据用户输入的落子x/y坐标,相应地修改数组chessBoard代表的棋盘格状态。每次循环处理完后,需要调用DisplayChessboard()函数重新打印一下程序界面,以反映最新的算法处理结果。最后,把这三部分组合在一起,即完成了该程序的编写(如图2)。其中,InitPlayData()完成对数据的初始化,即把所有棋盘格设为均没有落子以及把当前玩家设为黑方。

```
void main()
{
    InitPlayData();
    DisplayChessboard();
    PlayChess();
}
```

图2 五子棋主函数

在教学实施过程中,可利用课程的前面一两次课,介绍如何通过该方法来编写实用的程序。这样,学生不仅能够建立起一个清晰的程序设计思路,并且能够感受到:编写实用程序挺有意思,也挺简单,这将极大地促进他们之后的数据结构学习。

(二)结合应用实例的数据结构教学

在"数据结构"的教学中发现,多数学生能够理解各种数据结构所描述的抽象数据关系,但是对这些数据关系在实际编程中的用处感到迷惑,最终使得他们无法顺利实现各种数据结构及其相关算法的表示。为了解决这一问题,我们提出了一种结合应用实例的数据结构教学方法。对于每一种数据结构,从一个具体的应用实例出发,引导出该数据结构及其相关算法:例如,通过一个简单的整数集合管理系统的设计与实现,可引出线性表。当学生已经具备了一些基本的数据结构概念,对于之后的数据结构新类型,例如树形结构,可先介绍树形结构的定义和表示,再结合一个文件目录管理系统实例程序来展开树形结构及其算法的实现。如图 3 所示,一个文件目录系统可由树形结构来表示和存储:

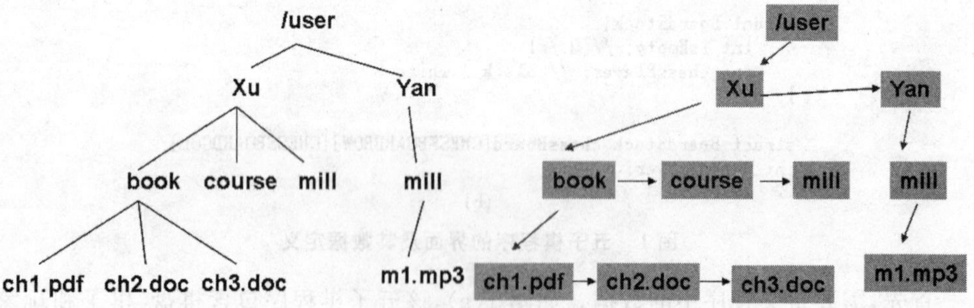

图 3　文件目录系统及其树形存储结构

进一步,采用之前介绍的"程序框架"结构,可实现一个简单的文件目录管理系统程序。如图 4 所示,程序显示的是当前目录。在算法处理时,程序接收并解析用户输入的字符串,并执行相应的目录管理操作,如增加、删除或显示子目录。在介绍这些操作的实现时,自然地就引出了树形数据结构的相关算法及其实现。

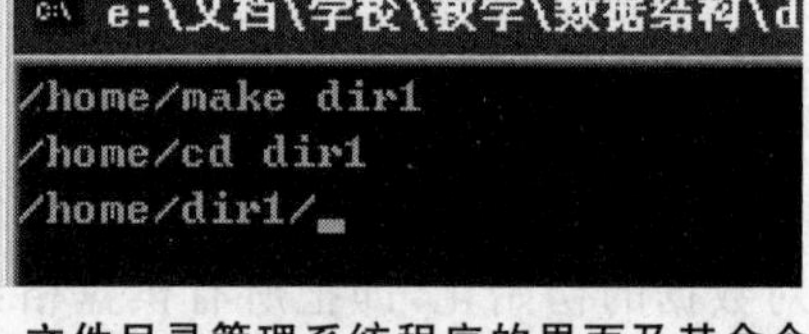

图 4　文件目录管理系统程序的界面及其命令操作

实际教学发现,这种结合应用实例的数据结构教学方式能够直观地呈现抽象的数据结构,从而让学生轻松地理解并掌握各种类型的数据结构以及它们的用途。

(三)渐进式的数据结构实验方法

数据结构实验是"数据结构"教学的重要组成部分。然而,有些学生卷面考试成绩不错,上机却不怎么会写代码,这是典型的数据结构学习"行知脱离"的现象。显然,这与我们"数据结构"的教学目标是背离的。什么原因造成了这样的问题呢?与学生交流后发现,多数学生并不是不会写代码,而是数据结构编程难度与原来程序设计课程上的代码练习有一个跨进式的跳跃(以C语言为例,多数学生对指针和结构体的掌握较薄弱,而这是数据结构编程的基本要求),造成上机练习时无从下手。针对这一问题,提出了一种渐进式的数据结构实验方法,其关键思路是渐进地提升学生的数据结构编程能力。

给定某个数据结构的编码练习,例如顺序表的实现,该方法在内容上由点及面,逐步铺开与该数据结构相关的定义与算法实现。首先,按照定义、基本算法和实例应用的次序,我们可以渐次安排顺序表的上机内容。其次,在具体练习时,该方法按照由容易到复杂的形式来组织练习内容。如图5所示,开始的每个练习提供了大部分代码,只让学生填写其中的关键代码。这样,学生既掌握了数据结构的关键算法思想,又避免了过早地"扎入"到复杂的数据结构编码中而挫伤了他们的编程积极性。当学生慢慢进入到该数据结构的编码状态时,再逐渐放手,下面的练习只提供大概的算法思想和框架,而让学生完成其中的主要代码,以巩固并提高他们的编程能力。最后,结合课堂内容,有针对性地布置给学生应用性极强的程序练习作业,以培养学生在实际应用问题中使用数据结构的编程能力。最终,通过这种渐进式的练习方式,可以让学生完全理解该数据结构并掌握该数据结构的编码实现及其在实际问题中的应用。

(1)顺序表数据类型的定义

定义相应的结构体数据类型,用来表示顺序这一数据结构对象。

```
#define MAXLEN 100
typedef struct {
    int elem[MAXLEN]; //用来存放表示元素的数组
    ________; //定义一个变量,记录数组中实际存放的元素的个数}int Vec;
```

(2)初始化顺序表

在使用顺序表之前,初始化其为一个空表。可以通过一个函数实现该操作,函数接收一个待初始化的顺序表对象的地址作为参数。

```
void InitVec(int Vec * pVec)
{
/************************************
初始化p Vec指向的顺序表为空
************************************/
pVec->________=0; // 设置顺序表中元素个数为0:空表
retum;
}
```

图5 渐进式实验方法中的关键代码填空

三、结　语

本文提出了一种结合应用实例的渐进式数据结构教学方法。该方法包含三方面内容:基于“程序框架”结构的程序设计方法、结合应用实例的数据结构教学、渐进式的数据结构实验方法。通过结合应用实例的教学方式,该方法直观地呈现了抽象的数据结构关系,从而让学生能够轻松地理解各种类型的数据结构以及它们的用途。此外,渐进式的数据结构实验方法能够避免学生一下子扎进复杂的数据结构编码,并通过循序渐进的上机练习安排方式,最终让学生完全理解并掌握数据结构的编码以及它们在实际问题中的应用。最后,基于“程序框架”结构的程序设计方法提供了一种标准化的程序设计思路和编码模板,帮助学生最终达成数据结构的学习目标:编写出“用户可用”的程序或者软件。

参考文献

[1] KNUTH D E. The art of computer programming volume 1(3rd ed.)[M]. New Jersey: Addison Wesley Longman,1997.

[2] 何钦铭,颜晖. C语言程序设计[M]. 2版. 北京:高等教育出版社,2012.

[3] WEISS M A. Data Structures and Algorithm Analysis in C++(3rd Edition)[M]. New Jersey: Prentice Hall, 2006.

案例教学法在“法理学”课程的常态化应用*

——分组讨论案例教学法实证研究

季长龙[①]

（浙江工商大学法学院）

摘　要：案例教学法是法学教学常用的教学方法，本文通过分析案例教学法无法保持常态化的原因，提出分组讨论案例教学法引入“法理学”课程的必要性，并提供了分组讨论案例教学法在“法理学”课程中应用的具体模式，旨在更好体现案例教学法在实际教学中的作用。

关键词：案例教学法；法理学；分组讨论

一、案例教学法无法保持常态化的原因分析

案例教学法是法学教学常用的教学方法，它是运用实际案例或假设案例，让学生参与分析，锻炼法律思维能力，深化对所学法律概念和原理的理解，活跃课堂氛围的重要法学教学方法。案例教学方法不同于举例教学法和诊所教学法，法学教学实践中，这三种方法容易混淆，是因为它们都要用到案例。但三者对案例的使用方式并不相同，举例教学法是在浅层次使用案例，以教师讲解案例为主，提问学生回答为辅；诊所教学法则是要求整个课程围绕有限的案例来开展，以每个案件的立案、开庭、辩论、审判等诉讼环节为线索，依次展开相关教学内容，以培养学生的诉讼应对能力，而不是以传授基本概念和基本理论为主要目的。国外一些国家重视诊所教学法，一个重要的原因是他们将律师作为基本的培养方向。对我国来说，情况则大不相同。案例教学法介于举例教学法和诊所教学法之间，教师讲授一定的基本概念和理论之后，拿出一个案例让大家先讨论，然后给予分析，最后教师进行点评。这种教学法吸收了诊所教学法的实践性、交互性等因素，又避免了陷入一个案件所有环节的训练。使之不仅可以运用于“民事诉讼法”等应用性课程，也可以应用于“法理学”这样的理论性课程。

但是，教学实践中，案例教学法的应用并不普遍，或者说没有实现这种教学法的常态化，导致长期以来，学生在课堂中扮演类似听讲座的被动角色。讲座教学法仍然是牢牢占据主动性位置的法学院教学的基本方法，这种局面早已不能适应自媒体时代学生的听课需求。但究其形成原因，大概包括以下方面：

---

* 本文是浙江工商大学法学院教学科研项目重点课题“实践能力导向型法学教学方法改革研究”的阶段成果。

① 季长龙，教授，博士，法治浙江研究院及浙江工商大学法治与伦理研究中心研究人员，研究方向为法伦理学、立法学。

第一，教学内容与教学时间存在冲突。如果每堂课都采取案例教学法，每次案例教学包含案例介绍、分组讨论、小组代表发言、教师点评，大约需要30分钟的时间，对于目前的教材内容来说，由于概念和基本原理琐碎繁多，教师习惯采取讲座式教学法，每个概念、特征和分类都精细讲解，包括举例说明、联系实际等，许多教师即使不采用案例教学法，还存在拖堂的情况，实际授课进度经常落后于计划进度。这对采用案例教学法形成很大阻力。

第二，缺乏典型而系统的案例材料库。虽然每位教师都在讲义中准备了较多的案例，但往往不具有典型性，许多案例只适合简单讲解，缺乏讨论的空间，不适合作为案例教学法的案例。尤其是很难保证每个章节都预先准备了适合讨论的案例，缺乏系统化的案例库。

第三，教师与学生缺少互动，缺乏教学创新的外在动力。学生对教师改进教学方法有很强的需求，但缺少主动向教师提出建议的动力。教师则缺乏创新教学方法的激励机制，表现为很少征求学生的建议，对学生渴求何种教学方法并不了解，对如何更新教学法知之甚少。

二、分组讨论案例教学法引入“法理学”课程的必要性

本文提出分组讨论案例教学法，不是简单的案例研讨，而是要求将学生分组，增加同学之间的互动性、竞争性，促使课题教学富有实践性和实战性。

（一）自媒体时代大学生产生教学方法革新的需求

自媒体时代，每个人都是信息的发布者，这大大增加了媒体的信息容量，也丰富了每个学习者的学习途径、学习材料，已经并不断改变着每个人的学习观念、学习方式。大学生是自媒体时代最积极的参与者之一，这使得他们每天接触大量的社会信息材料，包括法律专业方面的案例和观点。这促使他们产生强烈的参与意识和虚拟实践的诉求，表现在学习方面，就是对丰富教学内容、结合社会实践、提供课堂参与机会表现出越来越高的兴趣。如果教师还停留在过去讲座式、一言堂的授课方式，将与学生的学习心理产生越来越深的隔阂。

（二）分组讨论案例教学法可以改善法理学的抽象和枯燥

虽然，自媒体对所有法学课程都提出了革新教学观念和教学方法的挑战，包括刑法、民法、诉讼法等应用法学课程，这些学科应该引入更经典，更具时事性、趣味性的案例代替平淡无奇、陈旧老套的案例，同时也借鉴诊所教学法提供给我们的基本经验：让学生扮演课堂学习过程的重要角色，参与到案件的分析中，在师生互动、生生互动中体验到动态的学习感受，增强学习的过程性、体验性和趣味性。而对于“法理学”课程来说，这样的诉求更加强烈，因为这是一门更加抽象、晦涩和枯燥的学科，如果不引入分组讨论案例教学法，将使整个课程过分另类，过分脱离社会实际，也脱离整个课程体系。学生无法真切体验到学习这门课程对学习其他法学课程的基础性价值。

(三)分组讨论案例教学法可以适应卓越法律人才培养的要求

分组讨论案例教学法给“法理学”课程带来的改变不限于增添课堂新鲜材料，提高学生学习兴趣。重要的不在于表象的改变，而在于深层次学习效果的提升。

第一，卓越法律人才需要针对性学习。卓越法律人才要求具有强烈的社会责任感和使命感，能够对社会法律问题保持敏感的关心。如果课堂教学在内容和材料上过于陈旧，选取的案例缺乏代表性，就无法激发学生的责任感和担当意识，找不到自己的努力方向。分组讨论案例教学法所选取的案例要求具有时代特征，具有时代前沿性和典型代表性，能够激发学生的学习动力，针对社会难题展开针对性学习。

第二，卓越法律人才需要实践性学习。实践性学习具有更强的目的性，更早进入理论的应用阶段，类似一种虚拟实践。但在这种虚拟实践中能够产生类似社会实践的身临其境的体验，在对案例的丰富体验中学习法律知识和基本理论。这种学习可以把传统法学教育那种理论归学校、实践归社会、理论学习与实践学习分离的现状大大改变，可以减少学生毕业后适应就业阶段的过渡期，并有效提高学生在课堂学习中的主体性，产生教师与学生、学生与学生之间的交互性，对引领学生由“要我学习”向“我要学习”转变具有重要影响。

第三，卓越法律人才需要创造性学习。创造性学习来源于实践，在实践中产生新的知识增长点。这一点在前面已经提及，此外，创造性学习还依赖于学习的问题意识，也就是说，让学生带着问题去学习，在疑难问题中既学到通行的结论，也分享到现实法律难题的理论困境，促使其产生创造性解决问题的思维动机。尽管在某一次课堂甚至整个“法理学”课程都未必最终解决了某个疑难案例或问题，但作为一个个遗留下来的问题，在学生头脑中进入潜意识，就成为某个时刻产生创造性思维，得到创造性解决方案的关键环节。如果不带着问题去学习，不提供课堂讨论，就无法形成解决难题的氛围，学生的创造性思维就可能在日复一日的讲座式学习中消磨殆尽。

三、分组讨论案例教学法在“法理学”课程应用的具体模式

(一)预先准备系统全面的案例资料库

分组讨论案例教学法的先决条件是足够多数量的具有典型性、新颖性和时事性的案例，使之覆盖整个课程体系的所有章节。这些案例应当及时更新，根据相关章节法律实践的发展情况，及时将该领域更新、更具代表性和趣味性的案例补充进案例库。案例库中案情可以适当简化，主要介绍案件的关键情节，虽然有些同学希望知道更丰富的细节，但如果那样，可能会导致同学花过多时间阅读材料，也可能分散课堂讨论的主题，无益于讨论或辩论的集中深入展开。

(二)开课初期将学生分成若干小组

将学生分成若干小组是这种教学法的最大特色，也是该教学法最有创新的部分。每个小组 5 人左右。例如一个 33 人的教学小班，就可以分成 6 组。如果同样以前面讲

到的案例库为基础,但是不进行分组,让同学自由讨论,随便发言,虽然也具有一定的效果,但许多重要的教学效果就无法实现。第一,同学之间的讨论缺乏互动性。由于全班实际上是一个大组,大多数同学距离核心成员远,无法让讨论更加深入,也无法带动所有同学进入讨论角色,会有较多同学被边缘化,逐渐丧失讨论兴趣。第二,将使讨论缺乏竞争性。竞争性是推动讨论深入进行的重要催化剂,如果不分成小组,只有同学之间的竞争,没有小组之间的竞争,竞争的广度和深度都远不如划分小组;第三,将遏制大多数同学发言的积极性。如果没有分组,发言就是纯粹个人的表现,积极发言的将一直积极,而且这种积极将遏制其他同学的发言,最终陷入积极发言者孤军奋战,实际上成为尴尬的负担。如果分组讨论并发言,就会形成小组内部的充分讨论,一方面每个发言人都代表了本组的观点和水准,另一方面,每个小组的积极发言者也会调动本组其他同学参与发言,为每个同学参与发言提供了最为宽松且富有责任担当的团队氛围。

(三)以基本概念和理论的讲解为基础

在每次上课的第一小节,重点讲解本章节的知识框架,这门课在整个课程体系中的知识关联,以及本章节内容的基本观点。这样的讲解为后面的案例讨论提供了特定的知识背景,使学生有了一定的法律概念、基本原理作为讨论的思维工具。一方面使得讨论发挥理解和巩固相关知识的作用,更重要的是,可以保证讨论是在法学和法理学的框架内进行,使讨论富有理论色彩和法学味道,而不是陷入纯粹社会常识和道德伦理范畴的辩论。当然,教师在同学出现类似现象的时候,及时地加以提示和引导也是非常重要的。教师要适当地引导讨论过程和走向,而不是完全消极倾听。

(四)在第二节课介绍案例材料,然后进行小组讨论

在进行完第一节的基础理论讲授之后,在第二节课一开始就进入案例讨论环节,首先进行的是案例材料的介绍,简单介绍以后,留给学生 8 分钟左右的时间,以小组为单位进行内部讨论。并同时提出要求,在讨论之后,每个小组将选派代表进行发言。具体发言形式,可以分三种情况:第一,辩论式探讨,这种探讨需要预先告知每个小组,并分出正方观点和反方观点,根据自愿报名原则,确定下来正方和反方;第二,模拟法庭式探讨,这种方式需要预先确定出原告组、被告组,剩余的小组是法官组;第三,自由发言式探讨,不确定任何角色,每个小组可以相对自由地围绕主题发表观点。

(五)采取适当的方式,开展案例研讨

小组讨论之后,就开始正式探讨,根据预先设定好的模式(辩论式、模拟法庭式、自由发言式)展开讨论。讨论过程中,教师一方面控制好发言顺序,适当引导发言导向,并控制发言的总体时间。总体发言时间大致在 15 分钟。以便留下一定时间给教师总结,另外教师还要对教材基础理论知识进行补充性讲解、总结性概括,并适当强调本堂课的核心知识点。

(六)教师对研讨情况进行总结、点评,根据每个小组的表现给出平时成绩

总结阶段,教师要对每个组的表现给予适当评价,指出观点、技巧等方面的优点,以及存在的偏差。最后结合每个小组的具体表现给出平时成绩，作为激励机制。打分以小组为单位，每个小组成员得分相同。表现优异的每个成员都得6分，表现一般的小组得3分，考虑到要鼓励同学积极参与，3分是最低分值。

分组讨论案例教学法的突出创新在于，不仅调动了同学参与课堂的积极性，提高了学习效果，锻炼了法律思维和法言法语表达能力，对抗性思辨能力，同时还兼顾了考核方式的创新，每位同学的平时分是30分，期末是70分。平时的30分包括考勤5分，一次作业10分，剩余的15分就以小组讨论发言情况确定。对于表现优异的小组，3次讨论就可以得满分，对于表现一般的小组，则需要5次讨论才可以得满分。这样就使得平时成绩的评定具有客观具体的依据，并且平时成绩确确实实可以反映学生平时的学习态度和学习效果。

参考文献

[1] 杨欣欣.法学教育与诊所式教学方法[M].北京：法律出版社，2002：126.
[2] 季长龙.法学课堂教学的交互性：理念与实证[J].中国法学教育研究，2014(1).

留学生"初级汉语综合课"趋向补语教学的反思与策略

——以《汉语教程》(1、2 册)为中心

刘　杰[①]

(浙江工商大学国际教育学院)

摘　要:本文针对汉语作为第二语言教学中的难点——"趋向补语"进行了总结探讨。首先探讨了趋向补语的语法特征与教材安排,然后针对留学生的偏误进行分析和反思,最后从微观和宏观层面提出初级汉语趋向补语教学的教学策略和建议。

关键词:趋向补语;教学;留学生

在汉语作为第二语言教学中,补语一直是留学生学习的重点和难点。典型的补语是位于动词或形容词后的谓词性成分,主要包括结果补语、趋向补语、情态补语、程度补语等。其他语言很少有类似汉语补语的这种语言现象。述补结构是汉语句法结构的特点之一。长期的教学实践也可以发现,补语是外国人学习汉语较难掌握的一个语法点。在《汉语水平等级标准和等级大纲》中,趋向补语被列为甲级语法点。

趋向补语是由趋向动词演化而来,关于趋向补语的本体研究,学术界已有不少讨论。本文立足《汉语教程》(1、2 册),对初级汉语综合课教学中的趋向补语教学做新的一个梳理和讨论,最终对初级汉语教学中的趋向补语教学提出教学策略和教学建议。

一、趋向补语的语法特征和教材安排

(一)趋向补语的分类和语法特征

趋向补语的范围在语法学界一直存在争议。比较一致的认识是,它们均是由趋向动词虚化而来,大约在汉代开始被大量使用。趋向动词是表示动作、状态发展方向的一种动词,大体上分为简单趋向动词和复合趋向动词。

第一类:来,去。

第二类:进,出,上,下,回,过,起,开。

第三类:上来,下来,进来,出来,回来,过来,起来。

　　　　上去,下去,进去,出去,回去,过去。

简单趋向补语,由一个趋向动语素表示,如上述第一类。这一类简单趋向动词的表

---

① 刘杰,讲师,博士,研究方向为汉语发展史、汉语应用语言学(第二语言习得与教学)。

达式为“Verb＋来/去”。语法意义在于说话人或叙述人以自己或某人为立足点，动作行为方向趋向或背离立足点。第二类简单趋向补语的表达式为“Verb＋过/进/出/上/下……”这一类简单趋向补语的语法意义与第一类不同，它们趋动的方向是由客观实际空间确立的。复合式趋向补语由两个趋向动语素合成表示，即由上述的第一类与第二类合成。复合式趋向补语的表达式为“Verb＋上来/下去/进来/进去/出来/出去……”复合式趋向补语的语法意义在于表示双重方向，动作行为的方向既有说话人立足点决定的方向，又有空间类型决定的方向。

(二)趋向补语的教学和教材内容安排

广大对外汉语教师结合汉语作为第二语言的教学实践和理论语法对补语的研究成果，针对趋向补语的教学提出了一些思考和建议。卢福波教授提出了趋向补语教学的先后问题，吕文华教授主张在基础阶段删除趋向补语下位项目中的非常用项目，高顺全教授提出了复合式趋向补语引申用法的教学问题。一直以来，学界对留学生趋向补语的教学研究以宏观居多，缺乏分层考虑，对一些微观问题的关注也不够。

如何教趋向补语，如何合理设置趋向补语的教学内容、安排教学顺序，这些研究对留学生语法大纲的建立、完善和教材编写提供了不同的指导理念。综观国内外各种性质的初级汉语综合课教材，无论是长、短期汉语进修生，还是汉语言学历生、预科生，如何安排和设置趋向补语的教学内容和顺序，各种教材对趋向补语这一语法点的处理各有侧重，各有千秋，也各有利弊。

杨寄洲教授主编的《汉语教程》是国内使用人数较多，范围较广的一套精品教材。在浙江高校，汉语言长期进修生、汉语言本科学历生、全英文授课专业公共汉语教学均长期使用该套教材。本文关于趋向补语教学的讨论，是基于基础阶段，即初级汉语综合课(《汉语教程》1、2 册)中趋向补语若干问题的讨论。

关于补语教学内容的安排，第一册(下)第二十九课首次出现补语的教学内容——结果补语，引入结果补语“上”“成”“到”。第二册(上)第四课首次出现趋向补语的内容——“动作趋向的简单表达”，引入表达式，并指出，如果宾语是处所词时，要放在动词之后，“来/去”之前。通过教学，归纳出如下两个句式：

1. Verb＋location＋来/去

2. Verb＋sth.＋来/去或 V＋来/去＋sth.

第二册(上)第九课全面引入复合式趋向补语。趋向动词“上、下、进、出、回、过、起”加上“来、去”放在动词后做补语，表达动作的趋向。在教学中，归纳推导出两条规则：复合式趋向动词有宾语时，如果宾语表示处所，一定要放在“来”或“去”之前；如果宾语是表示事物的，可以放在“来”或“去”之前，也可以放在“来”或“去”之后。通过教学，归纳出如下两个句式：

1. Verb＋进/出/上/下/回……＋location＋来/去

2. Verb＋进/出/上/下/回……＋sth.＋来/去或 Verb＋进/出/上/下/回……＋来/去＋sth.

《汉语教程》(1、2 册)趋向补语教学的内容安排，由结果补语做铺垫引入，先安排“Verb＋来/去”型的简单趋向补语，再安排复合式趋向补语的教学内容。“Verb＋进/

出/起/开/过”型的简单趋向补语,因动作趋向比较抽象,分散进行个别教学,不设专节进行集中讲授。

二、趋向补语的偏误分析与教学反思

(一)趋向补语在初级汉语阶段的偏误分析

留学生对趋向补语的习得贯穿汉语学习初、中、高三个阶段。很多学者对留学生在趋向补语使用过程中出现的偏误进行了分析,探讨各类偏误产生的原因。

偏误分析是第二语言习得研究经常使用的方法,目前发展较为成熟,研究成果也较为丰硕。对于趋向补语习得偏误的类型,主要有三种:

1. 回避使用

在初级汉语阶段,留学生面对和母语迥异的语法点——趋向补语,在造句过程中有回避使用的现象。有时回避得很成功,有时回避不当。据调查,初级阶段的留学生,在带有“把”“从”等介词的句式中,趋向补语使用回避产生的偏误高达 60.8%。

我从美国给你带一本词典。(我从美国给你带来一本词典。)

外面开始下雨。(外面下起雨来。)

2. 结构的偏误

结构的偏误是留学生在趋向补语使用过程中,句法结构层面出现的偏误。结构偏误的类型有补语成分的错序、误加、遗漏、杂糅等。

我从教室走去。(我从教室走出去。)

林老师已经上来车了。(林老师已经上车来了。)

她们一起走出去教室了。(她们一起走出教室去了。)

3. 语义的偏误

对外汉语教学一直存在重结构、轻意义和用法的现象。对于一个语法现象,不仅要掌握结构,还要明白该语法形式的交际价值和使用功能。留学生在趋向补语习得过程中的偏误,其中有一部分就是语义造成的。语义的偏误有立足点偏误、趋向意义偏误、趋向补语混用、趋向补语赘余、谓语动词误用漏用等。

等我回北京来,再给你们写信。(等我回北京去,再给你们写信。)

(二)初级汉语趋向补语的教学反思

英、日、法、德、俄等外语均没有类似汉语的述补结构,留学生学习动补结构具有相当大的难度。在初级汉语阶段,留学生对趋向补语还处于建立认知模型的阶段,偏误产生较多,原因涉及语言的迁移、规则的泛化和学习策略等方面。母语的负迁移、目的语知识的负迁移、文化因素的迁移、学习的策略以及交际策略的影响等,都会造成各种类型的偏误。

成人外语教学与儿童外语教学不同,母语的干扰和母语文化及思维的影响相当强大。如何克服母语及母语思维及文化的强大干扰,需要对留学生的偏误做具体的国别分析和类型分析,有针对性地开展教学。

教育心理学认为，概念转变是认知冲突发生和解决的过程。针对留学生学习趋向补语的偏误，需帮助学生建立新的认知模型，通过反复的归纳演绎，建立语言结构的推理和扩展能力。大量的联系生活情境的句型练习对于教学大有裨益。

另外，在初级汉语教学中，有必要结合教学实践，重新审视教材对语法点的安排和处理。《汉语教程》对趋向补语教学内容的安排，初、中级重点介绍趋向补语的几种结构和趋向的意义。复合式趋向补语又细分为动词不带宾语的、带一般事物宾语的和带处所宾语的这么几类。这样的方式，趋向补语的几种基本语法格式讲得比较清楚，句法呈现得比较清晰，学生也能听明白，但安排过于琐碎，学生对于趋向补语语法形式的交际价值和使用功能缺乏直观的认知和体验。

三、趋向补语的教学策略与建议

(一)初级汉语阶段趋向补语的教学策略

因趋向补语结构类型和语义指向的复杂多样，趋向补语的教学向来都是留学生语法教学的难点。大量的习得顺序研究、偏误分析为我们语言教学提供了丰硕的成果。但实际的教学效果却并不令人满意。从微观层面看，有如下教学策略需得到我们的重视：

1. 刚开始补语教学，尤其是开始结果补语教学时，要让学生建立汉语述补结构的观念。教师要通过例句让学生明白，使用单个动词只表示动作行为而不能表示动作行为的结果。例如通过“我看书”和“我看完书了”使学生明白动作行为与动作行为结果的不同，进而理解和掌握在一句话中使用一个结构表达动作行为及其结果的方式。结果补语的学习是趋向补语学习的基础和铺垫。

2. 在简单趋向补语的教学中，教师要创设情境，通过实景展示和对话表演进行趋向补语的引例和讲解。留学生简单趋向补语的偏误的原因，多是因为没有找准立足点，没有准确把握位移的起点和终点。例如在讲解“Verb＋location＋来/去”时，教师可以通过实际表演推门进教室，打开门出教室的行为，启发学生理解“进教室来”“出教室去”中“来/去”的语法意义和实际用法。教学中，教师要通过视频、图片展示和表演等进行简单趋向补语的语法讲练，明确立足点，加深理解，而不是枯燥地罗列句子，归纳句型结构。

3. 在复合式趋向补语的教学中，句式结构相对比较复杂，教师不要急于将各类句式结构展示给学生。教学过程中，要加强语义和语用的教学，将语义、语用和语法规则相结合。单纯强调句法结构，并不能真正掌握趋向补语的用法。学生只有理解了趋向补语的意义和使用条件，才不会有意回避趋向补语的使用。《汉语教程》注重句法结构的分析和归纳，层次比较清晰。教师在教学中，须根据认知策略，合理进行教学设计，不能按照教材按部就班，否则趋向补语枯燥的语法规则很容易引起留学生的反感和排斥。

(二)趋向补语教学建议

1. 加强理论语法研究，实现理论语法与教学语法的联动。从使用对象、作用、目的等方面看,汉语理论语法与汉语作为第二语言的教学语法是两个有联系但却不尽相同的体系。尽管现代汉语语法对于述补结构的研究较为成熟,但应用于第二语言教学的汉语趋向补语的若干问题还没有讨论清楚,理论基础比较单薄。在初级汉语阶段开展趋向补语的教学,应加强理论语法与第二语言教学语法的衔接和互动。就趋向补语而言,理论语法可以提供什么?教学语法需要什么?

2.加强趋向补语偏误实例的国别化研究、类型化分析。偏误分析对于第二语言教学实践和语言习得理论的构建都有积极的意义。初级阶段的趋向补语教学,应积极吸收偏误研究中的一些发现和成果,尤其是通过一些大型偏误数据库的计量研究和不同母语背景学习者的偏误研究。根据研究和教学实践,有针对性地改进教学设计,提升教学质量。

参考文献

[1] 国家对外汉语教学领导小组办公室.高等学校外国留学生汉语教学大纲(长期进修)[Z].北京:北京语言文化大学出版社,2002.
[2] 赵金铭.对外汉语教学语法与语法教学[M].北京:中国社会科学出版社,2003.
[3] 刘月华.实用现代汉语语法[M].北京:商务印书馆,2001.
[4] 杨建国.汉语作为第二语言教学语法[M].北京:北京大学出版社,2012.
[5] 孟国.对外汉语十个语法难点的偏误分析[M].北京:北京大学出版社,2011.
[6] 陈琦,刘儒德.当代教育心理学[M].北京:北京师范大学出版社,2007.
[7] 杨寄洲.汉语教程[M].北京:北京语言大学出版社,2006.
[8] 洪婷.外国留学生使用汉语趋向补语习得研究[D].南京:南京师范大学,2006.
[9] 李大忠.外国人学汉语语法偏误分析[M].北京:北京语言文化大学出版社,1996.

教师发展篇

JIAOSHI FAZHAN PIAN

基于案例研究的科研教学融合：机制、经验及措施

林建平[①] 潘绵臻[②]

（浙江工商大学公共管理学院、浙江工商大学工商管理学院）

摘　要：针对目前管理学科教师中存在的科研与教学脱节及科研成果难以转化为课堂教学内容的现象，本文提出利用案例研究方法融合科研与教学，并探讨了通过案例研究融合科学研究和课堂教学的具体机制，分析了国际上发展案例研究的相关经验，最后给出进一步促进我国案例研究发展的一些建议。

关键词：案例研究；科研教学融合；教师能力

一、引　言

目前，高校越来越强调教师在科研方面的投入与产出，这对于新知识的创造及创新型人才的培养有其积极意义。但是，这在一定程度上也产生了负面影响，比如，部分教师过于重视科研而忽视教学，也有部分教师的科研成果只是简单地在中国情境中验证西方理论（Tsui，2006），过于抽象、脱离实践，而无法转化为对学生有价值的教学内容。对于管理学这样一个实践性学科而言，研究与实践的相关程度显然是评价研究成果的重要指标。如何提升研究成果的实践指导意义以及如何融合科研与教学内容成为当务之急（吕文学等，2013）。Tsui（2006）呼吁“中国管理研究急需更多的理论构建型研究，而不太需要对西方理论的纯粹应用。”

本文建议管理学科的教师利用案例研究方法以实现科研与教学的统一。案例研究[③]方法强调在真实世界中做研究，强调归纳性理论构建，因此，它更有可能产生适用于中国国情的管理理论，研究成果也更便于转化为课堂教学内容。

二、通过案例研究实现科研与教学的融合

根据 Yin（2003），案例研究是一种实证（empirical）研究方法，它提供了在真实世界

① 林建平，助理研究员，硕士，研究方向为教育管理。

② 潘绵臻，讲师，博士，研究方向为人力资源管理、管理案例研究。

③ 案例研究往往作为“定性研究”的一种形式，许多关于定性研究的原则也适用于案例研究，本文不加区别地使用它们。

中对现象进行研究的手段,当所研究的现象与所处情境的界限不明显时,适合采用案例研究。案例研究至少可以通过以下机制实现管理学科研与教学的融合。

(一)弥补理论与实践间的鸿沟

基于演绎逻辑的定量研究的内在知识假设存在着从研究人员到实践者的线性知识转移过程(Van de Ven & Johnson,2006),即研究人员创造并检验管理知识,实践者应用研究人员所创造的知识。基于这样的假设的研究往往不考虑企业的具体情况,即与情境无关,而可应用的知识必然与特定情境相关。如果管理学科教师仅仅从事定量研究往往会造成理论与实践间存在鸿沟,研究成果很难为实践者所应用,也很难在课堂上向学生传授有价值的应用性知识。教师应与实践者密切合作,共同创造管理知识。他们应多深入企业实地,从事案例研究。Rynes et al.(1999)的研究显示,作为研究者的管理学教师花在研究现场的时间与其研究结论的可应用性存在显著正相关关系。案例研究强调深入实地,要求教师与企业实践者进行频繁互动,从而理解企业的具体管理实践,因此,案例研究更可能帮助教师弥补理论与实践间的鸿沟,创造出可应用性知识(actionable knowledge)。

(二)使研究结论更加情境化

近年来管理学不断强调研究情境化(contextualization)及情境性理论的重要性(Bamberger,2008),这就需要管理者更多地从事案例研究。传统的定量研究往往只研究同一分析层面的问题,很难就情境因素(如政府规制政策及宏观经济环境变化)对企业行为的影响进行建模。虽然近来的统计技术(如多层线性模型)能在一定程度上处理跨层次分析问题,但统计技术不能帮助我们构建情境化理论,而案例研究特别适合建构理论(Eisenhardt,1989)。Bamberger(2008)认为案例研究(尤其是基于阐释性及批判性知识论的案例研究)适合建构情境性理论。阐释性案例研究聚焦于行为人在真实情境中所使用的意义及概念(Gephart,2004),它能提供关于情境性因素如何塑造意义的深入洞见,因而更适合产生情境性理论。批判性研究聚焦于宏观层面的因素(如政治制度及经济结构)如何影响被视为理所当然的权力关系,这类研究也能使我们理解情境在组织权力现象的制度化与反制度化(deinstitutionalization)过程中的作用(Bamberger,2008)。这样的案例研究能构建大量我们所感兴趣问题的情境性理论,如治理、变革、冲突及群体间关系等(Bamberger,2008)。

(三)使学术研究与教学内容的联系更密切

尽管研究型案例与教学案例有所区别,但深入的案例研究也有助于教学案例的开发。在进行案例研究时,研究者必然要对研究情境做深入的调研,获得大量关于研究对象的第一手资料,这些素材可作为撰写教学案例的基础。例如,中国人民大学毛基业教授及其团队曾对中国某国有银行的信息系统开发项目进行了两年多的案例研究,随后在信息系统专业的顶级学术会议(International Conference on Information Systems)上发表其学术成果。同时,他们根据通过案例研究所获得的材料撰写了关于信息系统开发项目管理的教学案例,供MBA课堂教学使用,深受学员好评,使其具体而生动地理解了在中国情境中信息系统开发项目管理的最佳实践。因此,案例研究者通过案例研究既能发表学术文章,从而提升自身的学术水平,同时也能丰富课堂教学,实现科研与教学的统一。

(四)有助于扩大教师本人在管理学科领域内的影响力

Bartunek 等人曾对 AMJ(*Academy of Management Journal*)编委会的所有成员进行过调查,让其列出他们认为近百年来最有趣的学术文章,其中排在前两名的都是案例研究,分别是 Dutton & Dukerich(1991)及 Barley(1986)(Bartunek et al,2006)。因此,案例研究有可能使研究成果获得较高的引用率及同行认可度,即提高教师在整个管理学科领域中的影响力。

三、案例研究的国际发展经验

在国际上,案例方法目前已被视为管理学主流研究方法之一,具体体现在以下四个方面。

(一)案例研究已成为一类重要的研究方法

目前,国际主流学术期刊主编及编辑不断强调定性研究的重要性(Gephart,2004),鼓励发表案例研究。AMJ 曾做了一个关于案例研究方法的特刊,邀请管理领域的知名案例研究方法学者讲述自己对案例研究的理解(如 Eisenhardt & Graebner,2007)。案例研究数量在主流学术期刊中较快的增长速度也印证了这一趋势。对管理领域的顶级期刊(包括 *Academy of Management Journal*, *Administrative Science Quarterly*, *Organization Science* 及 *Strategic Management Journal*)在 1984—1994 年间所发表的文章进行了搜索,发现其中仅有 12 篇文章属于定性研究,AMJ 在 1984—1994 年间仅有 4 篇案例研究(Lee,1999)。而近年来,随着这些期刊对案例研究的逐渐重视,情况已经发生很大改变。以 *Academy of Management Journal* 为例,2003—2013 年间,每年所刊登的案例研究文章数量平均在 6 篇左右,且存在稳步增长的趋势。

(二)形成案例及定性研究的专业学术平台

组织与管理领域已出现了一些专门以出版定性研究为宗旨的学术期刊,如 *Qualitative Research in Organizations and Management: An International Journal*, *Qualitative Market Research: An International Journal* 及 *Qualitative Research in Accounting & Management*。这些学术期刊能鼓励并促进定性研究成果的发表,并且它们还向定性研究者提供了学术交流平台。通过这些平台,定性研究者可以与他人共享自己的成果,并讨论与研究方法相关的研究实践。

(三)完善的案例研究方法论

目前,欧美市场已有众多案例研究方法论教材供年轻研究人员及博士生学习(Lee,1999;Yin,2003)。另有诸多文献及专著侧重于案例研究中的某一过程,包括研究设计

(如 Maxwell,1996),访谈(如 Kvale,1996),定性数据分析(如 Miles & Huberman,1994),研究报告撰写(如 Van Maanen,1988)。以往,案例研究质量的评估一直是争论较多的问题,但近来研究者已基本达成共识,即案例研究是多元的(Easterby-Smith et al,2008),可以存在基于不同知识论假定的案例研究,对于不同知识论类别的案例采用不同的评价标准(如 Amis & Silk,2008)。

(四)学术管理机构对案例研究高度重视与支持

除了主流学术期刊对案例研究日益重视外,近年欧美学术管理机构也对案例研究提供了高程度的支持。美国国家自然科学基金正在通过一系列措施鼓励定性研究方法的发展与应用,包括赞助定性研讨会和研究小组;向有关定性研究方法的培训提供专项资金;支持定性的博士论文;提供更长期的研究资助,这使得定性研究项目的完成更具可行性(Ragin et al,2004)。而英国经济和社会研究院(Economic and Social Research Council)也制定相关政策要求在研究培训中对定性和定量方法同等重视(Easterby-Smith et al,2008)。

四、提升我国管理案例研究发展的措施

对于中国的管理学发展而言,案例研究尤为重要。目前,中国的管理学研究大多是直接在中国情境中验证西方理论,缺乏归纳性理论构建研究(Tsui,2006),因而缺乏对管理知识的独特贡献。关于中国管理的文献回顾显示,大量研究都是直接检验现有理论,所涉及的大多是非常成熟的理论(如资源基础理论,交易成本经济学,角色理论,公平理论等),而仅有一个新理论基于扎根性理论建构方法论而形成(Tsui et al,2004)。

总的来说,这类验证性研究有其积极的一面,有经验证据的研究要比单独一个概念框架好,有理论的研究要比堆砌一堆数据好。这类研究是确保研究与现有管理知识相联系的第一步,这也是中国的管理学科教师与国际同行相融合的第一步。但这类研究也存在着重大的潜在问题,甚至可能有害,因为所有观察与分析局限于现有理论所包括的变量及其内在逻辑。正如 Tsui(2006)指出:"西方理论产生于西方特定文化与制度背景之下,在某种程度上,将西方理论应用到新情境中可能产生没有意义的预测,甚至是错误的预测。"缺乏归纳性理论构建研究会阻碍中国管理教育和研究发展。

案例研究是进行 Tsui 所建议的扎根性、归纳性理论构建研究的重要途径。案例研究被认为是进行理论构建研究的理想方式(Eisenhardt & Graebner,2007)。案例研究是扎根性的,强调在真实世界中做研究,密切关注所感兴趣的现象与其情境间的互动(Yin,2003)。尽管案例研究方法学者大多建议在进入研究现场前制定一个初步的理论框架(如 Eisenhardt,1989),但这个框架只是临时性的。案例研究有足够灵活性,通常在数据收集与数据分析间反复迭代,因此最初的研究框架将不断被充实或修改。案例研究最终的研究结论是涌现的,是在研究者与研究情境的反复互动中归纳而获得。

因此,中国的管理学科发展需要更多的案例研究,它有可能帮助我们构建更情境化的有关中国企业的管理理论,从而使中国的管理学科教师对管理学知识的发展产生独特贡献。基于中国企业实践的理论也可使理论更有效地指导实践,从而弥补理论与实

践间的鸿沟,使教师将所研究的内容带到课堂,与学生分享。

中国的案例研究起步相对较晚。尽管中国学者从20世纪80年代已经开始撰写案例,但从事规范案例研究则开始于2000年以后(欧阳桃花,2004)。但近几年案例研究在中国发展迅速。首先,我国的学术管理机构支持案例研究的发展,如国家自然科学基金委管理科学部支持案例研究,基金委管理人员多次表示希望管理学者多“出野外”,在企业现场获得第一手研究素材。其次,国内已有关于案例研究的学术会议——“中国企业管理案例论坛”,它对国内的案例研究起到了较大的推动作用。自2005年起,该会议已连续举办十届,近几年,在会议分论坛报告的论文接受率都在30%左右(不含圆桌报告论文)。最后,目前国内已有部分管理领域学术期刊(如《管理世界》《南开管理评论》《管理科学学报》及《管理学报》等)支持案例研究成果的发表。而且《管理世界》编辑部也是“中国企业管理案例论坛”的承办方之一。

虽然目前国内案例研究发展迅速,且已取得不错的成效,但对比国际水准,仍存在一定差距(潘绵臻、毛基业,2009)。为进一步促进案例研究在我国的发展,我们提出如下建议:

(一)提高管理学科教师对案例研究的认识

目前,国内从事案例研究的教师数仍相对较少,大部分人仍视定量研究为唯一的科学研究方法。而且部分学术期刊的编辑们仍没有意识到案例研究的重要性,这样也为案例研究者的研究成果发表带来了一定困难。我们建议相关学术机构以举办一系列案例研究研讨会的形式对案例研究方法加以探讨与宣传,同时也邀请学术期刊的编辑们参加,让教师认识到案例研究的优势,以消除对案例研究的偏见。

(二)引导青年教师和博士生多从事案例研究

目前,案例研究人群较少的另一个重要原因是年轻教师在读研究生期间所受的案例研究方法训练较为缺乏。在现有课程体系中,案例研究的介绍往往只占“实证研究方法”课程中一两节课的内容。因此,我们建议加大宣传力度,高校应增加案例研究方法课程。另外,我们建议高校设立面向研究生和青年教师的案例研究专项项目,对优秀的案例研究计划给予资助。

(三)强调案例研究的规范性

在目前从事案例研究的人群中,仍存在规范性不足的问题(潘绵臻、毛基业,2009)。因此,应进一步推动规范案例研究标准的普及。鉴于国际学术界已形成关于什么是规范案例研究的标准,而且也有像AMJ这类国际顶级期刊中的论文可供借鉴,国内的案例研究学者可把相关内容引入到国内,有必要编选一批包括规范案例研究标准介绍及范例性文章(出版于顶级期刊中的案例研究论文)的译著。

(四)创办案例及定性研究学术期刊

目前,国内尚缺乏专门用于出版案例研究成果的高质量学术期刊。我们建议相关机构(如“中国企业管理案例论坛”)创办面向案例研究及定性研究的专业学术期刊,创建题名诸如《组织与管理定性研究学报》这类学术期刊。我们希望这类学术期刊为案例研究成果的发表提供专业学术平台,鼓励更多的管理学科教师从事案例研究。

五、结　语

正如 Tsui(2006)所建议,管理学科的教师有必要从事案例研究,中国日益发展的企业实践需要更多的情境化管理理论,管理教育要求该领域的教师更多地利用案例研究融合科研与教学。目前国际上也已有较为成熟的案例研究方法论可供借鉴,教师应深入企业实地,自己去发现并构建适用于中国管理实践的新理论,从而向学生传授可行动的管理知识和技能,提升中国的管理教育。

参考文献

[1] 吕文学,张丽晗,张艳茹.科研教学双向驱动式教学实践探析——以商务谈判课程为例[J].教育探索,2013(4):38-40.

[2] 欧阳桃花.试论工商管理学科的案例研究方法[J].南开管理评论,2004(7):100-105.

[3] 潘绵臻,毛基业.再探案例研究的规范性问题——中国企业管理案例论坛(2008)综述[J].管理世界,2009(2):92-100.

[4] AMIS J, SILK M L. Understanding quality: The philosophy and politics of quality in qualitative organizational research [J]. Organization Research Methods, 2008, 11(3): 456-480.

[5] BAMBERGER P. Beyond contextualization: Using context theories to narrow the micro-macro gap in management research [J]. Academy of Management Journal, 2008, 51(5): 839-846.

[6] BARLEY S R. Technology as an occasion for structuring: Evidence from observations of CT scanners and the social order of radiology departments[J]. Administrative Science Quarterly, 1986, 31(1): 78-108.

[7] BARTUNEK J M, RYNES S L, IRELAND R D. What makes management research interesting and why does it matter [J]. Academy of Management Journal, 2006, 49(1): 9-15.

[8] COOK S D N, BROWN J S. Bridging epistemologies: The generative dance between organizational knowledge and organizational knowing [J]. Organization [J] Science, 1999, 10(4): 381-400.

[9] DUTTON J E, DUKERICH J. Keeping an eye on the mirror: Image and identity in organizational adaptation[J]. Academy of Management Journal, 1991, 34(3): 517-554.

[10] EASTERBY-SMITH M, GOLDEN-BIDDLE K, LOCKE K. Working with pluralism determining quality in qualitative research [J]. Organizational Research Methods, 2008, 11(3): 419-429.

[11] EISENHARDT K M. Building theories from case study research [J]. Academy of Management Review, 1989, 14(4): 532-550.

[12] EISENHARDT K M, GRAEBNER ME. Theory building from cases: Opportunities and challenges [J]. Academy of Management Journal, 2007, 50(1): 25-32.

[13] GEPHART R P. Qualitative research and the Academy of Management Journal [J]. Academy of Management Journal, 2004, 47(4): 454-462.

[14] KVALE S. InterViews: An Introduction to Qualitative Research Interviewing [M]. Thousand Oaks, CA: Sage, 1996.

[15] LEE T W. Using Qualitative Methods in Organizational Research [M]. Thousand Oaks, CA: Sage, 1999.

[16] MAXWELL J A. Qualitative Research Design [M]. Thousand Oaks, CA: Sage, 1996.

[17] RAGIN C, NAGEL J, WHITE P. Workshop on Scientific Foundations of Qualitative Research [M]. Arlington, VA: National Science Foundation, 2004.

[18] RYNES S L, MCNATT D B, BRETZ R D. Academic research inside organizations: Inputs, processes, and outcomes [J]. Personnel Psychology, 1999, 52(4): 869-898.

[19] TSUI A S. Contextualization in Chinese management research [J]. Management and Organization Review, 2006, 2(1): 1-13.

[20] VAN D E, VEN A H, JOHNSON P E. Knowledge for theory and practice. Academy of Management Review, 2006, 31(4): 802-821.

[21] VAN MAANEN J. Tales of the Field: On Writing Ethnography [M]. University of Chicago Press, 1988.

[22] YIN R K. Case Study Research: Design and Methods (3rd ed.) [M]. Thousand Oaks, CA: Sage, 2003.

信息时代的大学教育方法改革：从“教”到“学”

史春玉[①]

（浙江工商大学公共管理学院）

摘　要：网络信息和多媒体技术在给学校教育带来极大便利的同时，也给教学工作者带来了许多不安。部分人甚至悲观地认为，在不久的将来，部分教育竞争力相对弱小的大学或者其部分院系将在信息社会的冲击下失去生源，由此失去存在依据而被淘汰。然而，大学不仅仅是个传承和创造知识的专门场所，它实际上也是为满足青年成长和社交活动需求的一种特别存在。同时它也承担着青年群体健全人格、德行培养的重要功能。传统课堂在学习计划的组织性、互动性及学生参与性方面的优势也是网络教育所不能比拟的。此外，学生学习过程中教师的引导和辅助也是必需的。信息社会并不能完全取代传统的教学组织模式。但传统教学要适应社会的变化发展需求，必须要做出改革。一个根本性的改革在于教育思维的更新，即从传统的教授学生知识向教授学生方法和能力转变。

关键词：信息社会；网络教育；学习能力；学习方法；教育方法改革

现代信息技术的发展使教育的环境、内容、组织方式发生了重大的变化。由于网络、通信等技术发展带来的新兴信息化应用，让教育突破了时空的限制。学习者可根据自己的兴趣、爱好、知识经验、任务需求和学习风格来使用信息，选择自己的认知环境。个人只要拥有多媒体终端机，就可以从公用网络的资源数据库中，方便地获取所需的各种学习资源。在网络、通信等手段的帮助下，学生即使不在学校，也可能方便自由地获得课程的内容。

网络信息和多媒体技术在给学生、社会个体及学校教育带来极大便利的同时，也给教学组织者和工作者带来了许多困扰和不安。而这种不安主要来源于互联网技术的发展带给传统教育模式、内容及师生关系的挑战。部分大学教育工作者甚至悲观地认为，在不久的将来，部分教育竞争力相对弱小的大学或者其部分院系将在信息社会的冲击下失去生源，由此失去存在依据而被淘汰。大学教育，狼真的来了吗？还是这是没有必要的恐慌？大学教育困境背后的真正问题症结在哪里？如何从根本上改革大学教育，以成功迎接信息社会对高等教育的挑战，是本文欲回答的问题。

---

① 史春玉，讲师，博士，研究方向为公众参与、城市治理。

一、信息时代与大学教育:狼来了?

信息时代对传统大学教育的冲击和挑战主要表现在以下几个方面:

首先,远程教育的发展对传统教学组织模式的冲击。随着网络技术、通信技术的快速发展,互联网在日益普及,人们在尝试网络通信的同时,也把互联网技术应用于教育实践,出现了网络教学模式。在这种教学模式下,学习者不仅在课堂看或听远距离传输来的教学内容,而且也可在家里看到课堂的景象,听到教师的讲授,或者看或听自己所需要的任何一门课程的声像材料,并能与教师进行线上"面对面"的交流。所有这些都可以在瞬间完成,给想接受高等或者专门教育但因为时间或空间距离的限制在传统教育模式下无法实现这一梦想的人一个实现梦想的机会。因此,部分大学教育工作者认为,远程教育因为其便利性,会逐步挤压传统教育的生存空间和生源。尤其是一些竞争力处于相对劣势的学校或者专业院系受到的冲击则会更大:在网络环境下,学习者可以以较少的时间和较低的经济成本获得名校名师的教育和指导,就没有必要再去教师整体水平队伍、教学组织管理水平和教学硬件设施都比较普通的学校。生源一旦大量流失,这些学校也就失去了存在的理由。相对应的是大量高校教师的失业。

其次,知识爆炸对教学内容的冲击。网络信息技术的发展使任何科学理论和知识都可以上传共享到一个虚拟空间和平台上。传统教育模式下教师课堂讲授的内容在网络上都可以搜索到,并且因为网络提供信息的丰富性和相互质辨性的特征,教师课堂讲授内容甚至可能显得陈旧和片面。如果大学课堂上教师所讲授的内容知识无论何时何地都可以在互联网上搜索到,并且可能会更丰富全面,在这种情况下,大学课堂教学还有什么存在意义和必要?

第三,信息社会对教师作为知识传承者身份的冲击。信息技术的发展推动了知识的普及化,也拉近了学生和教师的知识差距。任何学生想要了解的知识和信息都可以在网络上搜索得到。信息拥有量及知识获得机会均等化使人们在询问按照传统模式讲授课堂内容的必要性的同时,也对老师作为知识权威在传承知识方面的作用和地位产生了质疑。在一些人眼里,在今天的信息社会,老师了解的信息学生也可以了解,有时候甚至比老师知道的还要多,老师甚至有时候已经不能教给学生什么了。在这样的情况下,大学老师的存在还有什么意义?

第四,传统教育自身的问题无法有效应对社会的发展。大学教育的普及化使教学对象多样化,自教育大众化政策推行以来,大学老师面对的教育对象就已经不是大学扩招之前的那些勤奋好学有极强的学习主动性和学习动机的"学习精英"了,今天的学生群体在个性特征、学习能力、动机、主动性等方面都呈现出多样化的特征,这不可避免地对教学组织模式提出了新的挑战。而以强制性为特征的传统教育模式,即老师的义务在于传授知识,而每一位学生都应该认真地、勤奋地、主动地接受老师的教导,已经无法适应也无法满足这个明显呈现出多样化、个体意识相对比较强烈的学生群体的需求和期望。

另外,大学教师本身作为教育者和研究者的双重身份和职业压力极易使他们顾此失彼。而现有的大学教师绩效评估体系,其职业能力在同行中的认可度是建立在科研能力的基础之上的。一个科研能力水平较高的教师很容易得到教育体系和工作同事的认可，甚至其较差的教学水平都可以得到谅解；而一个教学水平能力较强而科研能力相对一般的老师则很难在既有教育体系下得到单位和工作同事的认可。尽管近年来这个局面已有变化，但却无法否认大学教育以科研能力为中心的绩效评估体系和环境的客观存在。在这样的情况下，大学老师尤其是青年教师很少愿意把时间和精力花费在提高其教学水平这个问题上来。而一个无可置辩的事实是，优秀的研究者或者学术专家，未必同时就是优秀的教育者。如何把自身所掌握的知识及拥有的能力高效地传承给学生，并不是不需学习和摸索就可完成的。

最后，因为历史的和现实的种种因素，中国的部分学科，如政治与行政科学，其本身的知识理论体系是大幅落后于世界的前沿水平的，体现在相关大学课程内容教学上，就呈现出课堂教学理论内容和学生能够感知和了解到的实际相脱节，或不能有效解释社会现实，或完全背离于社会现实，这都使学生失去对课堂内容学习的兴趣和动力。

因为以上几个方面，大学课堂已经越来越难以吸引学生的兴趣。他们继续走进教室，是因为传统学生成绩考核模式的存在：考试不通过就没有毕业文凭，而他们的未来职业选择和发展又严重依赖于一张正规大学文凭。在这样的情况下，不少学生虽然对大学教育微词颇多甚至强烈不满，但他们又不得不走进大学校园，不得不走进大学教室。但课堂上开小差、玩手机、公然睡觉等现象已经非常普遍，老师往往成为没有听众的孤独的演讲者。学生玩世不恭的态度和对课堂内容甚至对老师的冷漠则反过来会挫伤教师的教学积极性（这种影响对刚步入教师岗位的青年教师影响则会更大）：老师不再更新完善教学内容和方法，不再花费大量时间去备课，理由很简单，为什么要花费时间和精力去做无用功？还不如把有限的宝贵的时间用在科研工作上。

二、狼真的来了吗？——大学的意义

那么，是不是说，在内外交困之下，传统大学包括它的校园和教室将逐步消失，人类社会可以不需要大学或者只需保留少数几所一流大学即可？要回答这个问题，需要从大学的功能和作用即大学的意义谈起。

（一）大学是青年学生主要的社会化场所

大学不仅仅是个传承和创造知识的专门场所，它实际上也是为满足青年成长和社交活动需求的一种特别存在。虽然从理论上讲任何一个有强烈学习动机和高效自我学习能力的个体都可以脱离大学甚至特定的教学安排自主地组织自己的学习和发展规划，但不能忽略的是，人首先是作为一个“社会”的人而存在，青年学生有参与社交活动、开展人际交往的需要。单独的自我封闭的或者虚拟的在线互动不可能对这种交往需求做出有效的满足，而传统的以大学校园和教室为活动中心、以集体活动为特征的大学教育则为青年学生的人际交往需求提供了一个重要的实现平台。

（二）大学承担着青年人群人格培养的重要功能

课堂教学仅仅是大学教育的内容之一，大学的文化环境、学术氛围、价值导向对大学生的人格、德行和心智的健全培养具有非常重要的作用。在个体人格的形成过程中,家庭对其初始人格的形成起着主要作用。此后,学生到了入学年龄,那么在家庭以外,学校则对个体的人格再造起着不可替代的重要作用。对于人格特征尚未完全形成、心智德行尚未完全成熟的16—24岁的青年群体而言,一个相对简单的、交往主体同质性比较强的,不受过多外界复杂因素干扰的、有秩序和科学安排的成长环境对于他们养成健全健康的人格是非常重要和必要的。在人际交往关系和社会环境极度复杂化的今天,任何一个社会个体在成长的过程中,在家庭与社会之间,都需要有一个中间过渡阶段,而这个中间过渡阶段,则是具有集社交功能与教育功能于一体的学校。

(三)传统课堂:学习过程中组织性和现场感的重要性

远程教育和网络公开课固然为学习者提供了学习内容、学习时间和地点上的自主性与便利,但不可否认的是,这两者都有它们各自的缺陷。不仅仅因为从实用主义角度出发,远程教育是否能够取得和常规大学一样的认可度是个需要考虑的问题,而且就网络公开课而言,以中国大学教育体系安排为例,到目前为止,它实际上还停留在一种学生自发性的行为层面上,并没有被囊括到正常教学和考核活动中去。以笔者自2012年以来对所承担的浙江工商大学公共管理学院大三、大四11个班级的教学情况了解为例,学生观看网络公开课的积极性实际上并不高。换句话说,网络公开课在完全放任自流的情况下可能是不能达到其倡导者和平台搭建者的初始目的的。即丰富便利的网络信息教学资源虽然为学生提供了学习上的自主性和便利性,但对于学习动力不足、自我控制能力较差的学生而言,这种以自愿、自发性为主导的学习模式的效果是值得怀疑的。

另外,不能忽略现场体验和参与在学习过程中的重要性。实际上,我们都能够体会到现场观看话剧表演和坐在家里看电视中的话剧表演在效果上的差异,而这种差异在当我们自身就是话剧演员之一时就更明显了。在学习过程中,现场体验和参与对个人听觉、视觉、感觉上的强烈刺激给学习者所带来的对知识的理解和内化的强化作用也是虚拟的非直接身体物理接触的在线教育和学习所不可能达到的。

(四)教师角色的不可替代性

网络信息社会虽然给人类提供了大量丰富的知识和信息,但"信息爆炸"的同义词就是"信息过剩",它与网络信息的碎片化、非系统性、真伪非验证性并存,而16—24岁年龄段的青年学生尚不具备相对完善的知识结构和知识储备对凌乱的真假难辨的信息来加以科学合理的处理、辨别、学习和利用的能力。教师的作用,在于通过常规化的课堂教学和合理的学习内容安排,将某一领域的专业知识系统化地传授给学生。也就是说,教师在帮助学生有效地筛选信息、知识系统化的形成方面相对于个人自主学习具有不可替代的引导性作用。教师正如大海航行中的舵手,在知识汪洋面前,学习者恰如一叶扁舟,没有舵手的指引,扁舟欲达知识海洋的彼岸,会花费太多不必要的时间和精力,甚至会迷失方向。

三、大学教育：授人以“知识”，不如授人以“方法”

尽管传统大学及其教育组织模式具有不可替代的重要功能，但也并不是说大学教育就可高枕无忧。第一，信息社会对大学教育的冲击和影响是不可否认的，特别是学生在知识获取学习渠道的多样性和信息掌握量方面和教师差距的缩小对大学课堂教学内容带来了重要的影响，即很多时候，老师讲述的内容，是学生已经了解到的，或者老师讲述的内容，是学生可以在网络上查询得到的，甚至查询的结果相对于老师讲授的内容更全面更丰富。当然，信息量丰富的同时是信息的过剩、碎片化与真伪难辨性，而学生在对信息的去粗取精、去伪存真的处理提炼，对提炼后的信息的“由此及彼、由表及里”的分析，对归纳分析后的信息的“内化、转换、创造”，都需要在一定的方法论的指导下才能完成的。换句话说，在信息社会，获取信息是容易的，但怎么样把它转换为为己所用的知识，甚至在所获得知识的基础上创造知识，是需要方法的，而这些方法并不是一蹴而就或者无意识间就可获得的。

第二，即使没有互联网的发展对信息、知识的普及化和大众化推动，在瞬息万变的当今社会，人们对于世界的认知也是在不断发展变化的，知识与信息会不断地更新换代，一个大学生在初入大学之门时了解的部分知识和信息，等到他离开大学之时，可能已经修正或完全更改，就更不要说他离开大学之后在人生随后的日子里人类社会知识和信息的更新变迁了。也就是说，任何一个社会中的人，都需要不断地学习，才能跟得上世界的变迁和发展。大学期间对知识的学习，并不能做到一劳永逸。

正是因为这样，大学教育就需要转换思维，课堂教学从以传授知识为主，向传授方法为主转变，从强调学生的知识存量为主，转向培养学生的学习能力为主，也即授人以信息、知识，不如授人以学习方法、能力。

以“教”为主的传统教学过分强调教师的主导作用和书本知识的传授，而忽视了学生的主体作用和能力的培养，认为教学的功能只有一个就是传授理论知识。以“学”为主的教学。

倡导在教学过程中教师传授知识还在其次，重要的是开发学生的学习能力和创造知识的能力。

第一，在教学内容上，建议教师把科研方法和理论知识结合起来讲授。以政治学科为例，教师在介绍基本的政治学理论之外，应把教学重心放在政治学研究方法上，或者至少整个教学内容应贯穿着一个清晰的方法论意识。教师不应该为介绍理论而介绍，而应该是结合每一个政治学理论，让学生了解到该理论背后作者运用的方法论工具是什么，作者是运用什么方法来着手研究他的问题意识的；他从什么角度切入来研究和阐述问题的；对于某一个特定的政治现象，作者从哪几个层面来做出分析的；在对类似的政治现象做出观察和分析的时候，哪些维度要素是必须要考虑到的；这样做的目标是帮助学生在一定的学科方法论的指导下掌握科学观察、思考分析政治问题和政治现象的能力甚至理论创新的能力，而不是单纯的政治学经典理论的记忆和重复讲述。

第二，在课堂组织方法上，建议教师以学生为中心，采用互动教学。这实际上是一个共识性问题：学生积极地参与课堂教学内容能够极大地提高课堂教学效果。但在实际的教学组织过程中,教师"一言堂"的现象仍然普遍存在。以笔者了解到的情况看,"一言堂"教学方法的背后教师至少有两个方面的顾虑:一方面,学生的理论基础和阐述分析问题的能力通常比较薄弱,把课堂时间交给学生,会让宝贵的课堂时间在没有实质内容的讨论中浪费掉;另一方面,课堂讨论内容可能会超出教师的控制能力,出现老师解答不了的问题,从而对老师作为知识权威的形象产生挑战。基于这两方面的顾虑,教师宁愿自己全程讲述也不愿组织课堂的讨论和互动。这里有几个问题需要指出:如上文强调,课堂教学应以培养学生能力而不是学生知识掌握程度为核心目标追求,课堂互动和讨论的作用,一方面在于培养学生公共场合的逻辑表达能力,另一方面,通过他们的积极思考和参与,可以激活学生的思维和对问题继续探索思考的兴趣,使学生在课后继续学习,甚至因为课堂上一些争论延续到课后同学间的讨论;没有人是一本百科全书无所不知,课堂讨论中出现老师不了解的问题,老师应该坦然面对自己不了解的东西并坦诚地告知学生,然后让学生课后自己去查相关材料,下一次课再做讨论;教师应善于引导课堂讨论,使其能够围绕一些核心问题意识展开,而不是散漫地没有中心地泛泛而谈。

第三,改革学生考核和内容。建议教师减少记忆性的考核,加大开放性考核比重。从整体上评估学生的能力和学习效果,增加平常考核在整体成绩上的比重,如课堂参与情况等。

第四,从大环境上为教师改革教学方法提供便利和帮助。应加强教学方法研究和对教师教学能力培训。目前,对教学方法的研究基本上聚焦在中小学教育上,对大学教育方法的研究相对比较薄弱。相关大学应建立合理的激励机制鼓励教师开展教学研究,并提供相应的条件和保障。同时,应把教师教学能力的培训切实重视起来。但它的前提是在不加重大学教师工作压力的情况下展开。也就是说,一个前提保障是给大学老师一个充分的宽松的成长空间,能够科学合理地设计教师绩效考核体系。在这样的基础上,教师才有动力和现实可能性把自己的教学能力重视起来并愿意花费时间和精力去加以改善。而学校亦应该为教师改善教学方法提供相应的帮助和平台,如设立专门基金资助教师在相关学科上对教学方法的学习和改善,应该保障每一位老师都能够享受到这样的资助,应给教师就自己所教授学科到其他学校进行学习交流提供便利和帮助等。

参考文献

[1] CROSS K. Patricia, Teaching "For" Learning[C]. the North Carolina State University Centennial Year Provost's Forum, 1987.

[2] BARR R B, TAGG J. From Teaching to Learning-a New Paradigm for Undergraduate Education.[J]. Change, 1995, 27(6): 12-26.

[3] ALBERO B, LINARD M, ROBIN J Y. Petite fabrique de l'innovation à l'université[J]. L'Harmattan, 2008.

[4] CHRISTELLE L, FRANCE J. Innover à l'université : penser les situations d'enseignement pour soutenir l'apprentissage[J]. Revue internationale de pédagogie de l'enseignement supérieur, 2014.

[5] LAURE E. Savoir Enseigner dans le Superieur : Un Enjeu d'Experience Pedagogique[J]. Dossier d'actualite veille et analyses, 2011.

本科教学工作中教师工作手册的设计及应用

——以浙江工商大学日本语言文化学院为例

董 科[①] 吴 玲[②] 明 薪[③]

(浙江工商大学日本语言文化学院)

摘 要:在学院教师教学实践工作的过程中,经常会有忘记规范等情况发生。有鉴于此,学院设计了由教师教学进度勾选表,课堂教学注意事项一览表,期末试卷命题、批改规范一览表三份简洁的表格构成的《日语学院教师工作手册》,并预定从2014/2015第2学期开始分发给每一位任课老师,期待以这种方式进一步推进学院本科教学管理走向规范化和高效化。

关键词:教学管理;教师工作手册;手册化管理

一、引 言

近年来,随着我校教学改革工作不断深化,学校陆续印发了《浙江工商大学本科课堂教学评价实施办法》(浙商大教〔2014〕225号)、《浙江工商大学教师教学工作业绩考核办法》(浙商大教〔2014〕226号)、《浙江工商大学本科生学业指导和管理实施意见》(浙商大教〔2014〕281号)、《浙江工商大学课堂教学创新实施方案(2014—2016年)》(浙商大教〔2014〕282号)、《浙江工商大学教学成果奖评审与奖励办法》(浙商大教〔2014〕311号)等文件,将日常教学工作、课外创新、教学成果奖励、教学业绩考核等更加规范化地管理起来,并取得了较好的成效。但是,由于学校教学管理文件数量较多,规定比较复杂,一线教师在教学实践过程中往往会遗忘某些重要规范。为了避免因任课教师遗忘规范造成教学工作的混乱,我院教学副院长在每学期教学工作会议上均会重新对学校的教学管理政策和操作规范进行传达和说明,教学秘书也会在某项工作截止日期之前数周提醒教师不要忘记规范和截止日期,如果还是有老师忘记,会打电话一一确认告知,确保工作顺利进行。其结果是,我院教学工作近年来每个学期都得以顺利进行。然而,在教学任务和管理工作日益繁忙的今天,这样的提醒方法对教师和教学秘书都是一个繁重的负担。好记性不如烂笔头,为了提高教学管理工作的效率,我们尝试依据学校各项规定,在结合我院教学管理实际工作情况的基础上编制了一份教师工作手册,期待通过向老师发放这样一份简明实用的手册,提高学院和教师在教学实践过程中的效

① 董科,讲师,博士,研究方向为古代日本史。

② 吴玲,副院长,副教授,硕士,研究方向为日语教学,中日文化交流史。

③ 明薪,讲师,硕士,研究方向为高等教育管理。

率和规范性,从而进一步推进学院本科教学管理走向规范化和高效化。

二、日语学院教师工作手册的设计及应用

本着简洁、实用的标准,结合我院教师教学工作中实际情况,我们将我院教师工作手册设计为教师教学进度勾选表,课堂教学注意事项一览表,期末试卷命题、批改规范一览表三份表格。

(一)教师教学进度勾选表

教师教学进度勾选表是每个学期教学工作中,随着时间的推移,教师必须完成的任务的一览表(见表1)。在这份表格中我们用"任务名称""完成期限""具体要求"三列对教师必须完成的每个任务进行介绍,在表格最后设一列,名为"完成打钩"。教师完成该任务后,在这一列打钩确认。我们期待用这张表格帮助每一位教师管理自己的教学工作进度,防止工作遗漏等情况的发生。

表1　日语学院201×/201×学年　第×学期教师教学工作进度勾选表

任务名称	完成期限	具体要求	完成打钩
上传教学大纲和授课提纲	第2周周五(×月×日)之前	所有担任课程按统一格式要求,写明课程基本信息、教师信息、教材、参考书目、考察方式、成绩所占百分比以及每周授课、预习复习的内容等。教学过程中需要使用手机和播放视频的应在授课提纲中具体说明并备案。	
布置批改作业	第8周周五(×月×日)之前	所有课程均要求布置和批改课后作业。作业必须用红笔认真批改,每次作业均应使用百分制打分,并书写签名、日期及简短评语,登记成绩,第八周之内必须完成至少两次作业批改,学期结束前必须完成四次作业的批改。(以电子邮件等形式的作业需留底备查)	
期中考试	按"授课提纲"执行	按"授课提纲"执行。	
听课观摩	教学开放周内	院领导、系主任及35岁以下副高职称以下的青年教师要求听课4次,其余教师听课2次,听课记录院领导记入学校听课本,其余教师记入听课单(在教学秘书处领取),教学开放周结束后交给教学秘书。	
试卷命题	10周的课程在第8周周末(×月×日)之前上交,期末课程在课程结束前2周上交(×月×日)	期末成绩为考试方式的课程,需按教学大纲命题试卷。试卷格式分浙江工商大学和杭州商学院两种,同样的课程两种试卷的重复率不能超过25%。每种试卷出A、B两份卷子,A、B卷重复率不能超过25%。所有试卷按对应的格式排版后,连同答案,A、B卷以及送印单交给教学秘书。其中多班平行单人任教的课程由任课教师统一命题;多班平行多人任教的课程,应由任课教师组成命题组统一命题。	

续表

任务名称	完成期限	具体要求	完成打钩
批改课程报告及登录成绩	课程结束后1周之内完成	期末成绩为课程报告的,应于课程结束1周之内完成报告批改以及成绩录入。按学校要求,总评成绩应当呈正态分布。	
试卷批改及登录成绩	期末考试结束后1周之内完成	期末成绩为开卷或闭卷考试的,应于课程结束1周之内完成试卷批改以及成绩录入。	

(二)课堂教学注意事项一览表

课堂教学注意事项一览表是教师在课堂授课时的注意事项一览(见表2)。课堂纪律等是提升教学质量的关键之一,相信通过书面重申这些规范,可以帮助我院教师提高课堂授课质量和学生的满意度。

表2 日语学院课堂教学注意事项一览表

1.前往教室前检查是否随身携带了点名册、授课提纲以及教案三件物品。 2.第一堂课上应告知学生本课程的考核方式、平时成绩所占比重以及给分依据。 3.授课开始前检查手机是否已设置为静音模式并放入包或口袋中(经备案可以使用手机的课程除外)。以口头及板书方式提醒学生,认真听讲,注意课堂纪律:上课时不能使用手机(经备案可以使用手机的课程除外),不能进食(可以饮水),不要进进出出,上洗手间尽量在下课时去。 4.上课时不能无故离开教学岗位。不能长时间播放视频代替教学(授课提纲中明确写有需要播放视频的除外)。 5.应认真点名,如有学生缺课超过三分之一,则应到学院备案不允许其参加期末考试或提交报告。 6.应认真布置和批改作业,规范要求见“教师教学工作进度勾选表”。如有学生少交作业超过三分之一,则应到学院备案不允许其参加期末考试或提交期末报告。 7.在课堂上要注意仪表和言行。

(三)期末试卷命题、批改规范一览表

期末试卷命题、批改规范一览表是教师在课堂授课时的注意事项一览(见表3)。期末成绩的评定是教学工作中另外一个重中之重,它关系到每位同学的切身利益。相信通过书面重申这些规范,可以帮助我院教师减少试卷命题、批改中的错误,提高教学质量和学生的满意度。

表 3　日语学院期末试卷命题、批改规范一览表

1.一名教师承担的课程,由任课教师命题和批改期末试卷,批改前应先自行制定评分标准,公平公正地批改试卷。 2.两名及以上教师承担的数个平行班课程学校规定必须组成改卷组,阅卷时由阅卷组根据试卷情况等制定统一评分标准,按这一标准流水改卷。 3.改卷的规范为:使用红笔批改试卷。试卷大题统一采用加分法(得分法),将该大题所得分数用较大且清晰的字迹书写于大题标题后方,必要时可以画圈等突出表示。各大题的最终得分抄录于试卷第一页得分表中,并依据抄录的分数计算出卷面成绩。得分表下需由该题阅卷教师签字,批阅时有涂改的,涂改人必须在涂改处签字。 4.试卷批改完成后再次检查,确认按改卷标准批阅,且成绩计算无误后,再将成绩录入到教务网。录入完的成绩在提交之前,务必先打印成绩核对表再次确认,然后再提交,以防发生错误。 5.试卷提交后需要打印成绩单及分析表各三份,三份成绩单需要所有任课教师签名,任课教师还需要在分析表上分析考试结果。 6.装订试卷。试卷交教学秘书处,按照封面、一份成绩单、一份分析表、空白试卷、标准答案以及全部试卷的顺序装订。封面上任课教师、阅卷教师、核分教师处不要忘记签字。装盒后的封条也不要忘记签字。剩下两份成绩单(签好字)和分析表交教学秘书处。注意,平时成绩所占比重超过 50%的课程,需要将平时成绩给分依据及成绩单与期末试卷(或课程论文等)一同放入试卷盒存档。 7.以课程论文、大型作业等作为期末成绩的课程,在成绩批改、录入时也可参照本一览表的操作规范,以防发生错误。

三、结　语

以上是我们尝试制作教师工作手册的基本内容。这份工作手册将以 A4 纸双面打印,并预定于 2014/2015 第 2 学期开学教学工作会议上分发给每一位任课教师。我们期待通过这种方式进一步推进学院本科教学管理走向规范化和高效化。待试行一个学期之后,我们将结合一线教师的意见对这个工作手册进行评价和改进。另外,如果它的评价和收效均佳,那么我们还计划按照同样的思路将毕业论文指导工作、学生创新指导工作等本科教学工作的相关要点制作成表格,收入《教师工作手册》,方便教师使用。

学科探索与发展

——艺术设计学院美术学系教学心得

叶　玉[①]

(浙江工商大学艺术设计学院)

摘　要:美术学专业是浙江工商大学艺术设计学院新设置的系科,侧重于综合插画艺术创作与广泛运用,符合社会迫切需要插画艺术专业人才的形势,借本院艺术设计专业教学的雄厚实力,积极探索人才培养模式,基础与创作并重,专与博并行,创立能够体现时代经典的美术学品牌。

关键词:插画;高素质;重创新

一、在探索的路上

(一)学科建设

美术学专业秉持现代艺术教育的先进理念,旨在培养德、智、体、美全面发展的具有自主创新能力,并能反映现代审美意识的一代新型美术设计、综合插画创作、研究和教学的复合型、应用型专门人才。

1. 系科发展

美术学系以本学院的"厚基础,精专业,高素质,重创新"的教学理念为指导思想,积极推进美术学系的教学改革,积极推进育人质量的持续提升。美术学系顺应市场变化,融入多元文化,倡导务实、开放、创新的办学理念;坚持以学生为本的个性化教育原则,注重创新意识与综合能力的培养,突出设计教育实践性与实用性的办学特色;致力于培养符合社会发展需求,适应市场经济变化的应用型创新人才。依托学院悠久的艺术专业教学历史和雄厚的师资力量,他们具有丰富的插画艺术视野、实践和教学经验,学院的众多优秀教师在插画艺术领域取得的优异的成果为借鉴。而且,学院拥有丰富的社会实践资源,学生可将课堂学习与创作实践有机结合,使专业发展稳健而有活力。

在专业教学中,强调重基础与重创作训练两手一起抓,两手都要硬;学习传统与锐意创新齐头并进;立足根本与拓宽视野相辅相成,力求在教学与应用密切结合的整体发展中,创建出能够体现本学科传承精神的插画艺术品牌。以厚实的基础理论知识体系为起点,宽阔的专业发展口径,培养综合的工作能力和过硬的自身素质。"厚基础"主要

---

① 叶玉,副教授,博士,研究方向为美术学。

着眼于学生全面发展的需要和可持续性,“精专业”则是学生走向工作岗位后叱咤风云的关键,高素质则是高等教育的本质属性决定的;创新是艺术与设计必要的条件,它们之间形成合力,共同促成学生的全面成长。

具有远见卓识的大家如王国维、严复等学者都十分重视美术之作用。严复翻译孟德斯鸠的名著《法意》(即《论法的精神》)时,在按语中提到:“吾国有最乏而宜讲求,然犹未暇讲求者,则美术是也。夫美术者何?凡可以娱官神耳目,而所接在感情,不必关于理者是已。其在文也,为词赋;其在听也,为乐,为歌诗;其在目也,为图画,为刻塑,为宫室,为城郭园亭之结构,为用器杂饰之百工,……凡此皆中国盛时之所重,而西国今日所尤争胜而不让人者也。……则后此之教育,尚于美术一科,大加之意焉可耳。”严复在此指出,艺术在当时的西方已经是异常发达并备受重视,而我们现在需要做的和正在做的正是此事。

2.厚基础,求突破

对于美术学专业的学生而言,需要国画、油画、版画、雕塑的基础,面对当下媒介、媒材的广泛性,新材料的产生,新旧媒材的结合,创作中既可以有综合手法的手到擒来,又可以突出自己的强项与特点,避免因为基础薄弱导致后期创作的困境。抓专业是按照学科特色,制定合理完善的课程体系,按部就班地塑造学生的专业素养,以达到培养具有创新思维能力、艺术表现能力、实践动手能力,并能熟练运用新材料、新技术的适应市场需求的新型美术人才。本系学生参展多次并获奖或多或少可以体现专业培养的成果。

注重本科生教育坚持通识教育与专业教育相结合,正如在本系的特色里所言“以东、西方美术史及工艺美术史为理论依托,借鉴当代艺术设计多元化的视觉表现形式,将传统艺术、民间艺术及现代艺术多种表现形式融入艺术创作中”。美术学在艺术大学科中它并不是一个新面孔,国学大师王国维1904年一篇文章提到艺术可以提高人的精神境界,文中写到“凡人生中足以使人悲者,于美术中则吾人乐而观之”(What in life doth only grieve us,That in art we gladly see),而且能“入于纯粹之知识者”。1905年,王国维又发表“论哲学家与美术家之天职”,提出“天下……最神圣、最尊贵而无与于当世之用者……天下之人嚣然谓之曰‘无用’,无损于哲学、美术之价值也”。与蔡元培提出的“以美育代宗教”也有异曲同工之妙,皆提倡以美术来陶冶和建设人的精神世界。

基础美术理论、基础课程是培养观察世界和思考的方式,是非功利性的。“艺术从根本上说是与科学一样,是一种方法,一种人类用来把握世界和人生的手段。但是艺术与科学又有区别,简单地说,就是科学做不到由艺术来完成。艺术是认识功能之外人类把握世界的方法。更确切地说,艺术不是为了把握世界,而是为了体验世界。学习美术史,首先就是传达给我们一个体验艺术美的标准。因为艺术美和生活美是有区别的。”在阐述教育思想的一系列文章中,王国维把学科分为“职业”和“非职业”两大类:“夫教员、医生、政治家、法律家、工学家之学,固职业的学问也。”“非职业的学问何?科学、哲学、文学、美术(即艺术的总称)四者是已。”先拥有通达广博的艺术视野与情怀,才有可能到达艺术创作的高峰。因为艺术是知识与创造性灵感的本源。亚里士多德认为艺术是对自然的模仿,而模仿是人类获取知识的重要方式,艺术的模仿创造性地影响着自然,使之实现人类的目的。而柏拉图则运用艺术阐明哲学理念,其关于真、善、美的论断影响了整个世界。在学科设置上，我们注重增加学生的艺术修养，既有理论与思维逻辑的培养，又带领学生一起鉴赏、学习大师经典之作，学与思相互促进。

二、探索教学方式的转变与提升

1. 以学生为本，重专业，强调问题意识

美术学系正在尝试建立学生资料库系统，每位任课老师都对每个学生的专业学习状况实时掌握与评估，及时跟进掌握学生专业学习进展情况，以学生为教学核心，师与生之间在专业上有切磋、有充分沟通，老师能够及时予以引导指正。这样的目标也是为了进一步强调保持学生的个性特点，因材施教，以个性作为指导的前提，在此基础上进行专业学习辅导。一切为了学生，为了学生的一切，真正体现以学生为根本。“文艺工作者要志存高远，随着时代生活创新，以自己的艺术个性进行创新。要坚持百花齐放、百家争鸣的方针，发扬学术民主、艺术民主，营造积极健康、宽松和谐的氛围，提倡不同观点和学派充分讨论，提倡体裁、题材、形式、手段充分发展，推动观念、内容、风格、流派切磋互鉴。”

老师们也积极对外学习交流，及时更新观念，教学相长，如向其他高校学习与交流，促进教师思想的发展；同时我们老师也注意调整和充实自己的知识结构，注重提高教育质量，遵循科学发展的教学理念。

2. 创新思维模式

美术学重视厚基础，深知不积跬步，无以至千里，但也不忘初心，其最终目的是为了能够使学生创作能成一家之体，似凤凰涅槃，浴火重生。“艺术与哲学一样，承载着人类的思想与世界观；与历史一样，保存着人类活动的鲜活记忆；与科学一样，体现着人类的创造性发现。”在艺术发展史上声名卓著的艺术大家都是富有革新精神的，他们作品的独特魅力是留给世人最大的财富；而且我们所熟知的哥白尼、伽利略、爱因斯坦、李四光、钱学森等科学家无一不是艺术家。钱学森在他 94 岁时总结说：“一个有科学创新能力的人不但要有科学知识，还要有文化艺术修养。……我觉得艺术上的修养对我后来的科学工作很重要，它开拓科学创新思维。现在我要宣传这一观点。”把科学与艺术视为一个教育的整体的思想，这里所谓“艺术修养”决非是个可有可无的点缀品，而是教育的必要部分，关乎各个领域的创新思维和自主创新能力的问题。将科学和艺术结合起来的教育使钱学森终身受益，由此看来即便是科学家也需要一种艺术创造性的想象力来启发他的科学研究。如果没有了想象，何以有创造的存在。艺术创作是需要运用技巧，但同时也离不开想象去完成审美产物。分析研究众多大师作品后发现皆是创造性思维的产物。“创新思维源于对知识与手段的艺术性整体把握、重组与运用。任何创造领域都需要一种具有艺术创造性的想象力，更需要一种像艺术家那样将概念转化为现实的能力。”

在课程设置上，在进行相关的传统课程的学习过程中，注入创作的意识，这样就避免在学生进入高年级创作阶段时会茫然与无从下手。每个学期老师们都会群策群力设置本学期集中解决的一个专业问题，注重学理的序列性与科学性，有的放矢，步步为营，稳扎稳打，切实提高学生的专业能力与素养。

三、这只是个开端

我们坚信所有师生的付出,终会有所回报,我们在切实地努力地前进着,必将会收获硕果。

参考文献

[1] 孟德斯鸠. 法意[M]. 上海:商务印书馆,1905.

[2] 姚淦铭,王燕. 王国维文集:第一卷[M]. 北京:中国文史出版社,1997:4-5.

[3] 姚淦铭,王燕. 王国维文集:第三卷[M]. 北京:中国文史出版社,1997:6-8.

[4] 李芽. 学习中国古代美术史的意义(导言)[EB/OL]. http://blog. sina. com. cn/s/blog_534db5110100c7qy. html.

[5] 新华网. 习近平:坚持以人民为中心的创作导向 创作更多无愧于时代的优秀作品[EB/OL]. http://news. xinhuanet. com/culture/2014-10/16/c_127104010. htm.

[6] 曹意强,麦克尔·波德罗,等. 艺术史的视野[M]. 杭州:中国美术学院出版社,2007.

[7] 杨应时. 钱学森的艺术世界[J]. 留学生,2010(12).

[8] 曹意强. 艺术教育与创意时代[J]. 艺术教育,2013(9).

实践教学篇

SHIJIAN JIAOXUE PIAN

人文地理与城乡规划专业创新型人才培养途径探索*

刘可文[①]　郑四渭[②]　苏　飞[③]

(浙江工商大学旅游与城市管理学院)

摘　要:创新型人才培养是当前高等教育的重要目的,人文地理与城乡规划专业创新人才培养有着自身的特性。本文分析了该专业创新型人才培养存在的问题,并就此提出确立科学合理的人才培养目标、注重通才与专才相结合、优化课程体系设置、创新传统教学方法、增强学生职业模拟体验、打造学生协同创新平台等创新型人才培养策略。

关键词:人文地理与城乡规划;创新型人才;培养途径

一、引　言

随着科学技术的迅猛发展及全球化水平的不断提高,创新型人才的培养已经成为提升我国综合竞争力的重要途径和发展战略。创新型人才通常是指拥有创造精神和创造能力的人,且能够在科学、技术创新、管理、文化创新、创造性应用方面做出较大贡献。一般来说,创新型人才具有创新的思维方法、求实的科学精神、持之以恒的勤奋、广博的知识结构、与人合作的素质等特征。

人文地理与城乡规划专业(下称"城乡规划专业")是一门基础性、实践性、综合性较强的学科,可为当前新型城镇化建设、房地产业、旅游业等提供专门的人才支撑。加强城乡规划专业创新型人才培养对于解决我国当前面临的人口、资源、环境协调发展,城镇化推进过程中的规划、建设和管理等相关问题具有重要的意义。目前,已有多位学者对该专业的教学方法改革和人才培养模式进行了研究,主要集中在探讨课程体系设置创新及改革,完善教学和实践模式,探索该专业人才培养模式的改革途径。以上研究均对城乡规划专业人才培养进行了有益探索并提出了建设性建议,但城乡规划专业创新型人才的培养是未来人才培养的重点方向,而当前国内关于城乡规划专业创新型人才的内涵、特征与培养途径的研究还较为缺乏。

---

* 浙江工商大学高等教育科学城研究项目(Xgy13017,Xgy14060),浙江省高校实验室工作研究项目(YB201415,Z201310)。

① 刘可文,讲师,博士,研究方向为区域规划与城市经济。

② 郑四渭,副院长,教授,博士,研究方向为旅游经济与企业管理。

③ 苏飞,讲师,博士,研究方向为城乡发展。

城乡规划创新人才除具有创新型人才的一般特征外，还具有自身的特性，其培养与成长也有着自身的特殊规律，因而其培养途径也区别于其他专业人才培养。为此，本文从研究城乡规划专业创新型人才的内涵与特征入手，分析当前各培养环节存在的问题，在此基础上提出相应的解决途径。

二、城乡规划专业创新型人才的内涵与特征

依据创新型人才的基本定义和城乡规划专业的特征，可将城乡规划专业创新型人才内涵初步归纳为系统掌握地理科学、人文科学、城乡建设规划、地理信息系统等多领域知识，能通过技术创新、管理创新、文化创新等创新途径，提升我国新型城镇化的建设与管理水平，并解决相关发展问题的综合型人才。

除具备创新型人才的一般特征外，城乡规划专业创新型人才还具有如下特征：

（一）跨学科创新能力

首先，城乡规划专业是一个横跨文理专业的综合性学科，它涉及地理科学、计算机科学、环境科学、建筑规划等理工科内容，以及经济学、管理学、社会学等文科内容，客观要求学生具有兼顾文理的知识结构。其次，在工作实践中，学生需要具备逻辑思维、运算与制图设计、技术评价与分析、实验研究等理工科学生所具备的能力，同时也需要组织管理、文献查阅、语言写作等文科能力。因而，从学科学习要求和未来工作要求两方面来看，城乡规划专业创新型人才需要综合运用多学科知识与方法，以提高实践中发现问题、解决问题的能力。

（二）宏观协调创新能力

在城乡规划工作实践中，宏观协调能力十分重要。一方面需要从宏观层面对涉及的土地问题、经济问题、社会问题、环境问题进行通盘考虑，需要较强的宏观综合把握能力；另一方面也涉及国土资源部门、环保部门、规划建设部门等多个政府管理部门，同时也涉及房地产、工业、服务业等行业的企业单位，因而对人才协调能力提出较高的要求。

（三）规划管理创新能力

规划是对未来整体性、长期性、基本性问题的思考，并设计出整套行动方案。规划的实施过程也是一个动态调整的过程，在规划实施过程中要根据环境的变化进行调整，在规划评估后，需要进行反馈并制订新的计划。因此，对于城乡规划专业创新型人才来说，不仅要具有前瞻性眼光来制订规划，更需要具备在规划实施中的管理应变能力。

三、城乡规划专业创新型人才培养的问题

目前，城乡规划专业在培养创新型人才方面并未取得显著效果，主要还存在如下问题。

(一)培养目标上重视应用型人才培养,忽视创新型人才培养

培养目标在很大程度上是根据就业需求和学科性质而设立。对于城乡规划专业,普通高校通常将培养目标设定为国土资源管理部门、房地产开发企业、城乡规划设计事业单位培养专业人才,高校普遍重视对学生专业技能的传授,但忽视了对学生创新能力培养,导致学生创新意识薄弱,在工作中创新能力无法适应复杂工作。

(二)培养模式上重视通识教育,难以形成专业特色

从当前各高校城乡规划专业培养模式来看,基本上都是通才的培养模式,课程设置包括了地理科学、环境科学、管理科学、经济学、社会学等多学科知识,知识面宽而杂,没有体现出专业特色,使学生出现门门通,但是都不精的尴尬状况。这种通识教育方式在大学低年级能收到较好的效果,但在高年级应加强专业特色教育,以提高学生的就业竞争力。

(三)课程设置上重视经验理论传授,缺少实践应用训练

城乡规划专业具有较强的实践性和应用性,从当前课程设置来看,在课程中偏重于理论分析和经验的讲授,相关的实践、实习的学时、学分较少,导致学生的创新能力无法得到锻炼和加强,毕业后在工作岗位从事基层和实践工作的适应能力较差。

(四)教学方式上重视传统讲授方式,难以激发学生创新兴趣

从目前的教学方式和方法上来看,城乡规划专业教学仍以传统的课堂讲授为主要方式,教师重视知识经验的传授,学生被灌输知识,难以激发学生学习和创新兴趣,同时城乡规划专业也较少组织对应的学科竞赛,学生参与意识和创新的积极性不强。

(五)在就业方向上缺乏针对性,导致学生创新积极性受挫

城乡规划专业学生普遍面临就业困惑,一个主要原因是学生认为毕业后就业方向不明,对口的行业和岗位较为缺乏,因而对专业学习失去信心,在课程学习、实习中缺乏成就感和积极性,难以让学生在城乡规划领域产生创新兴趣。

综上所述,城乡规划专业创新型人才培养效果较差的原因涉及了学科培养目标、培养模式、课程设置、教学方式以及学生就业等多个方面,是一个较为复杂的综合性问题。

四、城乡规划专业创新型人才的培养途径

依据城乡规划专业学科发展趋势,针对创新人才培养的实际问题,本文提出如下建议:

(一)确立科学合理的人才培养目标,将创新作为重要内容

明确城乡规划专业人才培养目标,培养掌握地理学、环境科学、资源学、经济学、管理学等多方面知识,具有测量、制图、计算机等基本技能,具备在城乡规划、资源环境管

理、房地产开发等行业的企事业单位及行政部门开展相关工作的能力，具有创新能力、合作精神的资源环境与城乡规划专业人才。

（二）在培养模式上注重通才与专才相结合，提高学生跨学科创新能力

在培养模式上可依据城乡规划专业的特点，以较宽的口径进行招生，在低年级实施通识教育的培养模式，在高年级重视专业培养，体现专业特色，使学生知识结构在具有广博的基础知识的基础上具有较强的专业性，以提高学生跨学科创新能力。

（三）优化课程体系设置，增强实践环节

强化基础课、特化专业课、优化实践课，建立基础知识面宽，反映国内外最新管理方法，适应当前人才市场需求的课程体系。特别是针对"实践课太少"的问题，首先在课程体系理论性较强的课程中，设置10课时以上的实验课时，给学生进行室内操作实践和短期野外实践的机会；其次，将应用性较强的课程设置为实验课，让学生有更多机会在实验室进行操作实验，增强学生的动手创造能力。

（四）创新传统教学方法，形成以学生为主的课堂模式

发展以学生为中心的启发式教学，培养学生的主体性和创新意识，提高学生创新能力。在教学设计上多采用讨论式、互动式、启发式等教学方法引导学生思维，将现代教学技术与教学内容相结合，尝试采用翻转课堂、大型开放式网络课程等新式教育方法，训练学生的创造性思维，开发学生的创造性潜能。

（五）增强学生职业模拟体验，提高学生创新积极性

以增强学生就业信心和职业适应能力为目标，一是通过举办各类学生设计竞赛活动如城市设计师大赛、交通设计、最美乡村规划大赛等，提高学生职业身份认同感；二是建立固定的职业实习合作单位，使学生对未来所从事的工作性质、工作内容有一定的了解，打消学生就业顾虑，提高学生对城乡规划专业的认可度，进而提高学生创新的积极性。

（六）打造学生协同创新平台，强化实践创新能力

依托学校、学院城乡规划专业创新平台与实验室，联合校外研究单位和企业的研发部门，建立以学生为主的协同创新平台，鼓励学生将自身兴趣与专业内容相结合，针对当前城乡规划实践中的问题开展一定深度的探索与创新活动。

（七）重视创新氛围营造，加强创新环境建设

首先，通过学校、学院的校园文化氛围、精神文化建设，营造积极向上、共同创新的校园、学院文化氛围。其次，对创新活动中的失败结果给予包容态度，做到既鼓励成就，又宽容失败的创新氛围。最后，改革教师考核评价体系，鼓励相关教师参与和引导学生的创新活动，加大创新型人才培养的经费力度，为创新人才培养提供充分的物质保障。

五、结论与讨论

创新型人才培养是未来人文地理与城乡规划专业人才培养的重要方向。城乡规划专业创新型人才除具备一般创新型人才的特征外,还需具备跨学科创新能力、宏观协调创新能力、规划管理创新能力等特质。在城乡规划专业人才培养过程中还存在诸多问题:在培养目标上重视应用型人才培养,忽视创新型人才培养;在培养模式上重视通识教育,难以形成专业特色;在课程设置上重视经验理论传授,缺少实践应用训练;在教学方式上重视传统讲授方式,难以激发学生创新兴趣;在就业方向上缺乏方向性,导致学生创新积极性受挫。对此,本文提出确立科学合理的人才培养目标、在培养模式上注重通才与专才相结合、优化课程体系设置、创新传统教学方法、增强学生职业模拟体验、打造学生协同创新平台、重视创新氛围营造等策略,切实推进创新型人才的培养。

参考文献

[1] 刘宝存.创新人才理念的国际比较[J].比较教育研究,2003(5).

[2] 肖云龙.脱颖而出:创新教育论[M].长沙:湖南大学出版社,2000.

[3] 谢双玉,刘大均,胡静,等.资源环境与城乡规划管理专业应用型人才培养模式研究[J].西南师范大学学报(自然科学版),2013,38(7):173-180.

[4] 赵筱青,谈树成.资源环境与城乡规划管理专业课程体系重构与优化——以云南大学为例[J].高等理科教育,2010(5):93-98.

[5] 邓琳,于嘉,车娟.资源环境与城乡规划管理专业课程体系的重构与优化[J].安徽农业科学,2012,40(1):549-550.

[6] 许光泉,陈要平,李小龙,等.资源环境与城乡规划管理专业生产实践的探讨[J].资源·产业,2005,7(4):85-88.

[7] 牛海鹏.环境与城乡规划管理专业实践教学环节的优化和完善[J].高教论坛,2011(2):47-49.

[8] 宋戈,袁兆华.资源环境与城乡规划管理专业人才培养问题的探索[J].东北农业大学学报(社会科学版),2005,3(2):81-82.

基于城乡规划实验室平台及校外专家参与的实践能力训练模式*

石坚韧[①]

（浙江工商大学旅游与城市管理学院）

摘　要：与传统教学模式相比，实验室教学具有更为直接有效的教学效果。但目前关键问题在于如何修正当前的部分实验室教学和课堂理论教学过于分离的问题，以及纯粹的校外实践费时费力费钱的现实压力。通过本校城乡规划学科（省级重点学科），我们成功地将软硬体整合系统实现于实验室所开发的平台。为学生的学习和实践、教师的教学与研究提供新的途径，为相关专业课程的实践模式培养、教学内容的丰富提供条件，也为产学研结合的实践提供新的思路。同时可以充分发挥高校的专业设备和信息资源优势，使本专业的各课程互相融合，形成完善的校内城乡规划实践能力训练模式。

关键词：实践能力训练；校外专家；实验室平台；城乡规划

一、实验室教育改革的现实背景及意义

教育部《关于进一步加强高等学校本科教学工作的若干意见》（教高〔2005〕1号）文件指出："大力加强实践教学，切实提高大学生的实践能力……加强产学研合作教育，充分利用国内外资源，不断拓展校际、校企之间、高校与科研院所之间的合作，加强各种形式的实验教学基地和实验室建设。"

与传统教学模式相比，实验室教学具有更为直接有效的教学效果。但目前关键问题在于如何修正当前的部分实验室教学和课堂理论教学过于分离的问题，以及纯粹的校外实践费时费力费钱的现实压力。一方面，实现融合实践的理论教学和技术操作教学，使各课程间专业知识融会贯通，促进学生更主动、更全面地学习理论知识和基础操作技能；另一方面，促进校外实践和校内教学的互补联合，因校外实践受时间、经费、指导力量等因素的限制，应充分利用现有校内的硬件资源，形成与校外单位结合的实践能力训练模式，与纯粹的校外实践模式相比，将拥有无法比拟的优势。

---

* 浙江工商大学高等教育研究课题，编号：Xgy14046。

① 石坚韧，副教授，博士，研究方向为城市设计。

二、城乡规划学科的发展趋势与新形势下的教学要求

针对目前对城乡规划领域专业人才的迫切需求，学校应充分利用现有实验室资源，采用校外专家参与的模式，培养具有综合运用知识能力的规划人才。城乡规划专业是集规划设计、管理能力及环境、人文、经济等于一体的综合性学科。在传统教学中，实践能力的培养显得不足，而校外专家参与的实验室平台将为解决该问题提供新的途径。

综上所述，本文的目的在于：为学生的学习和实践、教师的教学与研究提供新的途径，为相关专业课程的实践模式培养、教学内容的丰富提供条件，也为产学研结合的实践提供新的思路。同时可以充分发挥高校的专业设备和信息资源优势，使本专业的各课程互相融合，形成完善的校内城乡规划实践能力训练模式。

本文结合浙江工商大学城乡规划学(省级重点学科)实验室平台的教学改革实践，对认知实习的实践作用及校外实践基地的建设、学校相关专业的学科建设、实验教学，包括以后的研究生教学都具有巨大的推进作用。

三、国内外高校实验室教学改革综述

德国是世界第一个创立“导师制”的国家，由大学根据不同的情况，设立为数不多的正教授席位，开设数理化等大学科的科学教育。在实验室里，教授经常同讲师和学生在一起，进行科学交流和研讨活动，探讨全新的科学问题。实际上，这就是专业研究所的雏形。在吉森大学的德国第一个新型化学实验室——李比希化学实验室，实行的就是新的科研教育体制。从1824年到1851年，李比希培养的学生遍及整个德国，他们又以李比希为榜样在德国各个大学建立了新型的实验室，进行教学和科研工作。在美国大学中，普遍采用的实验室管理模式为首席研究员(principal investigator，即PI)负责制。以宾夕法尼亚州立大学医学院生理系为例，系里的12位首席研究员各拥有一个实验室，他们在获聘时与系里对实验室面积及仪器设备的组成都有明确约定，对实验室的仪器设备、人员组成和日常管理等各环节负有全面责任。

目前，国内不同层次的高校对实验室教学改革都有不同的方式，例如同济大学建筑与城市规划学院、浙江大学区域与城市规划系、湖南科技大学建筑与城乡规划学院等拥有与城乡规划相关专业的大学，都一直致力于研究城乡规划实践能力培养的各种方式，包括城乡规划实验室平台、外校参与模式、校外实践基地建设等。如同济大学建筑与城市规划学院近年来以“生态城市环境”“绿色节能建筑”“文化遗产保护”和“数字模拟设计”为学科发展重点，正在原有基础上进一步形成新的强势学科，通过学科交叉平台建设形成新的优势学科群。浙江大学的城市规划学科设有城市规划与设计研究所、城市规划工程与信息技术研究所、美术与环境艺术研究室(与建筑系合建)，城市规划计算机教学实验室、城市信息技术实验室，并有浙江大学城乡规划设计研究院为师生提供规划设计和教学实习支撑。

四、实验室平台实践训练的内容及预期目标

(一)研究内容

以浙江工商大学城乡规划实验室平台为例,研究校外专家参与的实践能力训练模式。

1.实现全程课程的融会贯通,构建实验室综合实践平台

实现课程的全程融合,将规划理论课程—电脑操作课程—认知实习过程串联起来,课程之间相互补充,相互综合,旨在优化形成一个完善的校外专家参与的实验室综合实践平台。研究中,将理论技术课程与综合性开放实验课程相互融合进行实践教学,结合校外认知实习情况完善实验教学课程,促进学生自主地运用专业知识进行城乡规划的实践和探究。

2.校外专家通过多种形式参与实验教学,促进学校与社会的对接

突破直接传授理论、技术知识的传统模式,指导学生从实际出发,有目的地学习与研究。校外专家参与形式包括课堂讨论性讲授、开展学术报告、学生参与项目研究、与校内老师研讨教学改善措施等,这为学生提供了一个与社会接触的平台,促进学生提早对本专业的社会需求进行全方位认识。

3.充分利用校内实验室平台的实践能力训练,提高专业认知实习的实践作用,同时,加强校外实践基地建设

传统的城乡规划认知实习中,学生的实践方向盲目,出现了“什么都不会”“只能办公室上网消磨时间”,甚至“未实习,靠关系盖个章”等现象,完全违背学校安排认知实习实践的初衷。本研究旨在切实提高学生的实际动手操作能力和分析解决问题的能力,从而使学生有准备、有目的、有能力地在认知实习单位参与实践和调研。本实践训练模式研究将包含加强校外实践基地建设,通过对学生平时实践训练的考核,根据校外专家的意见,挑选一部分学生参与指定校外实践基地进行认知实习。

4.构建一套相对完善的《基于城乡规划实验室平台及校外专家参与的实践能力训练模式》方案

在本研究的实践中,尽可能解决一系列拟解决的关键性难题,结合解决方案,修改制订一套相对完善的本研究实践训练模式方案,将作为今后我校本专业实践教学的内容,并且不断优化。同时,这也为其他相关专业课程的实践教学提供了理论和实践的依据。

(二)预期目标

1.促进学生明确专业学习方向,为从事职业活动做准备

过去相当部分学生不重视实验操作技术,认为看一看就会操作,但真正自己动手做实验,却因为实验操作技术不过关,在实验的过程中出现意想不到的实际问题,甚至反复失败。惨重的教训,使学生们逐渐端正了学习的态度,懂得了将知识的积累与应用有机结合,并依靠娴熟的技能,逐步在应用专业知识和相关知识的实践过程中学会了分析

问题和解决问题的方法，是实验性质的客观要求督促学生端正了学习态度。本项目研究促进学生较早地接触社会，认识到怎样通过专业技能解决城乡规划问题，提前了解各城乡规划单位需要怎样的专业人才，从而明确奋斗方向。

2.从师资建设环节切实提高师生实践能力和专业技能

校外专家或单位参与的实验室实践训练模式，使学生将单纯的理论知识融入实践中，既提高了学生的动手能力和实践能力，又可以激发学生的创新设计能力，同时，也在无形中提高了学生的城乡规划专业技能。

3.充分利用教学资源，极大发挥实验室的潜力和功能

实验室开放式教学的实施，有效地促进了实验教学改革的进一步深入，同时也有利于提高实验室和实验仪器设备的利用率。随着高校教学实力的不断增强和知识的不断更新，对实验教学的要求也越来越高，一些科研设备也陆续充实到教学中来，因此也增加了学生进入实验室接触科研设备的机会。老师还可根据学生的学习能力，选择综合素质较高的学生当助手，既解决了科研人手不足的问题，又锻炼了学生的科研能力。

五、实验室教学改革的实施步骤(见图1)

(一)准备阶段Ⅰ

收集文献和资料，充分了解和掌握国内外与本研究有关的经验模式和研究，提交分析研究报告，并制订符合所在院校现状和发展方向的初步方案。

(二)准备阶段Ⅱ

根据初步研究方案，与校内相关任课教师讨论完成城乡规划专业课程的融汇优化，及与校外专家协商确定校外参与的具体形式等相关准备工作，提交课程体系融汇优化建议报告、校外专家参与教学形式建议报告等。转变实验教学的指导思想，调整实验教学的体系、结构、内容和评价方法，构建符合素质教育和人才发展的开放性创新实验教学新模式和实验教学管理新体系。

(三)实践阶段

根据计划实践训练模式内容，对所在高校城乡规划专业进行实践探究，提交本项目研究的实践研究报告，内容包含拟解决难题的解决和调整方案。增设设计实验、综合实验和创新实验等实验环节，帮助学生学好专业知识初步开展研究与创新，促进学生的个性发展；提高实验实践教学的地位，使实验教学不断线，并且循序渐进地进行，通过有序地训练和丰富多彩的专题研究，推进素质教育，培养学生学会终身学习的素质和技能。

(四)最终总结阶段，回顾讨论

改变过去实验伴随理论教学成为课程教学附属品的旧理念，重组实验教学内容，完成总结报告以及新一轮修正方案，为第二轮实验室平台建设创造条件。

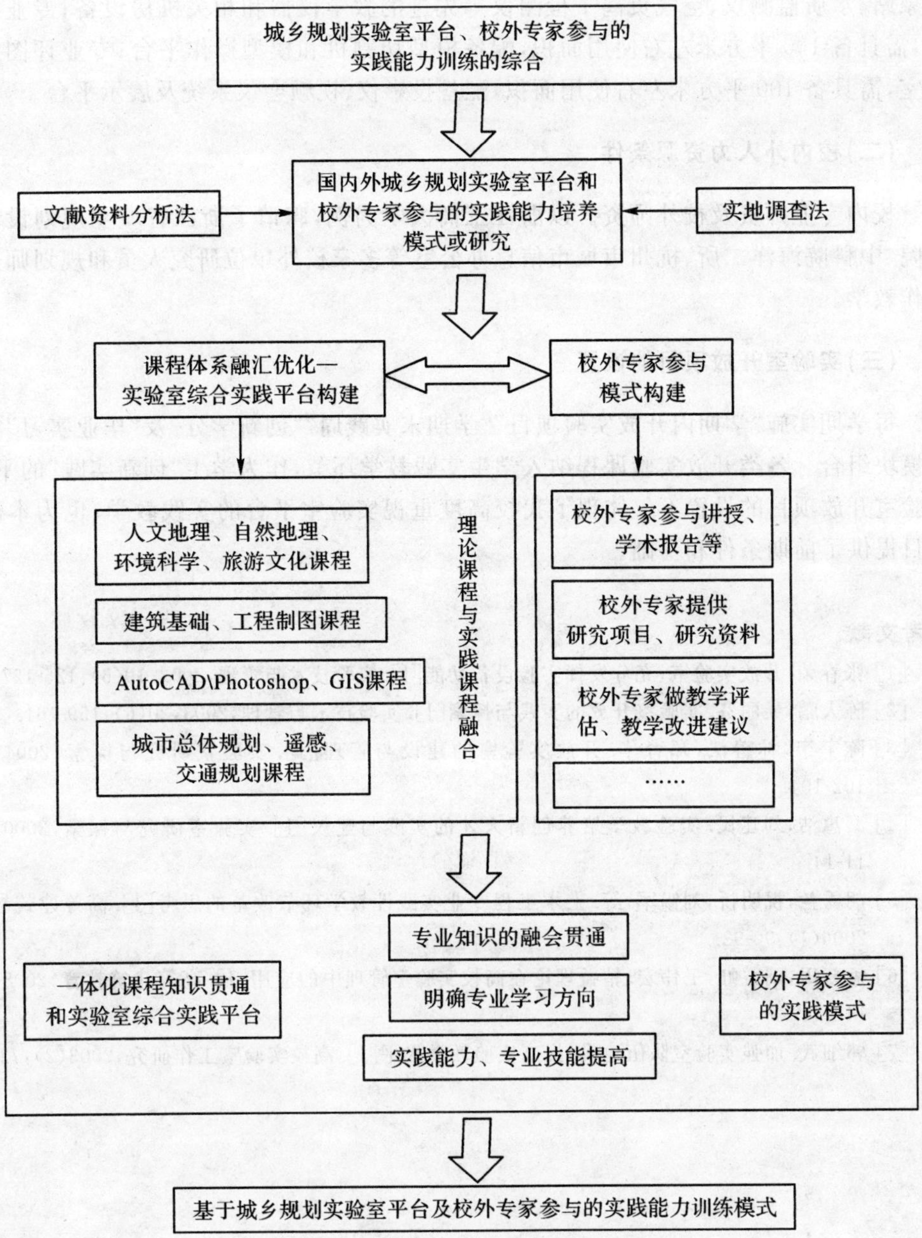

图 1　实验室教学改革的实施步骤

六、实验室平台建设的条件分析

实验室的建设分为硬件和软件两个方面，应具备相关条件保障。

(一)硬件场地条件

专业绘图室，需具备 100 平方米左右使用面积(60 个绘图单元)，配备绘图桌椅、电脑及打印设备；专业实验室，需具备 100 平方米左右使用面积，配备多媒体摄影仪、自动气象站、水质监测仪、空气负离子检测仪等先进的教学仪器和相关机房设备;专业模型室,需具备100平方米左右使用面积,配备模型切割机和模型操作平台;专业评图及讨论室,需具备100平方米左右使用面积,配备投影仪、视频会议系统及展示平台。

(二)校内外人力资源条件

校内专业师资及校外师资。以浙江工商大学为例,聘请了浙江省城乡规划设计研究院、中科院海洋二所、杭州市城市信息办公室等多家校外单位研究人员和规划师进行合作教学。

(三)实验室开放项目的设置

每学期实施"学期内开放实验项目""学期末实践周""创新学分"及"毕业实习"等多个模块组合。各类开放实验课程纳入学生实践教学环节,作为学生"创新实践"的平台。实验室开放项目的设置不仅体现了我校高度重视实验室平台的实践教学,也为本研究项目提供了前期条件和基础。

参考文献

[1] 张春荣.开放实验室,充分发挥实验设备功能[J].实验技术与管理,2002,19(6):125-127.

[2] 陈大鹏,吴丽芬.实验室开放的实践与探索[J].实验技术与管理,2003,20(6):159-161.

[3] 陈宁宁,林善法,郑育华.开放实验室的建设与管理[J].实验室研究与探索,2004(7):102-104.

[4] 秦惠洁,刘建民.实验教学培养创新人才的实践与建议[J].实验室研究与探索,2000(5):11-14.

[5] 胡秀兰,祝明桥,刘锡军,等.土木工程专业实践性教学环节改革的思考[J].高等建筑教育,2006(1):90-93.

[6] 孟新田,刘益虹,王伟宏.精益理论在高校实验室管理中的应用[J].高等建筑教育,2008(2):147-149.

[7] 郭细武.加强实验室队伍建设,提高实验教学水平[J].高校实验室工作研究,2003(2):72-73.

通过行动学习法培养管理型会计专业硕士(MPAcc)人才

曾爱民[1]

(浙江工商大学财务与会计学院)

摘　要:在 MPAcc 研究生教学中合理运用行动学习法,可以完善 MPAcc 的专业实践教学中的教学方法管理体系,优化实践应用教学模式,提高实践教育教学效果,达成培养管理型高级财会人才的最终目标。本文对 MPAcc 研究生教学如何运用行动学习法,从课程设置、教学方法改革、专题项目等方面做了一些探讨。

关键词:MPAcc 教育;行动学习法;管理型高级财会人才

一、明确 MPAcc 培养目标:培养管理型高级财会人才

随着社会经济环境的发展和变化,我国会计学专业硕士研究生的培养正在由以学术型为主向学术型与应用型并重方面转变,应用型研究生的招生规模正在逐步扩大。会计硕士教育的迅速发展,对于调整会计学专业学位与研究生教育的类型结构,完善我国高层次会计人才的培养体系,建设高素质、应用型的会计人才队伍,具有重要的现实意义。但由于招生时间较短,缺乏培养经验,现行培养模式存在不少缺陷,特别是在会计硕士的知识结构与能力要求方面比较模糊,在很大程度上影响了会计硕士的培养质量。

培养目标是确定知识结构和能力要求的基础。关于会计硕士的培养目标,众说纷纭,本文重点介绍两种权威观点。《教育部关于做好全日制硕士专业学位研究生培养工作的若干意见》指出:专业学位研究生的培养目标是掌握某一专业(或职业)领域坚实的基础理论和宽广的专业知识,具有较强的解决实际问题的能力,能够承担专业技术或管理工作、具有良好的职业素养的高层次应用型专门人才。全国会计硕士学位教育指导委员会在《会计专业学位教育改革方案》中指出:全日制会计硕士(MPAcc)专业学位,其培养目标是为大中型企业、金融机构、会计师事务所、政府部门、事业单位等输送高水平、应用型业务骨干和中层管理后备人才。据此,我们认为,会计硕士的培养目标应当是:培养具有较好会计理论基础、能够理论联系实际、具有较强的分析和解决财务会计实际问题能力、熟悉国际会计法规和惯例的高素质、创新型的管理型高级财会人才。

---

① 曾爱民,副教授,博士,研究方向为公司理财、资本市场会计、战略成本管理、财务与会计研究方法。

二、会计专业硕士应当具备的知识结构和能力要求

知识结构是指一个人经过专门学习培训后所拥有的知识体系的构成情况与结合方式，是担任职业岗位的必要条件和人才成长的基础。由会计硕士的培养目标可知，会计硕士培养的是高层次管理型实务人才，其知识结构应当与其他学科和会计学专业学术型研究生有所区别，重视实践知识和操作方法的培养。但会计硕士作为高层次专业人才，在强调实践知识和操作方法的同时，不能忽视理论知识和研究方法的培养，而应当将二者很好地结合起来，将其培养成既具备厚实的理论素养，又具备高级会计实务的操作知识，并能将二者有机结合起来并灵活运用的管理型高级财会人才。

与此同时，会计专业硕士培养过程更应强调素质与职业能力的训练，应该关注学生未来职业成长所需基本素质和核心能力的训练。以管理型高级财会人才为培养目标的会计专业硕士教育，不再是简单的培养会计核算人员和业务操作人员，而是具有较强的制度设计能力和分析管理能力，并经过一定时间的职业训练与成长，进而成为具备较强创新能力的企业管理者，实现从核算型向管理型高级财会人才蜕变。因此，会计专业硕士教育应该着重培养学生具有在动态商业环境下与管理层协同创造价值的能力，这种能力结构除了要求对会计与财务的政策执行和业务处理外，更重要的是运用专业知识带领组织适应外部环境变化并持续为组织创造价值的能力。

三、现有培养模式的缺陷和行动学习法的提出

“培养什么人”和“怎样培养人”是一切教育工作的出发点和最终落脚点。但是，由于招生时间较短，缺乏培养经验，现行的培养模式存在不少缺陷。许多会计硕士培养单位仍然沿用学术型研究生的培养模式，即使有所变化，也只是形式或细枝末节的调整，不能从根本上改变应用型研究生的培养模式和思路，这无疑与培养管理型高级财会人才的目标相去甚远。

为此，本研究结合国内外知名企业的管理实践，哈佛商学院、MIT斯隆商学院等国际一流商学院的创新教育模式，以及欧洲许多传统商学院采用的行动学习法，提出以行动学习法改造传统MPAcc教育，为我国MPAcc培养管理型高级财会人才探索一条新路。

行动学习法(Action learning)产生于欧洲，1965年由英国瑞文斯(Reg Revans)教授首先提出。他通过观察大量的科学家共同解决问题的过程，发现团队成员在共同利益目标下相互帮助、相互学习能使问题更容易得到解决。后来他运用这种方法，为管理人员举办了新的管理发展课程。在课堂上，他将这些管理人员组成学习团队，分享知识与经验，解决棘手的难题。通过实践，这种方法获得了成功，受到了管理培训与发展领域专业人士的重视，被教育培训界公认为一种理论与实践相结合的有效的学习方法，并被命名为“行动学习法”。

行动学习法强调学生要组织学习团队，采取“学习知识—分享经验—创造性地研究解决问题—展开实际行动”四位一体的循环学习方式完成整个实践教学过程。国外高

等教育中有大量的硕士课程把行动学习法作为主要的学习方法，尤其是在管理发展领域。佩得勒(Pedler)等人认为，管理教育领域中采用“行动学习管理发展项目……在一定程度上几乎达到了一种新正统地位的状态”。

四、通过行动学习法培养管理型高级财会人才的实施路径

(一)构建以行动学习法为主线的模块化课程体系

课程体系决定着人才培养的知识结构和能力结构，构建科学的课程体系是MPAcc人才培养目标的重要保证。学校应根据管理型高级财务人才培养目标要求构建模块化的课程体系。在模块结构上，该体系可将课程划分为四个模块，即专业课程模块、综合素质模块、实践课程模块和学术素养模块，合在一起构成了完整的MPAcc课程模块。作为课程模块的核心，专业课程模块又根据专业方向划分为财务会计模块、财务管理模块、管理会计模块和审计模块。其中，各专业方向模块又根据课程内容划分为不同的具体课程，每门具体课程之间又通过行动学习项目对各门课程进行串联。综合素质模块的课程主要是非专业课程，目的是培养MPAcc研究生的综合素质。实践课程模块主要是通过选修课程、企业实习、实地考察、MPAcc大讲堂、实务研讨、行动学习等方式进行，主要内容是实践能力和创新能力培养。学术模块课程旨在提升MPAcc研究生学术素养，防止MPAcc学生完全去学术化，主要通过组织MPAcc研究生参加校内外高水平学术讲座和学术训练来实现。通过模块化课程体系的构建，实现MPAcc学生综合能力的“纵向可提升”，知识结构的“横向可转移”。

(二)引入行动学习法，创新了MPAcc教学法

在MPAcc教学中，有效的教学方法能使科学的专业培养方案得以切实落地。行动学习法是体验式、情景模拟式、案例式教学的深化和拓展。行动学习不是模拟过去发生的事情，它所选择的项目都来自现实，是真实的、急需解决的问题，学习成果也与实际工作紧密联系。在这过程中，学生带着问题深入企业，并通过小组充分的讨论、交流，根据组员的建议对自己的行为进行反思，最后在组员的支持和帮助下寻找解决问题的方案。因此，与其他教学方法相比，行动学习法更符合理论联系实际、学以致用的应用型人才培养要求，是对MPAcc教学方法的创新。

(三)开展专题式行动学习项目

专题式行动学习项目由若干名MPAcc研究生、专业教师和实务界校外导师组成，围绕某些专题进行调研和落地。每个专题小组在企业通过在岗实训和实践调研，研究出该企业所需的定制化解决方案，强化行动学习在企业落地。相应的行动学习的主要形式有以下三种：一是行动学习专题课程，如全面预算管理及信息化、战略地图与平衡计分卡、战略成本管理等课程；二是业绩导向的行动学习项目，由教师带领学生小组对一个现实问题进行研讨并提出建议或解决方案；三是现实案例，针对一位学员的问题进行研讨并提出建议或解决方案。

针对每一个专题,MPAcc研究生可以根据自己的兴趣组成专题或项目小组,然后就此专题进行开放性的研究,并且汇报专题学习与研究成果。一方面,可以提起学生学习的兴趣;另一方面,从一个问题的各个侧面来研究,加深学生对此专题的理解,而且在这个过程之中,学生的交流沟通、团队协作能力也得到锻炼,并且每个人也可以发现自己在小组中的角色(如领导者、策划者、沟通者、执行者等),通过这种活动不断认识自己、了解自己,而这些正是他们以后选择职业最根本的出发点。

(四)优化社会资源配置,实施双导师制

师资是决定MPAcc人才培养模式改革成功与否的最直接因素,在现有的高校人才引进机制背景下,聘请有丰富的企业工作经验、对行业发展具有相当的经验和判断力的实务界人士担任校外实务导师是一个现实而有效的选择。培养单位应根据校内外导师的不同特点和MPAcc教育实务化的要求,实施MPAcc双导师制,为每一名MPAcc研究生配备一名校外实务导师。校内导师对MPAcc培养各个环节和培养质量负主要责任,主要工作包括课程讲授、论文指导和学生教育与管理等;MPAcc校外实务导师主要工作是在资源配置、实务指导、能力提升和职业生涯规划方面指导学生。这样学生既能从校内导师那里接受理论和学术的熏陶,又有校外导师为其提供实务层面直接的经验传授。培养单位应把校外导师作为MPAcc师资队伍建设的一部分,纳入到严格的导师遴选机制和考核评价体系中来,校外导师的工作不仅体现在指导学生上,还体现在培养方案修订、课程开发、资源共享、实务讲座、实习就业以及团队辅导、集体会诊等工作上。同时,校外实务导师计划作为MPAcc人才培养模式的一个部分,MPAcc校外导师不仅担任MPAcc行动学习项目导师和评委,而且还为整个行动学习项目的实施提供教学资源。

(五)积极推进校企合作,整合MPAcc教育资源

在国内外讨论MPAcc教育甚至其他专业学位研究生教育改革的所有文件和研究中,都把校企合作作为一个非常重要的内容来论及。可以说,没有企业的参与,MPAcc人才培养模式改革很难达到理想的目标。到目前为止,校企合作模式与机制问题依然是困扰MPAcc教育发展与改革的一个关键问题。实质上,高校与企业之间存在的出发点与终极追求的差别,必然导致高校与企业之间的价值分离,现实中的合作需要有额外的工作和机制来保证。人才培养是校企合作的最大连接点,如何使企业与高校在这个连接点上获得各自的利益平衡,是关系到产学合作成功与否的关键所在。在这个连接点上,高校的需求是培养更好的人才,以满足企业和社会的需要;对于企业来说,他们的需求是通过合作获得雇用优秀新员工的优先权。在此基础上,中央财经大学通过聘任企业的财务负责人担任MPAcc学生的校外实务导师,使校企合作更为紧密。

参考文献

[1] 陈小平.浅谈行动学习法在MBA财会教学中的运用[J].教育教学论坛,2012(22):165-166.
[2] 钟子亮,周咏梅.会计硕士专业学位(MPAcc)的知识结构与能力要求研究[J].高教论坛,2012(8):109-112.

[3] 孟焰，袁淳，刘俊勇，等. 以行动学习为主线培养知行合一的高级会计实务人才[J]. 学位与研究生教育，2013(12)：12-16.

[4] 王海民，郑佩荣. 对我国会计硕士专业学位教育几个问题的思考[J]. 会计研究，2005(7)：69-72.

[5] 杜占元. 关于国务院学位委员会第二十八次会议以来开展的主要工作和 2012 年工作的初步考虑[J]. 学位与研究生教育，2012(5)：1-4.

[6] 林蕙青. 积极探索具有中国特色的专业学位研究生教育培养模式和管理机制[J]. 中国高等教育，2011(6)：9-12.

“货币银行学”课程实验辅助教学改革的设计与实践*

徐 滢①

(浙江工商大学金融学院)

摘 要:本文通过问卷调查表明了实验教学对“货币银行学”课程的现实意义,然后设计了该门课程的实验辅助教学体系。包括实验教学的模拟模块设计:教学内容实验设计、实务技能实验设计、数据资讯实验设计。利用 Blackboard 在线教学平台建立动态的实验课程体系和双向反馈的实验教学沟通和评估过程。

关键词:货币银行学;实验教学;实践

一、引言

实验辅助教学是当前在国外金融教学中得到一定应用的适应新形势人才培养要求的创新教学模式。2012 年,国际高等商学院协会(AACSB International)的北美认证会员院校有 36%配置了金融实验室,提供金融市场、风险、分析和咨询等模块学习。

当前,我国现代本科教育观念经历着由培养业务型人才向全能型人才的改变,这使得本科教学从过早专业化向通识化和基础化的要求转变。与此同时,我国金融体系的融合和深化进一步加剧,银行、证券、保险、期货、信托等各金融行业混业趋势明显,金融行业市场化和国际化程度进一步加深,传统的课堂式教学已经不能满足金融专业通才的培养需求,这对金融专业基础化教育的宽度和广度提出了新的要求。

国外实践经验表明,实验教学有助于提高融合化、市场化和国际化趋势下的金融学本科生通识教育的质量。首先,实验教学体系可以将教学内容和真实市场进行有针对地集成,满足金融专业日益外延的基础教学要求。第二,实验教学可以动态调节教学方案,培养具备各类实际金融问题解决能力的专门化人才。近年来,伴随互联网金融创新和金融脱媒,现代金融业信息量大大提升,金融机构人才需求也呈现应用性、技术性、研发性和市场性等动态要求(王东升,2008)。实验教学可以建立市场模拟,培养学生动态数据分析能力,也可以集成银行、证券、期货、会计、财务、法律、IT 等多种行业操作软件、专业分析软件和资讯数据库软件,培养学生解决各类实际金融问题的能力。

---

* 本文得到浙江工商大学校高等教育科学研究课题“‘货币银行学’课程的实验室辅助教学改革研究”(Xgy13099)资助。

① 徐滢,讲师,博士,研究方向为货币政策理论与实践。

二、"货币银行学"课程实验辅助教学改革的意义

(一)传统课堂教学方式与新的教学需求之间存在冲突

"货币银行学"作为金融学专业最重要的理论基础课程,其传统课堂教学方式与新的教学要求之间存在冲突。首先是课程教学内容体系的稳定性与金融实践发展的动态性之间的矛盾。"货币银行学"是一门研究金融领域各要素及其基本关系与运行规律的课程,现代信用经济和金融市场快速发展要求该课程教学保持一定先进性和动态性,这与以课堂讲授为主的教学内容体系的稳定性存在内在冲突。其次,单一性的课程教学内容体系和多层次、多样性的学生需求之间的矛盾。不同专业和层次学生的知识结构和特性决定了其需求、侧重点、教学方案、教学内容应该体现差异性,这与传统集中式课堂教学模式存在冲突。再次,基础理论教学与金融人才社会需求之间的矛盾。传统教育模式下过分强调理论基础知识传承,忽视了对学生实践能力和创新精神的培养,学科本位导向的课程结构和教学模式也难以适应应用型金融人才的培养要求,导致人才供给与需求的部分脱节。最后,传统集中式授课模式与互动式教学要求的矛盾。传统教学模式是"老师教什么,学生学什么",而互动式教学模式是"学生想学什么,学到了什么",是建立在以学生为中心,教师为引导的新型教学秩序基础上的,这一点在传统课堂式集中教学环境中是很难实现的。

(二)课程实验辅助教学改革的必要性和意义

针对上述矛盾,笔者对所在课堂学生需求进行了调研,发放并回收有效问卷 212 份(见表 1)。调研数据表明,超过七成学生认为现有课堂教学和教材不能满足他们对该课程信息需求,反映了增加实验教学部分的内在需求。另外,虽然学生对课程的货币供给、货币政策调控、宏观经济数据和金融市场资讯等问题较为感兴趣,但只有不到 25% 的学生养成了每周获取相关信息的习惯,超过八成的课程信息需求没有被满足,因此增设实验教学模块是迎合学生实际需求的。

表 1　课程实验辅助教学改革调研问卷统计结果

调研问题	比例
认为"货币银行学"课堂授课和教材不能满足信息需求	73%
平时有浏览经济金融资讯平台习惯:每天/每周/每月/几乎没有	6%/18%/36%/40%
最感兴趣的 3 项课程内容:货币投放与回笼/国内货币政策调控/国外货币政策调控/资本市场/货币市场/金融机构经营管理/金融行业监管	25%/40%/18%/42%/15%/10%/0%
最需要的 2 项课程实验内容安排:与课程相关的经济数据分析/国内外实时金融资讯/国内外金融市场动态/金融行业信息/国内外前沿视频	83%/67%/34%/20%/13%

因此增设实验模块,推进"货币银行学"课程的实验教学改革是符合其内在逻辑和需求的。一方面,实验教学可以满足课程内容动态变化的要求。金融活动市场化、国际化和金融课程微观化、学科交叉化趋势决定了"货币银行学"课程内容的动态更新需求。

实验教学可以通过专业资讯平台24小时不间断更新教学理论、知识、市场行情和资讯，满足动态化的课程教学需求。另一方面，实验教学可以满足复合型应用金融人才的培养要求。现代金融学科表现出了微观化、交叉化、融合化趋势，本科金融教育也开始强调“宽口径，重实践”的培养要求，实验教学可以强化微观方向课程内容建设，如金融市场、公司金融、资本市场、投资银行、家庭理财、公司理财等，也可以引进相关行业软件和系统培养复合型人才的实际应用能力。如引进教学软件，开展模拟银行、投资理财等实验教学活动；引进金融信息资讯交互系统，培养具备经济分析、财务会计、法律管理、数据处理、电子商务等多学科知识背景的应用型人才。

三、“货币银行学”课程实验辅助教学的模拟模块设计

(一)教学内容实验设计

现有“货币银行学”教学在涉及计算、数据、数量关系等与实务关系紧密的问题时，以PPT为主的教学工具，在讲授相关内容时难以对相关专业术语和市场特征进行直观表达，因此要让学生体会到教学内容中的动态特征需要借助实验教学的灵活手段。

根据我院省级精品课程“货币银行学”教材，教学内容大致可分为货币与信用、金融市场和机构、货币供需和政策三大部分。其中可以对接实验设计的教学内容有：现值和收益率，货币、资本、衍生品市场，货币层次划分，信用倍数扩张，货币政策传导和工具等。在上述内容的授课中，可以通过例题设计、网站导航、市场软件等方式创造直观的教学情境，取得更佳的教学效果。

(二)实务技能实验设计

问卷显示该课程教学对象未来就业偏好以金融机构为主，因此在相关内容授课时可结合一定的实务技能实验项目训练。如金融机构和市场中的商业银行经营管理章节，对于商业银行的表内、表外、中间业务，负债和资产端项目，现金、信贷和结算等操作性很强的内容讲解时可以设计商业银行实务模拟实验，关联商业银行内部软件，从操作层面对银行各项业务的开展进行直观掌握。又如讲授货币政策章节中的央行货币政策工具内容时，除了对课本基础知识的介绍外，嵌入对央行实务政策工具操作的分析实验，如央行公开市场业务动态、准备金工具、利率政策、常备借款便利等。

(三)数据资讯实验设计

该门课程教学实践中涉及大量的市场资讯数据，如货币供应量，社会融资总量，信贷增量，货币乘数，货币、股票、期货、银行间拆借市场等，并且数据是高频更新的。因此掌握反映宏观经济形势的资讯数据必须借助于相关数据分析软件，在此基础上设计相应的实验项目。比如选择与课程高度相关的数据表单，如M1、M2、MB、每周货币净投放/回笼、投资出口消费数据、定期跟踪并观察规律；又可利用实验室的金融市场模拟交易软件让学生直面全球股票、债券、期货、外汇等的金融市场交易实况，进行市场模拟交

易，培养实战经验，把握市场运行规律，这样的教学效果是非实验的静态教学方式无法取得的。

四、“货币银行学”实验辅助教学的互动平台构建——Blackboard

为了保证实验辅助教学改革的效果和完整性，除了相关课程实验设计之外，还需借助适应该种教学方式的教学系统。我校近年来开始推行的 Blackboard 在线教学平台，在全球 3000 多家高校得以应用，该平台可以加载实验项目、实验反馈、同步交流、信息共享等功能，可以满足实验教学设计方案的对接需要，既可发挥学生在教学过程中的自主性、创造性和主动性，又能发挥教师在教学过程中即时引导启发、监控教学过程的主导作用。

(一)建立动态的“货币银行学”实验课程体系

Blackboard 系统致力于信息技术与教学的全面深度融合，恰好匹配实验教学过程的设计需要，如图 1 中，实验教学可以嵌入整体教学过程中教学大纲、课堂练习、阅读材料、作业、测试评估等各个环节，从而形成完整的教学方案。在建立实验课程体系时，通过不同栏目设置导入实验学习板块，包括实验案例操作、实务软件、数据资讯软件、结果反馈和测试、专题研究等，并且将相关教学资源共享，像推荐学习研究课题相关的专题资源、网站链接等。由于 Blackboard 可以进行课程定制，学习者只需登陆在线教学平台即可获得对应进程的学习和信息资源。

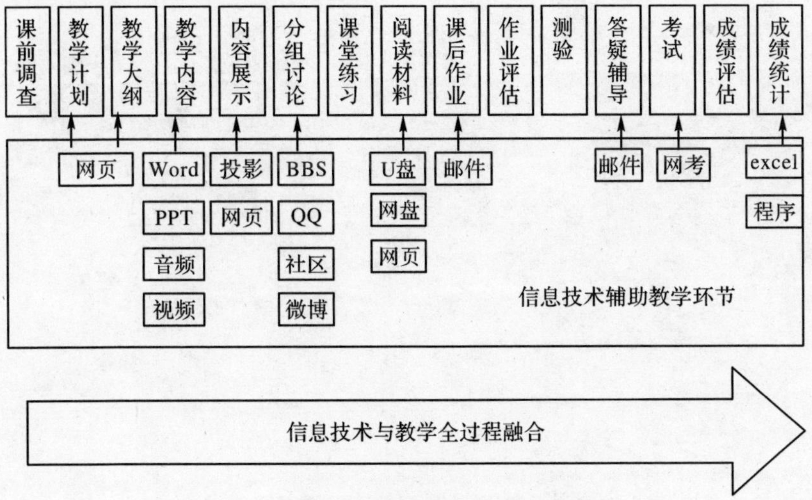

图 1　Blackboard 信息和教学过程融合

(二)建立双向反馈的实验教学沟通和评估过程

实验教学方案项目繁多，涉及内容较广，要达到优质教学效果，就需要建立一套及时准确地了解学习者学习情况的机制。通过 Blackboard 的小组设置、讨论版、聊天组、随堂测验、在线考试等板块，教师可通过实验操作结果反馈了解学习进度，并随时了解学生课堂未掌握的部分问题及时予以解答。还可以通过讨论版、小组、聊天群实现教师与学生、学生与学生之间的交互学习，还可将学生操作模拟软件的结果进行排名，激发学生的自主学习兴趣。另外，Blackboard 教学系统向教师提供了学生表达教学效果的平台，教师可根据学生意见随时调整教学方案，激发教学双方的灵感，实现教学相长。

基于电子设计竞赛的模拟电子技术课程教学改革*

邹立华[①]

（浙江工商大学信息与电子工程学院）

摘　要：课程教学改革，提高学生的创新实践能力是当今教育部门和社会的普遍要求，为此结合大学生电子设计竞赛的特点，对模拟电子技术课程的教学和学生课程成绩评价进行了改革与探索。结果表明，该项改革对激发学生学习的积极性、主动性，提高学生创新实践能力有很好的促进作用。

关键词：课堂教学改革；电子设计竞赛；创新能力；综合评价

全国大学生电子设计竞赛和浙江省大学生电子设计竞赛隔年交错举行，这为大学生理论和实践紧密结合，提升创新实践能力提供了很好的平台，同时对模拟电子技术课程教学内容和课堂教学形式的改革，带来了很好的促进作用。

一、模拟电子技术课程的教学现状

模拟电子技术课程是大学电子类相关专业必修的一门专业技术基础课，其任务是为培养应用型电子技术人才提供必要的基础理论和实践技能。然而它又是学生普遍感到不太好学的课程，有“魔鬼电路”之说。模拟电子技术传统教学方法是以理论教学为主，加之一些验证性实验，学生上课感到枯燥，教学效果不够理性，课堂教学效率低下。具体表现为以下几个方面：

(一)模拟电子技术课程概念多、符号多、器件种类多

传统教学方法注重基本理论，偏重基本概念、器件内部构造和工作原理的介绍，忽视了电子器件以及由其组成的各种电子电路的实际应用的实例介绍，学生感觉介绍电子器件多，不知道学了有什么用处，更谈不上如何应用了，因此学习兴趣降低。在实验课程方面，验证性实验偏多，动手设计电路机会少，自然动手能力就不会高。

(二)模拟电子技术课程内容分散，综合知识应用讲解偏少

传统教学方法注重讲授单元电路的组成、工作原理，很少把相关单元电路综合起

* 浙江工商大学高教课题，编号：Xgy14068；浙江工商大学课堂教学改革项目，编号：1120XJ2913065。

① 邹立华，副教授，硕士，研究方向为电子技术理论教学和电子技术应用与智能仪器仪表研究。

来,也较少涉及电子技术的新技术和新器件,现有的教材的内容也很少融入新的技术和知识。学生对复杂电路从识图的角度就无从下手,更谈不上整个电路的工作原理了,这就极大地限制了学生主动探究知识的主动性和积极性,也就无从谈及对学生创新能力的培养了。

二、大学生电子设计竞赛的特点

大学生电子设计竞赛影响力越来越大,各高校普遍都非常重视,它紧扣了提升学生创新实践能力的主题,学生参与的主动性和积极性都有很大提高。

(一)大学生电子设计竞赛题目的内容要求和特点

全国和浙江省大学生电子设计竞赛试题类型通常包含有测量及仪器仪表类、电源类、信号源类、无线电技术类、自动控制类等。几乎涵盖了电子技术应用的各个方面,涉及模拟电子技术、数字电子技术、高频电路、单片机和可编程逻辑器件等。每个参赛队要在规定的时间内完成所选题目要求,其中包含电路设计、制作与调试、设计报告等。每个题目由基本要求和发挥两部分组成,其中基本要求部分注重学生的基本理论和基本实践技能;发挥部分注重学生知识的综合运用能力,包括扎实的理论知识、优良的创新设计能力和较强的实际动手能力。因此,通过电子竞赛可使学生在电子电路的分析、设计、制作、调试等方面得到充分的锻炼,进而提升其创新实践能力。

(二)近几年电子设计竞赛题目的特点

(1)近几年电子竞赛的题目偏重于新器件、新技术的应用,这吸引了许多世界上生产电子器件的大公司的积极参与,也为学生接触电子新技术、应用新型电子器件提供了很好的机会。

(2)注重实用性、低功耗和环保电子电路的设计。每个题目的实现,都需要综合设计。如有的电路可以实现电子参数要求,但不一定符合环保低碳要求,这就需要对电路进行改进,另外如何把实现题目的每个单元电路有机地结合起来构成系统,这就需要学生综合考虑系统每部分电路的设计,包括系统误差分析等。

三、模拟电子技术课程的教学改革

针对大学生电子设计的特点和模拟电子技术课程教学的现状,如何借助电子设计竞赛的训练和比赛模式,改革模拟电子技术课程教学,将其特点与优势更好地发挥出来,提高学生的创新实践能力,使广大学生受益,成为当前亟待解决的问题。为此,我们对模拟电子技术课程的教学进行了改革与探索。

(一)调整理论教学内容

我们在理论教学内容方面进行了相应的改革,“夯实专业基础,突出分析设计思维,加强知识更新”是内容改革的出发点。在模拟电子技术课程中,突出重原理、重器件尤其是集成电路应用的特点，特别增加了与大学生电子设计竞赛相关的内容。针对新的内容要求，我们制作了相应的多媒体课件，其中突出了知识的综合运用。例如运算放大器一章的内容，就把功率放大器、微弱信号放大、有源滤波电路和正弦与非正弦信号产生电路等内容相结合，强调运算放大器在不同场合应用时，如何进行不同设计和如何选取不同型号的器件。如此，能够使学生在学习的过程中，不再感觉学的每种器件在实现不同要求的电路时都是孤立的。通过改革，学生感觉模拟电子技术课程的学习兴趣明显增加。

(二)改革传统的理论教学方法

只有改变传统的灌输式教学方法，增加课堂讨论，才能提高学生自主学习，勇于钻研的积极性和主动性。

1.采用探究式教学法

探究式教学方法，是以“提出问题，分析问题、解决问题”为基本授课思路，教师要善于在教学过程中提出问题，启发学生积极思考。在课堂教学过程中，教师认真准备，对相应的知识点能够提出问题，鼓励学生勇于提出自己解决该问题的思路和方法，进而解决问题。当然要做到这些，教师课下要做细致的准备。例如负反馈放大器的内容非常重要，几乎在信号放大和处理的电路设计中都要用到。但在实际应用中，有时设计的电路会产生自激，不能正确实现对信号的放大或处理。“这是什么原因造成的呢?”可以作为一个问题提出来，让学生思考其形成原因，这时，学生的探究思路就会被调动起来，由被动学习变为主动探究问题。学生的回答可能正确，也可能不完整，但都需要给予鼓励，最后老师给出解释。上述问题可从 RC 耦合多级放大器的电容耦合产生了相移展开讨论，经过三级以上的 RC 相移后，原本设计的负反馈转为正反馈电路了，自然就不能正确放大信号了。当然这些问题的提出，最好在导课时就要告知学生，学生拿到问题后，可以通过查阅资料进行分析，做一些必要的准备。

2.强化与实践密切相关的内容

在电子电路的实际应用和电子设计竞赛中，无论是对微弱信号的处理还是对不同电信号的筛选都需要放大电路和滤波电路。为此，我们强化了这部分内容的工作原理、电路设计的介绍和实例分析，突出其设计与应用。如低通、高通和带通滤波器的综合设计，一个电路可以实现多种的滤波要求，通过改变相应元件的参数获取不同频率的滤波需求；对微弱信号的放大和不同电信号的放大，其放大电路有什么不同，在设计时要各自注重哪些方面等都做了详细分析和实例解析。

3.改革课堂教学形式

把班级同学分成 5—6 个学习小组，对小组长和小组成员提出要求，强调小组讨论和课堂提问。因为小组讨论的问题是老师在导课时统一布置的，小组只有经过充分讨论、分析、计算、设计等环节才能较好完成，并在随堂提问中做出较为满意的回答，提出自己的见解。小组成员代表小组回答问题的积极性、主动性和完整性作为评定成绩时的考量，小组成员可以对组员代表回答的问题进行补充，每个小组成员的成绩有不同但又相互关联。通过这样的课堂形式，增强了学生的团队意识，提高了协作能力，调动了学生学习的主动性和积极性，同时增加了师生互动，活跃了课堂气氛。

(三)改革实践教学环节,提高学生的动手能力

通过实践教学环节的改革与探索,提升学生的动手能力。

1.改革实验教学内容,增加设计性实验

配合模拟电子技术课程的教学改革,模拟电子技术实验也相应进行了改革,剔除了过于简单的实验,筛选出必要的验证性实验予以保留,增加设计性、创新性和综合性实验。像综合性实验的设计,根据模拟电子技术实验课程特点,遵从每部分实验内容既相互联系,又相互影响的原则。例如单管放大实验,要做成扩音机电路的前置放大级;多级放大电路和负反馈放大电路的实验要与前面的单管放大电路一起调试,作为扩音机电路的中间放大电路;自行设计双声道立体声功放电路等。最后,每个同学要把相应的部分统合起来,相当于做了一个扩音机电路。

2.增强和改进电子技术课程设计内容,塑造学生的系统性思想

模拟电子技术课程设计的内容为分立器件构成的直流稳压电源。这些课程设计对提高学生的动手能力有很大帮助,但现在看来这些内容就创新性来讲还有所欠缺。当然可以在设计的直流稳压电源中提高质量指标,增加扩流要求和过流保护相关内容,提升学生综合运用知识能力;也可以把课程设计的内容改为相位检测计、温湿度检测仪、半导体三极管β测试仪等,这样可以做到学生把模拟电子技术知识和单片机等的相关内容紧密结合在一起,使学生不再局限于只完成单一功能电路的情况,建立起电子系统的整体概念,有设计一个小型电子系统的实践锻炼机会。通过课程设计,全面考查学生的综合设计能力。

(四)建立科学评价,客观真实地反映"教"与"学"的学生成绩综合评价制度

1.学生模拟电子技术课程的成绩由期末考试和平时成绩两部分组成

模拟电子技术课程的期末理论考试全部采用试题库。试题库发挥了题库应有的高效、灵活、高度保密、高质量、可预控、稳定一致等方面的优越性,客观公正地评价教师教学效果、学生学习状态,提高教学管理水平的目的。采用试题库对于减轻教师劳动强度,提高教学质量,实现教考分离,推动教学管理的科学化、现代化有重要的现实意义。

学生平时成绩由平时作业、小组讨论、课堂提问、出勤等部分构成。根据平时成绩所占比重,赋予相关组成部分不同的权值。因为作业存在个别抄袭现象,出勤可通过班干部统计完成,重点要突出小组讨论和随堂回答的权重。

2.模拟电子技术实验课程考试采用理论和实验相结合

学生先统一进行一个小时的实验理论考试,然后通过抽签的形式,抽取实际操作实验考试的内容,现场实验,老师根据实验结果进行现场打分。理论部分和现场实验各占50%,这样既保证了学生全面掌握实验理论知识,又能够检验学生的实践技能。

3.课程设计的评分标准

包括了理论设计、电路制作与调试、测试结果与分析、课程设计报告等方面,每一部分都相应地设置了得分比例,该比例随课题设计指标的表格事先发给学生。

四、结　语

近几年依托电子设计竞赛的培训和比赛，对模拟电子技术课程的教学进行了改革与探索，取得了较好的成效。学生的理论知识和实践创新能力都有了很大提高，同时大大增加了学生对本专业的认同度和获取专业知识的兴趣；学生参加电子设计竞赛的获奖面越来越大，奖项的层次越来越高，获奖同学的就业形势非常好，对毕业生的就业起到了良好的推动作用，这进一步激发了学生学习模拟电子技术课程的积极性和主动性，参加电子竞赛的人数也越来越多；学生申报校级和省级创新项目、新苗计划的积极性也有了很大提高。

参考文献

[1] 林建英，吴振宇．电子设计竞赛在综合设计实验课程建设中的促进作用[J]．实验室科学，2006(4)：130-132．

[2] 王勇，叶敦范．依托大学生电子设计竞赛培养学生创新能力[J]．中国地质教育，2009(1)：145-148．

[3] 张焕龙，赵雪华，舒云星，等．工程案例教学法在“模拟电子技术”课程中的应用——以集成功率放大电路为例[J]．中国电力教育，2009(24)：108-110．

[4] 宋长青，唐钰婷．从全国电子设计竞赛看模拟电子技术教学改革[J]．科技信息，2013(6)：29-30．

[5] 杨彦从，魏幼平，王振翀，等．素质教育下高校模拟电子技术课程教学改革的探讨[J]．中国现代教育装备，2009(11)：76-78．

打造专业学科竞赛,培养学生创新应用能力*

金海卫① 王 敏②
(浙江工商大学计算机与信息工程学院)

摘 要:本文旨在寻求通过竞赛来提升学生综合应用能力的方法。文章以信息管理与信息系统专业为例,提出一种竞赛体系的构建方法,对学生四年的本科专业学习进行推动和补充,以此来达到学生提高自主学习意识,在实践中提高专业能力的目的。

关键词:学科竞赛;问题解决能力;实践能力;竞赛激励;专业助推器

一、引 言

培根说:"知识就是力量。"大学的首要任务是向学生传授人类留下的宝贵知识,使学生能够站在巨人的肩上得到进一步发展,并通过知识学习,培养学生运用理论知识分析问题和解决问题的能力。然而,知识是不能通过外部灌输而得到的,只能是个体通过与环境相互作用后才能获得。

学习与应用不能联系起来,学习就会失去目标。学了也不知道如何应用,会出现高分低能情况,就业找不到工作,最终失去学习兴趣。特别是缺乏对知识的综合运用能力的培养,使学校与社会产生距离。

竞赛是一种锻炼学生综合应用能力的好方法,许多论文对它进行了讨论。它除了具有选拔功能外,还是一种检验学生知识掌握情况和对知识的灵活运用能力的重要方法。同时,它还具有激励功能和导向功能,能激发学生学习知识的兴趣,明确应用能力培养的教学导向。把社会对人才的需要通过竞赛的桥梁输送到大学校园里来。通过竞赛将知识与我们的现实生活紧密地联系起来,充分调动学生学习积极性和创造性,有利于创新型人才培养,可以形成发展型的知识结构,为学生就业打下良好的基础。

* 此论文为浙江工商大学高等教育研究课题成果。

① 金海卫,副教授,研究方向为信息技术。
② 王敏,讲师,硕士,研究方向为信息管理。

二、竞赛活动的设计

(一)设计目标

围绕各专业的培养计划,以竞赛活动为平台,以能力培养为核心,激发学生学习和研究的潜能,培养学生自主学习能力,实践动手能力,以及创新能力,体现竞赛为人才培养服务,为教学质量助力,为创业就业引路的宗旨。

(二)设计原则

1.加强理论与实际紧密结合

竞赛可以分为不同种类,有注重技能的,有注重知识的,以及注重解决实际问题能力的培养。大学不是职业培训基地,不能为了竞赛而竞赛,而更应该注重用理论知识解决实际问题能力的培养。因而,在竞赛题设计时,应能测试学生运用知识解决问题的能力、实际设计能力和独立工作能力。比如,碰到数据库设计问题时,需要重点考查学生是否能运用 E-R 图和范式知识进行数据表的设计。

2.根据不同专业特点,从易到难设置多层次多能力要求的竞赛

不同专业有不同的培养目标和能力要求,因而,在设置竞赛时,要结合各专业特点进行。同时,通过对专业特点分析,提取各专业需要培养的核心能力,结合教学计划要求,开设一系列难易层次不同,能力要求不同的竞赛,使学生的专业能力得到全面培养和提高。

对学生应进行正确引导,使学生在理论知识和实践能力上打下基础,竞赛设计由易到难,循序渐进,才能有效果,否则欲速则不达,事与愿违。

3.以社会对人才需求为导向,从实际中提炼竞赛题目

大学培养的学生,最终都要走向社会,为社会服务,接受社会的检验。社会是一个检验器,看你培养的学生是否能被社会所接受,是否能经受社会的考验,是检验培养是否合格的一个重要标准。

竞赛题目可以选择一些社会上当前重点、难点、薄弱点作为主选方向,既解决当前存在的问题,又有一定的前瞻性。由于竞赛题目是从实际中提炼出来的,因而,缩短了学校与社会的距离,使学生就业更加容易。

4.专业竞赛与社会竞赛有机结合

专业竞赛相对来说范围比较窄,社会竞赛由于参加人数多,竞争更加激烈,对知识和能力要求更高更全面,更具有挑战性。如果专业竞赛与社会竞赛有机结合,可以在更大范围内接受挑战,检验教学质量的高低。

5.精神奖励与物质奖励并重的激励机制

竞赛设计要处理好利益和荣誉的关系,做到精神奖励与物质奖励并重,根据竞赛的实绩和贡献大小做相应的利益补偿。充分调动广大学生参赛的积极性和创造性,发挥他们的主观能动性,是各种竞赛能充满持久生机和活力的根本保证。

6.与课程学习相适应,充分发挥知识在竞赛中的作用

竞赛设计要考虑课程知识的学习,充分发挥知识在竞赛中的作用,不要为了竞赛而

竞赛。没有知识统领去参加竞赛,在竞赛中也取不到好的成绩。两者处理得好,可以通过竞赛带动知识的学习。

(三)组织实施

竞赛具有综合性特点,它表现在各种知识的综合、理论与实际的综合和技能与思维能力的综合等方面,而这些综合能力往往是目前高校的薄弱环节,因而,在开展竞赛前必须进行辅导与练习,对于用到的理论知识可以在相应课程中重点提示,或布置学生自学;对于动手部分,可以通过开设相应实践课程,如开设开放实验等方法来加以练习。

为了激励更多学生自觉自愿参加竞赛,使他们认识到通过各种竞赛能够学到知识,能力得到提高外,还可以为他们建立竞赛档案,作为大学生实践能力的证明。在档案中记录他们参加了哪些竞赛,在哪些方面得到训练,以及竞赛中的成绩,可以供用人单位录用时参考。

三、竞赛设计实例

下面结合信息管理与信息系统专业,来考虑如何设计相应的竞赛活动。

信息管理与信息系统专业是一个管理与计算机结合而产生的综合性专业。它的重点是管理原理、管理方法和计算机工具。管理能力和计算机能力是它的核心能力。根据该专业特点,设计了下面六个竞赛,如表1所示。

表1 六个竞赛

竞赛名称	比赛时间	对应正式竞赛	对应课程
初级ERP竞赛(手工)	大一上学期		管理学
信息检索大赛	大一下学期		信息管理学
初级数学建模竞赛	大二上学期		高等数学,离散数学,高级程序设计,数据结构
高级数学建模竞赛	大二下学期	全国数学建模大赛 全国ACM竞赛	运筹学,系统仿真
高级ERP竞赛(软件)	大三上学期	全国ERP大赛 "挑战杯"大赛	ERP原理,生产与运营管理
信息系统分析设计竞赛	大三下学期		系统分析与设计,软件工具及应用

(一)初级ERP竞赛(手工)

管理经验是学习本专业知识的第一道门槛。对于新生来说,普遍缺乏管理经验,因而,在大一的上学期,设置一个初级ERP竞赛(手工)。以手工模拟管理过程的办法,积累管理经验,为后续知识的学习打下基础。

(二)信息检索大赛

信息时代,信息无所不在,内容无所不包;海量的信息资源,如何利用检索工具在需要时迅速查找到，是信息时代面临的核心问题。在全面推行大学生信息素质教育的今天，加强大学生信息检索方面的教育与培养显得尤为迫切。爱因斯坦曾对人说，他最善于在浩如烟海的书籍里"找出可以把自己引向深处的东西"，然后"把其他一切统统抛掉"，这正是我们要练就的本领。

（三）初级数学建模竞赛和高级数学建模竞赛

数学建模是一种数学的思考方法，是运用数学的语言和方法，通过抽象、简化建立能近似刻画并"解决"实际问题的一种强有力的数学手段。当管理与数学联系起来，就可以从定量的角度分析和研究管理上的实际问题，使管理工作走向精确。建立管理的数学模型是学习本专业知识的第二道门槛。

由于数学建模难度比较大，用到的基础知识比较多，如高等数学、离散数学、高级程序设计、运筹学等，因而，把它拆分为两个部分，即初级数学建模竞赛和高级数学建模竞赛。

（四）高级 ERP 竞赛（软件）

高级 ERP 竞赛（软件）重点通过使用 ERP 软件，模拟企业整体运营过程，使学生在分析市场、制定战略、组织生产、整体营销结算等一系列的活动中，领悟科学管理规律，提高全面管理能力，为他们更好地掌握企业的运营规则和技巧打下良好的基础，为开发新的管理软件打下基础。

（五）信息系统分析设计竞赛

对于一个管理系统，如何通过系统分析设计方法，把它描述出来，并用计算机语言加以实现，这是学习本专业知识的第三道门槛。通过设置信息系统分析设计竞赛，提高学生信息系统分析设计能力。

四、结　论

竞赛是一种提高教学质量，培养学生解决实际问题能力和创造性能力的重要方法。正确设计专业的各种竞赛，使竞赛成为学生学习知识的助推器。利用竞赛的激励机制，可以调动学生学习的自觉性，发掘他们的创造性潜能。

参考文献

[1] 陈叶芳，等. 以竞赛培养模式推动理工科程序设计课程改革[J]. 计算机教学，2010(13)：39-42.

[2] 刘力红，张东速. 以设计竞赛为载体，促进学生综合素质的提高[J]. 安徽理工大学学报(社会科学版)，2010，12(2)：85-87.

[3] 郑建彬，凌玲，吴友宇等. 抓好电子设计竞赛，提高学生能力与素质[J]. 交通高教研究，2010(4)：50-51.

[4] 张剑平，章苏静. 学科竞赛促进大学生教育技术能力发展[J]. 理论探索，2010，208(8)：35-41.

综合篇

ZONG HE PIAN

基于习总书记教育观的高校商科专业培养思路探究

——以浙江工商大学工商管理专业为例

曲　亮[①]

（浙江工商大学工商管理学院）

摘　要：习近平总书记在一系列重要讲话中，对于高等学校发展、专业建设以及学生培养等重要问题提出了“公平、立德、改革”的教育观。结合我院工商管理专业建设的经验，本文提出商科专业培养的思路应充分体现专业培养以学生需求为导向，教师素质提升应以课程标准为载体，教学改革要避免过度求“新”，而应稳固基础，注重质量。

关键词：教育观；专业培养；工商管理

一、引　言

以习近平总书记为核心的新一代领导集体将教育问题摆在国家和民族的高度加以关注，特别是习近平总书记在一系列重要讲话中阐述和确立了具有时代意义和历史责任感的教育理念和教育改革方向，对于高等学校发展、专业建设以及学生培养等重要问题提出了具有战略价值和现实操作性的真知灼见。结合我院工商管理自身专业建设和学生培养过去五年的经验总结，着眼未来发展，我们深刻感到习总书记“公平、立德、改革”的教育观对于我们明确方向、澄清问题，落实人才发展模式起到关键性的作用，领会和贯彻习总书记教育观，具体可以围绕“坚持专业导向、落实‘应用’内涵、体现教育真正公平”“坚持教师为本、落实‘立德’内涵、体现教育基础扎实”“坚持质量提升、落实‘改革’内涵、奠定管理基础工作”这三个问题展开。

二、文献综述

教育的根本任务和使命在于培养人才。对高校来说，一切工作都要围绕人才培养展开，都要为学生的健康成长服务，在任何时候、任何情况下都不能忽视人才培养质量。就高等教育来说，落实“立德树人”，最根本的是坚持一切从培养创新人才出发，把科学精神、思想品德、实践能力和人文素养的培养贯穿于人才培养的全过程，着力提高学生服务国家人民的社会责任感、勇于探索的创新精神和善于解决问题的实践能力（杜玉

① 曲亮，企业管理系主任，副教授，博士，研究方向为公司治理。

波,2013)。教育不仅为社会主义建设服务,更要为人民服务。教育为人民服务就要反映人民群众的诉求,就要办人民满意的教育。而办好人民满意的教育从根本上讲就是要“立德树人”,回归教育本真。因此,贯彻落实党的教育方针,关键是紧紧抓住“立德树人”这一根本任务。我们理解,十八大报告确定的教育发展的关键与重点主要体现在“大力促进教育公平”与“加强教师队伍建设”两个方面。教育公平的基本要义是国家要确保人人都有平等的受教育的权利和义务,要提供相对平等的受教育的机会和条件,要保障教育成功机会和教育效果的相对均等。这就是人们通常所说的要保障教育的起点公平、过程公平和结果公平(程斯辉,黄俭,2013)。高校内部人才培养的核心是课程设置和教学,改革方案也应主要围绕这个核心,在认真分析产生问题原因基础上,一是要解决好如何科学合理地进行课程设置,包括实验与实践等各环节的问题,不仅要满足学生走向社会和自身发展对于知识的需求,更要明确各专业究竟需要培养哪些方面的能力和素质,以及应该由哪些课程和环节来培养的问题;二是要解决好课程教学问题,规划设计好如何通过教学来培养学生相应的能力和素质,如何对获得的能力和素质进行评价等问题(巩建闽,2012)。

三、坚持专业导向、落实“应用”内涵、体现教育真正公平

“我们期盼有更好的教育”①,“回应人民期待、学有所教”②,“让教育为文明传承和创造服务”③,“努力让每个人都有人生出彩的机会”④等一系列经典表述,充分体现出习总书记对于教育公平观念的深刻理解:教育为人生发展服务才是真正的公平。公平是教育作为社会服务的重要属性,而这种公平不仅仅体现在教育资源共享上的过程公平,还体现在教育导向的应用公平,作为教育机构如何给大学生提供有价值、有作为的教育成果,是实现青年人生公平、有序、健康发展的重要前提,所以体现专业的应用性就显得非常重要,这种应用性主要是通过培养的目标以及课程体系加以保障的。

工商管理专业作为浙江工商大学最具优势的专业之一,经过 36 年的摸索和创新,逐步凝练并确立了坚持“应用型”人才培养的专业培养目标,将“经理人”和“创业家”作为培养的具体导向,通过专业核心课模块、基础素质课程模块、职业发展素质模块以及素质拓展模块的课程体系设计,从制度设计上体现了“应用”导向,形成了在规则和制度设计上的“科学创新性”。

但是这样的探索和实践过程也暴露出了在具体应用性落地时存在的难度:一方面我们的课程体系形式上合理,但是内容上弹性较大,培养方案仅仅是一个课程名称的集合,我们在招生简章和培养介绍上所描述的愿景目标与毕业生对专业不满所形成

① 参见习近平在十八届中共中央政治局常委同中外记者见面时的讲话,http://news.sina.com.cn/c/2012-11-15/121925587435.shtml。

② 参见习近平在第十二届全国人大第一次会议闭幕会上的讲话,http://news.xinhuanet.com/2013lh/2013-03/17/c_115052635.htm。

③ 参见习近平在联合国教科文组织总部的演讲,http://news.xinhuanet.com/politics/2014-06/24/c_126663097.htm。

④ 参见习近平在全国职业教育工作会议上的讲话,http://news.xinhuanet.com/politics/2014-03/28/c_119982831.htm。

的巨大反差，就必须让我们重新审视教育“公平”的价值体现。怎么让培养方案不因教师素质而波动，怎么让学生在体会大学缤纷色彩的同时，具备我们专业培养的基本要求。

商科专业不同于工科具有较强的科学评判标准来衡量学生的实际技术水平，但是可以通过建立专业培养的基本标准，要设置底线，要让教师和学生明确今后可以达到什么水平，而不是仅仅靠是否拿奖学金作为评判的基本要求。围绕现有的课程设计，建立课程的统一标准，建立优等生评级制度，建立专业毕业的底线，让不合格的同学通过有效方法进行分流或淘汰，才能真正保证专业培养符合应用的需要。从另一个角度来看，商科的专业范围宽泛，逐步确立和完善大平台招生和培养的实施方案，推进专业特色培养下的有标准的学分制，让学生围绕个人兴趣、专长以及社会需求在大学四年有选择和变换专业的自由，也是高校商科专业公平培养思路的重要实现途径。

四、坚持教师为本、落实“立德”内涵、体现教育基础扎实

“教师是立教之本、兴教之源”①，“全面提高师资队伍整体素质”②，“百年大计，教育为本”，“教育大计，教师为本。国家繁荣、民族振兴、教育发展，需要我们大力培养造就一支师德高尚、业务精湛、结构合理、充满活力的高素质专业化教师队伍，需要涌现一大批好老师。全国广大教师要做有理想信念、有道德情操、有扎实知识、有仁爱之心的好老师，为发展具有中国特色、世界水平的现代教育，培养社会主义事业建设者和接班人做出更大贡献”③等总书记讲话都将教师摆在首要的位置进行论述，不仅仅提出了教师应有的素质要求，更是将教师当前的主要任务进行了清晰的概括，即“立德树人”。

大学教育与义务教育、职业教育存在一定的差别，它既没有中考、高考这类硬性考试要求，也不存在非常严格的职业技能与对口教育，因此在教学过程中更注重以基础性、普遍性内容为主体的能力教育与素质教育。但是该教育模式和内容又与激烈的市场竞争和就业压力形成了鲜明的对比，学生一方面希望获得轻松、自由、缤纷多彩的学习体验，另一方面又想获得直接就业机会的竞争力，因此矛盾就会产生，我院工商管理毕业生的社会调查满意度不高很大程度就缘于此。

借用管理学经典的管理方格理论，在关心学生生活维度与关心学生课程维度也会形成一个管理方格体系，例如对于一名青年教师从(1,1)的菜鸟，如何成长为(9,9)的教学名师就有一个路径选择的问题。一条路径是先“亲民”，通过年轻、无代沟的交流方式，与学生打成一片，博得学生的“爱戴”，吃“青春饭”，然后在教学过程中摸索提升教学能力，但是这个过程如果没有指导、帮助以及知识传承，就会使得授课老师想方设法考虑如何才能讨好学生，因此课堂上故事越来越多，所谓“案例”越来越多，而课程的要求

① 参见习近平向全国广大教师致慰问信，：http://news.xinhuanet.com/gongyi/2013-09/10/c_125356333.htm。

② 参见习近平在国防科学技术大学视察时的讲话，http://news.xinhuanet.com/photo/2013-11/06/c_132865214_2.htm。

③ 参见习近平同北京师范大学师生代表座谈时的讲话，http://politics.people.com.cn/n/2014/0910/c70731-25629093-2.html。

则渐行渐远了。另外，一个路径往往是很多年轻老师所不愿意采取的，根据课程要求先把内容规规矩矩地教给学生，由于可能缺乏技巧，略显枯燥，因此不受学生喜欢，渐渐失去信心，寻求转型。这可能仅仅是个例，但是从习总书记的教育观来判别，这些老师在迎合学生的时候有没有"立德"呢，他是在"立形""立威"而不是在"立德"，因为没有从学生的客观需求准备正确的授课内容，他没有给学生树立一个正确的教师形象，没有从师德规范的角度来规划自己的成长路径。

事实上，商科专业可以通过规范每门课程的基本要求进而规范老师的授课标准。在同一课程组内，要求老师采用统一的课件模板、作业格式，采用统一的授课节奏，要求在学期前完成课程的备课准备等等具体举措。浙江工商大学工商管理专业根据有经验教师的成熟经验，不断总结和积累明星课程、优势课程的授课标准，将每种考试方式的具体要求、标准建立起来，围绕教材建设、习题集、案例集的建设，微课与 MOOC 的建设，系统规划和统筹建立核心骨干课程的课程标准，并在全院逐步推行，其间特别发挥了党员教师的先锋模范作用，为专业课程标准的建设起到了表率作用。

五、坚持质量提升、落实"改革"内涵、奠定管理基础工作

深化改革十八届三中全会提出的总体目标，教育领域也同样应该全面贯彻，但是如何理解深化改革是值得关注的核心问题。结合习总书记的讲话精神，本文认为改革不等同于创新，改革的本质内涵在于解决根深蒂固的症结，而不是一味地推陈出新，回避问题。

现有工商管理专业建设以及专业培养过程中存在的突出问题就是缺乏扎实、稳定的基础性工作，变得太多、变化太快，没有扎实地将工作开展下去。天津财经大学商学院在很多管理制度创新方面并不超前于我校的商科专业，但是该校商科专业发展迅速，其中一个重要举措就是商科专业有 18 门核心课程是多年以来一直保持不变的，其中包含大量的数学类基础课程和定量管理工具等难度较大的课程，也一如既往地将大学英语 6 级测试成绩作为毕业的必要条件，该校商科毕业率也仅仅保持在 80%，却在学生、家长和社会中都形成了良好的口碑。

作为浙江工商大学商科专业的重要组成部分，工商管理专业在经过多年摸索和实践的基础上，确立了应用型人才培养的"12345"模式，并且围绕该模式不断完善现有的教学体系，这种完善不是一味地推陈出新，而是将成熟的内容模块化、流程化和制度化，将不成熟的内容体系化、多元化，最终真正体现工商管理专业的培养特色和培养水平。

参考文献

[1] 杜玉波. 坚持立德树人提高高校人才培养质量[J]. 成才之路，2014(1)：2-3.

[2] 朱健，刘巨钦. 改革人才培养方案培养高素质应用型人才[J]. 中国高等教育，2014(5)：59-60.

[3] 巩建闽. 以改革促地方高校人才培养质量提高[J]. 中国高等教育，2012(18)：40-43.

[4] 周术槐. 坚持用十八大精神统领我国高等教育的改革与发展[J]. 今日中国论坛，2013(15)：28.

[5] 庞鑫培.面向区域创新体系培养创新创业人才——浙江地方高校人才培养机制研究[J].高等工程教育研究,2012(6):11.

[6] 陈解放.应用型人才培养的国际经验借鉴[J].北京联合大学学报(自然科学版),2005,19(2):30-34.

[7] 陈明学.关于完善高校人才培养方案管理的思考[J].教育与职业,2012(3):34-36.

[8] 洪成文,李湘萍.建设充满自信的中国高等教育的价值,途径及效益——学习党的十八大精神有得[J].中国高教研究,2013(2):12-16.

会计与会计教育:从整体主义到个人主义

马文超①

(浙江工商大学财务与会计学院)

摘　要:我国的会计与会计教育实践存在"整体主义"取向。然而,若将会计理解为一种"游戏",并通过"文化哲学"指引会计实践者的行为,会计与会计教育将被导向个人主义。个人主义取向对我国目前会计领域的理性活动具有重要的指引作用,将弥补已有理论框架的不足,扩展会计与会计教育改革的路径。

关键词:会计;会计教育;整体主义;个人主义

一、引　言

在近一个世纪的时间里,我国会计与会计教育更多地呈现为借鉴性的实践,究其原因,在于相关的方法论很少有人进行系统思考。

在《财务与会计研究方法与方法论》中,鲍勃·瑞安等(2004)概括了会计研究方法中的一系列方法论基础,然而其观点忽略了"相对主义"的会计行为,及其所内生的多样化的会计方法。虽然我国目前在教学与研究的方法和方法论方面呈现出了多样化特征,但是一直存在两种方法(经验性与分析性)孰优孰劣的争论。同时,在围绕"会计政策"的具体实践中,呈现出对会计整体性的一致的痴迷。这导致了具体实践中理论的贫困化,也阻碍了会计与会计教育的发展。

考虑到整体主义倾向带来的相关问题,我们基于语言哲学重新界定了会计的本质,从会计史角度简述了当下会计发展的状况,进而提出会计与会计教育的"个人主义"取向。我们认为,"会计"与"会计教育"中的个人主义,与当下科学哲学向"文化哲学"的转变相一致,并表现为"相对主义"的会计行为。这一开放性的思考必将加快会计实践的步伐。

---

① 马文超,副教授,博士,研究方向为企业环境会计、公司资本结构等。

二、会计与会计规则

(一)会计游戏如何开展

作为商业语言的会计，其应用的情境比抽象的意义更重要。我们可以尝试通过以下两个层次理解会计活动：第一，在会计学习中，学生只有知道用“会计术语”做什么才会让学习真正发生；第二，在会计实践中，交易与事项的差异导致经济活动选择与其相配的“会计业务”产生不同。

此外，在会计游戏的开展中，我们需要关注三种可能的对话路径：(1)就某种解决方案取得一致意见；(2)围绕解决方案意见不一致，但对问题性意见取得一致；(3)对问题性意见不一致。

(二)会计规则的本质作用

理性的个体需要一个在特定情境下具有“竞赛”意义的会计与规则[①]。同时，考虑到我们手头花样繁多的各类知识，我们就有必要在会计学习和实践中坚持对案例和情景的关注，只有这样我们的理性才可能梳理、编制出经济管理图景中的规则[②]，我们的会计规则才可能真正意义上起到路标的指引作用。

三、整体主义在会计史中的地位

(一)会计史概述

王建忠(2007)在其《会计发展史》中概括介绍了国内外会计思想与实践的变化，整体的结构设计遵循“经济基础决定上层建筑，上层建筑影响经济基础”。虽然这一论述强调了会计服务于特定社会的特定方式，但是对于非意识形态的、公众层面的会计实践未进行重点考察。结合同类的会计史论述，我们可以对各个时期的会计状况形成以下概括：

中世纪之前的西方世界，会计服务于共同体。他们所使用的会计被用来计量其所占有的资产，这种簿记可辅助记忆，更有助于管理。中世纪之后的西方世界，会计进一步被用来核算利润，有效协调了商业伙伴的合约。20世纪以来，美国的“财务会计概念框架”于70年代得以确立，会计除了用于合约中对利润的核算，也用于决策中对资产的计量。60多年来，我国的会计实施了加速的借鉴，同时进行了纷繁复杂的“创新”。

通过会计史的概览，我们不难发现我国与国外的会计及其相关进展均呈现出一种

① 语言哲学的核心问题之一是“指称”问题，一些主要的观点包括：专名的指称是由专名的使用者对该对象的描述确定的，取决于使用者与其文化同伴之间的关系；专名的意义是由所指对象和关于这个对象的所有描述共同确定的；自然种类名称的指称取决于这些种类与环境的复杂关系。

② 根据维特根斯坦(2013)《哲学研究》的分析，思维与命题对应于世界与经验，逻辑上的精确性要求对于游戏的开展缺乏指导性，只有约定的语言游戏规则存在价值。

整体建构的思路。

(二)总体价值观的展现

已有的会计历史,无论是各个国家的,还是不同时期的,均呈现出总体价值观的痕迹。我国的会计整体化构建也是明显的。这种整体主义体现于我国学者对"历史观"与"信息观"中前者的强调。历史观的主要论点之一是"管理当局的受托职能决定了财务报表的呈报"①,受托责任观因分析路径较窄、范围较小,加之其对以往路径的依赖,使得该观点下的会计发展受限。同时,该观点认为应计制会计的优越性在于配比概念可以在应计制会计中得到合理体现。这一解释更多地强调逻辑上的一致性。显然,"历史观"会计模式强调一种"历史主义方法论"②而非对会计知识的"证伪"。

(三)问题与后果

以上黑格尔式的历史决定论的问题在于:将动态的情境抽象化,并将自然逻辑用于解释具体知识的积累。这一状况得到了哲学家们的弥补,但是,特定学科知识的目的并未得到实现,同时其努力构建的整体性可能并不存在。就本文而言,这一趋势与会计规则的本质作用相去甚远,而且可能会使会计游戏变得低效。

国内早期向西方国家的会计活动大量借鉴,但对于一些规范性术语(如经济收益是一个完整定义的概念吗)的借鉴缺乏一定的思考。对整体性的追求导致了对政府的依赖,却轻视了市场的重要性。

会计史观表现出明显的整体化倾向,并试图在其中探寻会计技术创新与发展的合理性,但是其忽略了会计技术在文化层面的影响和被影响因素,这使会计的发展存在明显的缺陷。显然,如果严格依赖于以往也必然抹杀以往现象中的思想。因此,对总体价值观的地位进行认识,并让我们的价值观多元化,我们才可能增加新思想。

四、转向个人主义的会计

鉴于整体主义的会计实践呈现出偏离情境的趋势,导致会计学习与实践追求体系的完整性,而忽略了其应用的有效性。以下我们尝试通过批判整体,面向个体的价值,界定基于个人主义的会计观念和行动方法。

(一)文化哲学下的会计③

在此,借鉴施韦泽(2013)的文化哲学观,我们认为在会计领域也存在整体的悲剧如何得到补救的问题。从古代一直到中世纪人们通过"簿记"来辅助记忆并管理自己的资产,那时的会计呈现出悲剧色彩,方法单一不论,其目的也仅仅是服务于抗拒自然和驯

① 参见比弗(1999)对会计发展成果的归纳。

② 历史主义方法论强调结构性解释,以拉卡托斯和库恩为代表。

③ 文化哲学与科学哲学相对应,认为科学知识在技术发展的今天会带来人类生存的困境。总体上,人类又重新回到了认识自然的迷茫时期。于是,科学哲学的出路在于回到人自身,考察其行为的"价值",此时,关注个人的行为、强调人生价值的文化哲学被提出。显然,文化哲学与个人主义具有一致性。

服同类的原始抗拒;工业革命之后的世界,从业者通过(核算损益的)"会计"联结着经济生活中的利益相关者,彼时的会计呈现出喜剧色彩,方法多样不论,其目的也转向整体利益的服务上;但是信息技术革命的到来使得人们可以通过"会计"计量决策所需的多样化价值,然而现时的会计却呈现出悲剧色彩,方法的相似性不论,其信息提供的角色也被多渠道的信息获取所替代。

以上悲喜交替的根源在于我们将会计的理解基于技术发展与人类需求之间的符合性分析之上,而且这种分析强调整体性的人类应对。当我们的思考从个体出发时,我们发现科学相对于思想已经独立和分化,个人会计信念的培育应该独立于当下统治性的总体信念,个人与其相对的许多个人之间的会计共识的演化与进展、整体管制的政治化、社会化趋势,将使得我们对会计术语的选择或规范的认识放在个人的会计行为中,或在经济互动中去寻求个人的会计应用,此时个人的行动将变得更具价值!

(二)"相对主义"的会计①

从具体行为出发,会计将呈现出"相对主义"②。在该会计观下我们强调三点:一是波普尔(2013)所指出的试错的必要性③;二是海渥(1991)所认为的情境对会计的重要作用;三是倭铿(2013)所强调的面向个体的价值重塑。总之,以上要求决定了我们从事会计学习与实践时必须坚持权变的"相对主义"。

在会计教育活动中,既需要内生性的计划维持学生经验的连续性,又需要外生性的计划激活过去好的或坏的经验,这就决定了学习者与教授者之间的合作。④ 如图1⑤,基于该教育模式,我们认为不论是实践中师徒间的会计行为,还是学校里模拟性的教与学,均要求个体关注从客体处获得的刺激与经验,进一步讲,会计塑造着企业中个体的人生观。

---

① 本文的相对主义是基于行文方便而提出的,在特定语境下,个人主义下的目标实现可能基于"工具主义""实用主义",也可能借助于直觉主义者的内在经验,这些均会呈现出一种"相对主义"。有人认为,相对主义更符合实践科学观。

② 沃什博恩(2014)在《没有标准答案的哲学问题》中简述了知识的来源与标准问题,从认识论角度划分了两类哲学家:一类是直觉主义者,相信知识的检验就是一种特定的(内在)经验,向内看自己的心理经验是否绝对确定、强烈、生动,与浪漫主义者、基础主义者、理性主义者、内在主义者、后现代主义者具有相似的特征;另一类是外部主义者,认为信念被认定为知识之前必须被某种外部标准加以检验,将他人、实践、世界的状况同自我的比较,与实证主义者、实用主义者、经验主义者、认知者、表象主义者相似。

③ 波普尔对黑格尔的历史决定论、马克思的整体主义方法的批判,及其试错观点的讨论可以参见贡布里希(2013)的讨论。

④ 由于学校的会计教与学是组织化的,且占有长期积累的大量的人类会计经验,因此,学校的会计教育对于广泛的会计实践尤显重要,当然社会上的会计实践与教育同样意义重大。

⑤ 参阅法布尔(2014)关于教育者的各种图示的介绍。

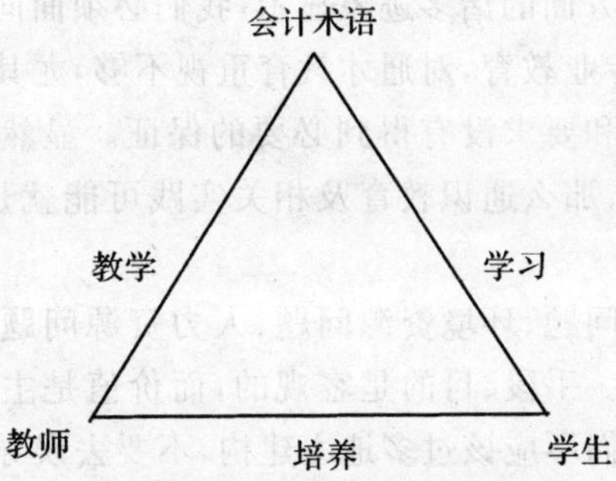

图 1 “让·胡塞”的会计教育三角形

但是，在会计教育中应该反对极端的相对主义，避免会计路标（会计术语）的频繁变动。当然，如数据偶像、新奇偶像、时代偶像、学院偶像这四个方面的偶像塑造行为是必须反对的。

为了应对以上的困境和问题，我们需要一种开放的会计学习和会计实践。韩传模、王桂姿（2008）曾指出，会计教育应该追求灵活性和适应性，应该从“刻舟求剑”转向“活字印刷”，通过培养目标、课程体系、教学的 E 化、双语教学等的调整和实施赋予会计实践新的生命力。

五、会计教育的前景

不论是高层的会计理论教育，还是基础的会计职业教育，无论是教学中对情境的关注，还是会计实践中对通识的注重，这些均体现出在会计术语的应用中如何解决问题，提出问题，并更新术语的路径。

（一）MBA 化

MBA 教育的特点是，注重复合型、综合型人才培养，能力培养重于知识传授。授课的评价显性地呈现为有“工作经验”的学员的会计模拟水平，隐性地表现为经济领域会计学子的事后品鉴能力。这种教育是一种个人的经济实践行为，高校在其中仅仅是桥梁和纽带的作用。

（二）MPAcc 化

会计硕士 MPAcc 是国家基于培养面向会计职业的应用型、高层次、高素质会计专门人才的需要而新设立的一种学位类型。与会计学学术性学位相比，MPAcc 更侧重实际能力的培养；更突出会计职业实务工作的要求，具有很强的解决实际问题的能力。概观其教材、教学方式均呈现了与 MBA 相同的模式。

（三）会计教育职业化

高校实施职业技术教育往往对“以人为本”的原则进行了较好的贯彻。“工学结合、校企合作、顶岗实习”的模式，成了我国职业学校毕业生就业率高的秘诀。国际范围内，澳大利亚、日本、美国的职业教育受众广、体系全，均值得我们借鉴。

来自工作、学习、研究方面的诸多迹象显示：我们必须面向需求，关注实用。从实践看，过于强调会计科学的专业教育，对通才教育重视不够，尤其是大学会计教育综合性、人文性等通才教育的特征和要求没有得到必要的保证。显然，如果我们关注会计实践中的知识需求和能力应用，那么通识教育及相关实践可能就是个人主义价值取向的会计今后发展的路径。

会计领域的社会责任问题、环境资源问题、人力资源问题、计量问题均是在其他科学的发展中被同时提出的。手段、目的是客观的，而价值是主观的，且价值随着社会情境的变化而变化，因此，我们不应该过多地去建构，不要去误导，我们需要适应而不是皈依，只要我们进入那些会计形式的最终成分，体验到会计领域共同的东西，只有这样我们的“会计帝国主义”才可能早日实现！

参考文献

[1] 阿尔贝特·施韦泽. 文化哲学[M]. 2版. 上海：上海人民出版社，2013：46-51、52-55、57、61、80.

[2] 鲍勃·瑞安，等. 财务与会计研究方法与方法论[M]. 2版. 北京：机械工业出版社，2004：22-31.

[3] 法布尔. 问题世界的教育：图示与指南[M]. 北京：中国社会科学出版社，2014：42，51，52，73-80，148-152.

[4] 贡布里希. 理想与偶像——价值在历史和艺术中的地位[M]. 南宁：广西美术出版社，2013.

[5] 郭道扬. 会计史研究：历史·现时·未来：第三卷[M]. 北京：中国财政经济出版社，2008：192，477，489-502.

[6] 海渥. 会计史[M]. 北京：中国商业出版社，1991.

[7] 邵瑞庆. 会计教育改革与发展[M]. 上海：立信会计出版社，2008：74-80.

[8] 黄世忠. 会计数字游戏：美国十大财务舞弊案例剖析[M]. 北京：中国财政经济出版社，2003.

[9] 姜国华. 财务报表分析与证券投资[M]. 北京：北京大学出版社，2008：21-58.

[10] 江怡. 分析哲学教程[M]. 北京：北京大学出版社，2009：14-19，24，25-30.

[11] 刘永泽，孙光国. 我国会计教育及会计教育研究的现状与对策[J]. 会计研究，2004(02)：75-81.

[12] 栾甫贵. 论会计教育理念[J]. 会计研究，2013(04)：20-25.

通识教育与创新型人才培养

——兼论通识课“经济生活中的数学”

董亚娟[①]

（浙江工商大学统计学院）

摘　要：通识教育的理念和思想已经盛行于各高校的人才培养模式中。本文从通识教育的内涵出发，阐述国内外高校对通识教育课程的设置方式，分析通识教育对培养创新性人才重要性。鉴于数学是高校各专业中的核心基础课程，通识课“经济生活中的数学”在通识教育培养体系中占重要地位，将数学文化引入和融入经济生活是本课程创新的主要途径。

关键词：通识教育；创新人才；数学文化

一、通识教育的内涵

通识教育是台湾地区学者借鉴了中国传统文化对于“通”和“识”的解释，将英文“General Education”或“Liberal Education”译为中文“通识教育”一词，也有学者把它译为“普通教育”“一般教育”“通才教育”等。“General Education”本身源于19世纪，当时有不少欧美学者有感于现代大学的学术分科太过专门、知识被严重割裂，于是提倡通识教育培养，目的是提高学生独立思考、认识不同的学科的能力，有利于学生将不同学科的知识融会贯通，最终培养出人格完整、知识健全的人。

美国博德学院（Bowdo Incollege）的帕卡德（A. S. Parkard）教授第一次将通识教育与大学教育联系起来，后来有越来越多的人热衷于对通识教育进行研究和讨论。从20世纪开始，通识教育已广泛成为欧美大学的必修科目，但至今对通识教育还没有一个公认的、规范性的表述。维基百科对通识教育的认识包含两层意义：其一是指通才教育；其二是指全人教育。根据《哈佛通识教育红皮书》的界定，通识教育不是关于“一般”知识（如果有这样的知识的话）的空泛的教育，也不是普及教育意义上的针对所有人的教育。它是整个教育中旨在培养学生成为一个负责任的人和公民的部分。从这个意义上讲，通识教育是人文教育的一种形式，源于古希腊的自由教育，是出于一种价值理性的思想，认为教育的目的不是为了谋生或者某种功利，而是为了完善人的心智，促进人的发展。通识教育现已作为高等教育的重要组成部分。

通识教育自20世纪40年代引入中国至今，在高等教育的人才培养中发挥着举足

---

① 董亚娟，副教授，博士，研究方向为宏观经济统计分析。

轻重的作用。进入21世纪,社会快速演变,科学技术日新月异,随着学科分类的日益精细和社会就业的日趋严峻,大学教育的目的性与功利性越来越强,大学教育的纯粹性与圣洁性被破坏,使整个教育的目的发生了一定程度上的偏离,同时连带把通识教育挤到了大学教育的边缘角落,从而产生了一系列的社会问题。现代高等教育更应着重于课程的结构,使学生具有专门科目的知识及其他学科的知识,以统整知识,培养"统整的人格",也就是培养学生开阔的胸襟、宽广的视野与人文意识。就课程开设而言,通识教育就是在大学开设通识课程,使学生从不同的"理解模式"来认识现象、获得知识,使学生的视野开拓,了解与人生相关的知识、原则与方法,在人文科学的文学、哲学、史学、社会学、经济学、政治学与自然科学领域的学习中,建立共识,发展出高层次的学识,掌握与沟通信息,了解他人及社会的能力。学生经过通识教育,其心灵将会更开放,思维更为广阔,适应能力更强,在变迁剧烈的社会中,更具包容才能,从而整个人生更为清新活泼并得以健全发展。

二、国内外高等教育中的通识教育

通识教育在国外大学早已推行。美国著名大学阿默斯特学院院长米克尔·约翰认为,一所大学"如果只教会一技之长而不能培养出掌握完整知识、具备较深见识的人,那么大学就降为造就手工匠的作坊了"。芝加哥大学校长哈钦斯认为通识教育应致力于全人的发展,他认为"就青年而言,无须教会他们一切,但要帮助他们获得继续教育自己的习惯、观念及方法。教育的目的并不是人力(Manpower)的形成,而是全人(Manhood)的发展"。哈佛的本科生必须完成的课程被划分为三大类,第一类为专业课程,占总学分的50%;第二类为核心课程(The Core Curriculum Program),核心课程被划分为6个领域,课程的学习量占总课程量的25%;第三类为共同必修课程,包括英文写作、外语课程以及数据资料分析与诠释。其中第二类核心课程,即为通识教育课程,这类课程被划分为10个领域:外国文化、史学研究、文学与艺术、道德思维、自然科学、社会研究等领域。台湾大学的通识课程被划分为4个领域:人文学、社会科学、物质科学、生命科学。在台湾地区,台湾大学规定,自1997年入学的学生起,必须完成12学分的通选课,才能毕业,每个领域至少2个学分。

我国大陆的大学也相继开设通识课。其实从20世纪80年代起,一些高校就开始了关于通才教育、素质教育的探索,但直到近些年,通识教育才真正进入大众视线。北京大学自2000年9月开始开设通选课,所开出的课程数量达150门,本科生校通选课被划分为6个领域:数学与自然科学、社会科学、哲学与心理学、历史学、语言学、文学与艺术。毕业时必须修满16学分的通选课,其中每个领域至少有2学分,最后一个领域应当有4学分。清华大学经管学院对通识教育更为重视,大学四年总共140学分,通识教育70分,占了一半,而专业课只有50学分,这在国内其他高校、其他院系是很难想象的。2014年清华大学经济管理学院负责主持的"通识教育与个性发展相结合——经济管理本科教育改革的理念与实践"项目获得2014年国家级教学成果一等奖。这个四年才评一次的国家级教学成果奖,是我国教育领域中唯一的一项国家级奖励,代表了我国当前教育教学工作的最高水平,能获得这个大奖,很大程度归功于清华经管学院近年来在通识教育领域的"拓荒"之路。

浙江工商大学将通识课(任意选修课)分为人文素质类、学科交叉类、艺术体育素质类和语言与技能类4类学科,每门课程教学时数一般为每学分15学时。每位学生在第5—7学期内应修满8个学分(4分按要求选+4分自主选)的全校任意选修课。在内蒙古大学1999年新颁布的教学计划中,普通教育任选课(综合知识即文化素质教育课),分为自然科学类课群、人文社会科学类课群以及艺术类课群。学生必须选修至少6学分,每个领域2个学分。

三、通识课对培养创新人才的重要性

随着现代信息技术和互联网的兴起,社会对现代需求人才提出了更高、更全的要求。作为新时代的社会需求人才培养基地的高等院校,需要转变人才培养意识和模式,积极探索创新人才的培养途径,有利于培养出专业功底扎实、人文素养较高的人才。通识教育可以促进大学生在思想政治、科学文化、专业知识、领导管理能力和身心素质等方面全面发展,是高等院校培养高素质创新人才的有效途径:

(一)通识教育有利于培养人才的独立思考能力、想象力和好奇心

目前,中国应试教育依然盛行,初中高中阶段素质教育"雷声大,雨点小",仍以应试教育为主。大学阶段突然讲起素质、创新来,学生难以适应是必然,形成了"文科死记硬背,理科大量做题"现象,甚至可以说高考成绩越好的学生受影响越深,这种惯性越强烈(钱颖一,2014)。因此要清除学生在中学阶段所受的"负教育",让学生把之前被灌输的应试教育"吐出来",让"考生"变"学生"。通识教育是在专业教育以外,从人文学科、自然学科等方面全方位培养学生自主提出问题并自主解决问题的能力,"通识为本,专识为末"。在大学低年级学生中实施以综合教育、文理基础教育、艺术体育等课程为主要内容的通识教育,既能培养学生的品格、能力和智慧,提高其心智,又能使学生深入地了解学校各专业的内涵,满足学生对各专业的好奇心,为学生更为理性地进行专业学习和选择个人发展方向奠定良好的基础。这样,学生能够在拥有基本知识和教育经验的基础上,理性地选择或形成自己的专业方向,同时发展全面的人格素质,有更高眼光、更宽胸怀之认识,以提升人的生命价值及生活品质。

(二)通识教育有利于教学与科研活动互相贯通,有利于消除"重科研、轻教学"的现象

高校教师的科研活动一般是以专业化知识的研究为主,课堂教学也是专业知识的传授,而通识教育则应该依赖更加多样化、更具有互动性的课程组织方式。例如,可以采取问题式教学方式,通过课堂教学,师生共同解决问题,达到提高课堂教学效果和人才培养质量的目的。高校同时鼓励以科研促进教学,采用案例式、启发式等教学方法,增加一定数量的研究型课程。这样教师不仅能发挥自己在专业领域内的研究特长,也能扩展学生的视野,帮助学生了解各个学科领域内的国际前沿知识和新的研究范畴。在通识教育活动中将科研内容融入课堂教学,不仅提高了教师授课的积极性,更有利于

逐步消除高校中普遍存在的"重科研、轻教学"现象。

(三)通识教育有利于培养宽口径、厚基础、通专结合的创新型人才

大学的学科分裂和大学生的专业方向越来越细化,创新型人才的培养则要求必须传授给学生尽可能广博的知识。因此对学生实施通识教育,无疑已经成为新时期高等教育发展的大趋势。通识教育体系的构建,为培养具有人文素质、科学素养和创新意识的高级型人才奠定了坚实的基础。大学教育不能限于对某些具体的、给定的知识和技能的传递,而是通过文化教化和文化启蒙,对人的能力、素质、精神境界进行全方位的文化提升。在现代社会,大学是每一现代主体进入社会并能有所作为、实现个人的人生价值最优化、最大化的必由之路。因此,真正意义上的现代大学,可以说从一开始就赋予了人文教育和文化启蒙以核心的地位。

四、对通识课"经济生活中的数学"课程创新的思考

通识教育的普及使得我国高等教育的理念发生了重大转变,是提升大学生素质教育的一个重要途径。根据各国通识教育理念和实施路径,本文以通识课"经济生活中的数学"课程为例,试图寻求适宜的提升通识课程教学质量的路径。

生活离不开数学,数学离不开生活。学数学就是为了能在实际生活中应用,数学就是人们用来解决实际问题的,其实数学问题就产生于生活中。比如上街买东西要用到加减乘除法,修建房屋要用到平面图等,这样的例子数不胜数,这些知识就是在生活中产生的。在数学教学中,我们要给学生实践活动的机会,引导学生自觉运用数学知识,用数学知识和方法分析与解决生活中的实际问题,使生活问题数学化,从而让学生更深刻地体会到数学的应用价值。

数学是大学各个专业的基础课程,但学生一提到数学,就容易联想到枯燥的公式,复杂的推理证明和难以理解的抽象概念。尤其是以经济、工商类课程为优势课程的学生来说,听到数学课程都心存恐惧,尤其是面对厚厚的教材无所适从。即使学完了三门数学基础课(微积分、概率论与数理统计、线性代数),除了对考研的学生有所帮助外,对其他的学生来说所学习的数学知识仅存在于课本上,无法把这些知识和具体的现实生活联系起来。本课程基于学生对数学这样的认识,通过以案例分析为主的教学方式,将大学课堂上所学的抽象知识运用到实际生活中,从实际问题的分析到解决问题的工具,都是我们生活中面临的问题和书本上所学的知识,将数学知识带到生活中,分析生活中所遇到的各种经济现象及背后的数学原理。

(一)加强学生对基础数学通识教育的认识

教育通常分为具有"技术"功能的"专业教育"和具有"通用"功能的"通识教育"。专业教育意在培养学生具备从事专业领域内所必备的基本知识体系和专业技能,而通识教育是对各种学科领域内知识的初步认识和了解,旨在培养学生了解社会、认识社会的能力。

经济生活与数学通用知识息息相关,生活中处处体现数学的"文化性"。在高校通

识教育中开展数学通识教育的基本目的是，让学生能利用自身已掌握的数学知识技能，从数学的角度分析、了解、认识自己在生活实践中遇到的各种问题，将课堂知识与具体的生活经验相结合，感受数学文化的魅力，从而获取独立思考能力。让学生借助知识的广博性、专业的精专性，促进自己综合素质、人文修养的形成。

(二)突出数学知识的趣味性和实用性

这是一门突出数学“趣味性”和“实用性”的通识课程，是通识教育的实践创新。通过教学内容结合实际案例，从而让学生在生活中体会数学知识的魅力。数学中的绝大多数概念本身就是从客观事物的数量关系中抽象出来的数学模型，它对应着实际领域中的原型，因此我们在讲解这些内容时，应尽可能选取学生熟悉的生活例子或专业案例来还原现实情景背后的数学，使学生感到这些概念不是人为的硬性规定，而是与实际生活有着密切的联系。如导数的概念与经济学中的边际成本、边际利润等具体问题密切关联；概率论与数理统计中的正态分布、泊松分布和指数分布等常用分布更是与生活中的实际问题紧密联系。

(三)突出数学文化与人文精神

经济生活中的数学课程的目的就是要通过提高学生的数学素养来提升人文素养。因此课程不能仅以介绍数学知识或介绍新的研究方向为主，也不能单纯地普及数学史知识，而是应以揭示数学的思维方式、数学思想如何影响实际的经济生活为主，展示数学文化的精髓，这样才能最终落实到提高学生的数学素养、科学素养上来。

(四)要准确把握课程的本质内涵

数学处于人类智能的中心，是打开科学大门的钥匙。近年来随着科技信息水平的提高，我们身边的经济生活也发生了巨大的变化，这门课程通过用数学的视角对社会的各个侧面、现象进行观察和对一些普遍的社会形象进行思考，通过对这些现象的深入分析和定性思维，向学生宣传数学思想、普及数学文化、提高数学修养。数学知识也是人们在经济生活中总结出来的一种理性精神，是使人类思维可以运用的最完善的程度。经济学家克莱因指出“作为理性精神的化身，数学已经渗透到以前由权威、习惯、风俗所统治的领域，而且取代它们成为思想和行动的指南”。诺贝尔物理学奖获得者伦琴在回答“科学家最需要什么修养”这一问题时回答：“第一是数学，第二是数学，第三是数学。”

(五)邀请数学文化功底深厚的专家，开设普及文化讲座

数学学科的发展历史悠久，而且学科分支较多，很难有教师能深入掌握各个学科分支的知识。因此邀请学识渊博的专家开设相关讲座，引起师生的兴趣，对于拓宽学生视野、提高文化修养、数学表达能力和数学鉴赏能力，确立审美视角都有积极的作用。如香港浸会大学数学系资深教授、香港数学学会会长汤涛曾与国内外一些知名学者开通新浪微博“数学文化”，传播数学文化，推动数学教育，让更多人看到数学在生活中的存在和使用。

参考文献

[1] 李静,禹实.通识教育背景下大学文科数学教学改革的研究与实践[J].中国劳动关系学院学报,2013,27(2):106-109.

[2] 李曼丽.我国大陆高校通识教育现状调查分析——以北大、清华、人大、北师大四所大学为例[J].清华大学教育研究,2001(1):125-133.

[3] 李大潜.将数学建模思想融入数学类主干课程[J].中国大学教学,2006(1):9-11.

浅析新时期金融学专业本科教学面临的挑战与改革

钱艺平[①]

（浙江工商大学金融学院）

摘　要：随着经济的金融化程度不断加剧，社会对金融人才特别是金融创新型人才的需求也与日俱增，这对金融教学提出了越来越高的要求。本文从金融学教学的发展趋势出发，分析我国金融学本科教学的现状及问题，并在此基础上对金融学本科教学的改革进行探索，旨在通过本文的分析研究为我国各科研院校的金融学教学提供更多的指引，为金融学教学改革做出贡献。

关键词：金融学；本科教学；教学改革

随着金融行业的飞速崛起，我国金融行业的改革进入了攻坚时期，为了使我国金融改革的步伐进一步加快，我国应该在实施人才强国的战略基础上实施金融人才战略，以满足目前中国金融经济发展的需要。为了更好地适应金融行业对人才的高层次需要，高校承担着培养适合市场需求的高素质、应用型金融人才的任务。为了适应新的金融经济发展的需要，金融教学改革势在必行，必须进行比较重大的调整。

本文从金融学教学的发展趋势出发，分析我国金融学本科教学的现状及问题，并在此基础上对金融学本科教学的改革进行探索。

一、金融学教学的发展趋势

（一）教学范畴的国际化趋势

金融全球化是经济全球化的核心组成部分。伴随着资金在全球范围内筹集、分配、运用和流动，金融机构的全球扩张，金融市场的一体化，金融活动日益突破国界与世界融为一体，由此带动了金融的研究范畴朝国际化发展。特别是我国目前金融业对外开放的程度空前提高，外国银行业允许进入我国市场享受国民待遇。中国的金融机构也不断向海外扩大范围参与国际竞争，国内金融与国际金融的界限日益模糊。为此，有关金融学的教育观念和教育模式应与国际接轨，在金融学科建设和课程设置上进行改革，培养具有国际化视野的金融创造型人才。在经济金融化和经济全球化背景的推动下，国际金融和国内金融的界限日益模糊，国际金融将被完全包容在金融之中。这改变了

① 钱艺平，讲师，博士，研究方向为金融机构的风险度量与管理和博弈论及其应用等。

我们货币理论的传统分界，由此，国际金融的教材或许将与货币银行学合并，相应的，出于金融业务国际化的需要，金融教学中专业外语(不仅仅是基础外语)的课程应该加强。

(二)课程设置的微观化趋势

20世纪80年代以来，不断创新的金融活动为金融学科的发展提供了丰富的素材，金融机构走向多元化，金融商品的种类不断增加，金融市场迅速发展，生机勃勃的金融实践带动了现代金融学越来越多地从微观方面对金融进行研究。金融电子化、金融创新和金融衍生工具等最新研究成果开始融入金融学的教学内容，以适应不断发展变化的金融学理论和实践的需要。同时，金融活动的蓬勃发展需要大量能灵活自如地处理各种微观问题的金融人才，他们必须熟悉数量经济学、金融市场理论、公司财务等多学科知识，金融学课程的微观化也顺应了金融人才培养的要求。

(三)教学研究的数量化趋势

以往我国金融学教学与研究中定性分析占据了主导地位，而现代金融学的数量化特征十分明显，定性分析和定量分析作为学科的两种基本研究方法都具有十分重要的意义。只有在定性指导下进行定量分析，在定量分析的基础上进行定性综合，把两者有机地结合起来才能得出正确的判断和结论，更好地揭示金融活动的内在规律。西方国家金融理论领域的绝大多数研究都与数学工具的大量运用相关联。近几年国外出现的金融数学、金融工程学，使得数学在金融领域的运用达到了极高的程度。我国以前在这方面比较薄弱，目前出现了进一步加强的趋势。

二、我国金融学本科教学的现状和问题

20多年来，我国的金融学教学规模不断扩大，内容不断更新，取得了有目共睹的发展，为国家培养了大批金融人才，有力地推动了我国金融业的发展。但由于现代金融业发展国际化步伐进一步加快，创新层出不穷，金融学本科教学与此相比还存在一定的差距，主要表现在以下几个方面。

(一)专业设置过细

金融业的快速发展使得对金融人才的需求剧增，也使得金融专业的院校纷纷扩大招生规模并细化专业，一些新的专业相继产生。金融学专业过度的细分，导致课程设置和教学内容的完整性和体系性被打破。金融学本科专业的主干课程内容被分割成为多块，教学内容的交叉重复不可避免。一些专业基础理论与业务知识，门门课程都涉及，但门门都讲不透。简单的细化与分割，会造成学生单纯的专业课意识和狭窄的知识结构，不利于其培养和提高分析问题与解决问题的能力。

(二)教学内容陈旧

我国的金融业正在发生翻天覆地的变化，这就要求金融学教学必须根据实践的发展及时更新课程设置和教学内容，以满足社会对其相关人才的需求。

然而从目前我国金融学本科教学内容及课程体系的情况看，培养方案的制定缺乏现实性，培养目标过于宽泛而且大同小异，过分偏重理论研究型的教学。同时，培养方案流于形式，缺乏可执行性，难以保证培养规格与质量，特别是在培养方案的执行环节容易出问题，学校往往缺乏实践教学设施，而教师普遍缺乏实践教学能力，使得实践教学的质量大打折扣。

另一方面，教学计划安排不够科学，相似度高的课程安排可能有重复交叉部分。课程安排也不能适应市场对复合型人才需求，且在课程安排上存在重视理论课，轻视实践课的现象，从而难以使学生形成完整的知识结构，并使其缺乏知识的应用能力。

(三)教学手段单一

目前，我国高校金融学本科专业主要采用"满堂灌"的教学方法，虽然也采用多媒体等教学手段，但本质是"换汤不换药"，并没有充分利用现代化的教学手段，也没能科学地运用案例教学、学生分组讨论和实际调研。没能让学生自主地参与到课堂的教学活动中，学生的学习积极性无法调动，学生出现厌学情绪，甚至旷课的现象很严重。

同时，考试内容也主要是一些纯理论性的书本内容，忽视了对学生主动分析问题、解决问题能力的考查，也不利于学生创新意识、创新能力的形成。然而，创新是金融业发展壮大的动力与源泉。在与国际金融机构争夺生存、发展空间的过程中，对于处于竞争劣势的我国金融业来说，需要更多的具有创新精神和创新能力的金融人才加盟以增加我国金融业的竞争实力。因此，要改变现行教学手段。

三、新形势下金融学本科教学改革初探

为了适应新金融形势的发展，及时为社会输送大批具有深厚扎实的经济与金融理论基础和金融实务能力，有较高外语和计算机运用水平的市场型、国际型金融人才，金融学本科教学改革迫在眉睫。现针对我国金融学本科教学的现状与存在的问题，提出以下几点改进建议：

(一)强化本科教学的"宽口径"

目前，金融学本科专业的过度细分，既不符合当前金融业混合经营的趋势，也不符合当今社会对复合型人才的需求。多数西方国家的大学都认同本科阶段的教学应该是一种专业基础教育，在教学计划中非常重视通识教育，即培养具有广泛文化意识的现代知识人。随着我国高等教育由单一的精英型体系向大众型、精英型等多样化人才培养体系的转变，本科教育更应强调基本理论、基本知识和基本技能的培养。因此，在构建金融学本科教学计划时，应强调"宽口径，厚基础"，使学生通过本科阶段的学习，建立起全面的金融知识结构体系，既有对宏观金融的分析、判断能力，又有从事微观金融业务的能力，为未来发展打下坚实的基础。

(二)改革课程体系设置，专业课程要微观化、国际化

金融学本科专业课程要微观化。当前我国金融专业本科课程设置主要偏重于宏观

理论和宏观分析。顺应金融理论研究微观化的发展趋势,将课程体系的中心逐步从宏观转向微观,增设新的微观金融课程,如金融工程学、金融风险管理学、金融经济学、金融效率学等。专业课程微观化的实质是真正从金融机构这些微观主体的实际需要出发来传授相关知识,培养符合实际需要的金融人才。

金融学本科专业课程要国际化。优秀的金融人才必须具备国际化的视野,为此,在金融学本科专业课程设置上应该加大国际化方面的课程。具体来说这方面的课程应该包括基本的国际金融理论和业务知识,也就是已有的国际金融、外汇业务、对外结算等课程,还应包括国际规则方面的知识,国际交流方面的知识等。由于很多金融专业本科教学的细分,国内与国际金融往往被人为分割,有些课程又属于国际营销学范畴,因此,应该在课程体系设置上,赋予教学单位相应的设置权、变动权,整合校内师资,增加课程安排的弹性。

(三)革新教学手段,促进理论教学与实践教学的结合

金融学的教学应当更注重指向理论与实践的结合,在教学中将理论知识的讲授与实践应用结合起来,向学生展示如何用理论知识分析解决实际问题,提高学生对理论知识的理解水平和应用理论知识的水平。

比较中外著名高校在教学方式上的差别,可看出国内高校以"原理教育"见长,国外则通行案例教育及模拟教育。在我国金融学本科教学中,案例教学正逐渐受到重视和运用,但不成体系,相关的资源也不充足。作为一项基础工作,收集与制作金融教学的案例仅凭一所高校是难以完成的。当前,国家教育部应牵头组织一批高校联合开展金融案例教学的研究,集中人力、物力制作一批有自主知识产权的教学案例供教学使用。

而且,金融业的发展实践使得模拟教学走入了高校课堂。初级的金融模拟教学一般通过建立微机室就能实现,中高级的金融模拟教学则需投入较多资金,除添置必要的教学软件外,还需引进能接收金融投资信息的信息接收系统,使模拟更接近金融市场运作的实际。目前我国高校有些已经开始中高级金融模拟教学的实践,今后凡具备条件的院校应尽早完善各自的模拟教学系统。

(四)提高从教人员的教学方法,改革动力与能力

新时期金融学教学的改革主要是依靠基层从教人员,从教人员掌握着最全面的教学状况,也是最具改革创新能力的主体。高等教育院校应当不断提高从教人员的改革创新能力,建立起提升从教人员能力的培训进修体系,帮助其进行业务上的提升,同时在教学方法上做更多的传授。

提高从教人员的教学方法改革动力还要适当地引入激励机制,对于在改革教学过程中具有出色贡献的从教人员要给予奖励,这样才能促使金融教学的从教人员不断改进教学、创新教学方法。当然,激励机制应当是双方面的,对于教师努力研究的成果要积极地予以肯定和认可,给予精神鼓励,同时还要给予物质上的奖励。

四、结　语

在新时期社会发展中，金融是重要的经济增长点，今后也将成为重要的经济构成；在高等教育中，金融学教学已经并将继续成为重要的核心专业。当前金融领域的改革不断加快和扩大，金融学教学的改革也紧随其后，对当前金融学教学中以教师为核心、学生被动接受的传统教学方法进行改革是一种必然趋势。教学方法的改革要以金融市场对人才的实际需求为出发点，以提高学生对理论知识的应用为目标进行探索，不断提高学生对理论知识的理解和掌握能力，提高学生分析、解决实际问题的能力，为金融领域输出更多具有实践能力的金融人才。

参考文献

[1] 艾洪德，徐明圣. 新形势下金融学专业本科教学面临的挑战与改革[J]. 东北财经大学学报，2006，4(7)：89-93.

[2] 蒋满霖，曹友林. 浅议新形势下对金融学教学改革的几点认识[J]. 企业导报，2010(3)：216-217.

[3] 康金莉，付红. 金融危机环境下金融教学改革研究[J]. 商场现代化，2009(13)：386-387.

[4] 李志斌，张维. 金融工程本科教学的问题与思考[J]. 金融教学与研究，2014，2：72-75.

[5] 玉素甫·阿布来提. 新技术环境下金融教学的创新[J]. 中国管理信息化，2014，1(17)：138-140.

[6] 袁溥，蓝裕平. 我国高校金融专业小学期实践教学研究[J]. 教育教学论坛，2014，3(11)：211-213.

[7] 周梅，孙艳婷，樊欢. 对高校金融学教学改革的研究与探讨[J]. 湖北经济学院学报(人文社会科学版)，2014，11(2)：192-193.

启发式提问技巧与工作记忆能力的关系研究

万 谍[1]

(浙江工商大学金融学院)

摘 要:本文通过一个简单的概率模型分析学生的工作记忆能力与大学课堂中教师启发式提问的技巧之间的关联和机理,并发现启发式提问最优的频率。教师在课堂中除需充分考虑学生工作记忆能力来设计和提出问题外,还可以适当利用学生工作记忆能力的差异性来改善启发式提问的教学效果。

关键词:工作记忆能力;启发式提问;大学课堂

一、引 言

工作记忆能力指的是短时间内将一段信息保持在脑海中,并分析该信息,使用该信息进行思考的能力。传统的研究中只注重短时间内人们记住的信息量,并将其称之为工作内存(Working Memory),但也有学者强调工作记忆能力的时间维度,将时间分为短期和长期分别讨论(Cowan,2008)。按照 Siegel 和 Ryan(1989)的研究,人类的工作内存空间发展和扩大主要出现在幼年时期,到 14—15 岁时就达到了成年人的水平,中年之后工作内存空间就出现衰退。虽然每个个体因为营养、饮食、生活环境和遗传等影响发育的因素,会出现工作内存的较大差异,但对于大学生特别是重点大学的学生来说,能够从高考中脱颖而出,其工作内存空间本身就应该处于较高的水平,差异性就不太明显。但是,对于处理大学课堂中出现的相对复杂、信息量相对较大的问题时,其持续工作的时间更有可能决定其学习的效果。因此,本文的讨论将工作内存视为常量,主要分析工作记忆时间在大学课堂中所起的作用以及其使用方法。

为什么持续工作的时间长短会影响一个大学生的学习效果?这主要与老师的启发式提问技巧有关。如果老师不注意学生的工作记忆时间,在距离知识点讲解之后的较长课程时间后才发起提问,要学生联想之前学过的内容以及一些基本的分析工具来进行解答,就有可能超过了学生的工作记忆时间,使得大部分学生都陷入迷茫之中,因为之前学到的知识已经过去了太长时间(超过了工作记忆时间)而变得模糊不清,难以专心地思考了。此外,大学的知识点有时非常多,启发式提问涉及的知识点可能跨过了好几个课堂的讲解,此时并不是讲完知识点之后立即提问就可以解决全部的问题。本文

① 万谍,讲师,博士,研究方向为市场微观结构,高频交易数据分析等。

用一个简单的概率模型来分析启发式提问技巧与工作记忆持续时间之间的关系，并由此来推测更科学的启发式教学方法。模型分析了代表性课堂中的老师提问频率与学生工作时间和学习效果的关联性，给出了一些关于启发式提问技巧的建议。

国外对于工作记忆内存，已经有了大量的研究。这类研究有些是生物学和心理学界的科学家做出的较为理论的分析，如 Baddeley(1992)的研究通过分析大脑系统，将短期的工作记忆能力分为中央处理能力、视觉分析能力和语言分析能力。另外，还有很大一部分研究是由教育界的研究者做出的，主要集中于分析孩童的工作内存发展规律以及在课堂教学中的应用(Gathercole 等，2006；Gathercole 和 Alloway，2008)。因为牵涉到孩童的发育水平不同而导致的工作内存差异，这些研究都强调老师教学时需要注意差异化的工作内存，需要耐心地重复讲解和提示。但这些研究都少有关注工作记忆能力在已经成年的大学生的培养中所起的作用。关于启发式提问技巧的研究，国内其实已经有很多的研究。陈羚(2006)对这些研究有综述，研究集中于分析教师的提问数量、提问的分类方法、教师的候答方式、教师的反应方式等各个环节的技巧研究。许绍康(2008)除了分析课堂提问的种类和模式以外，还对于提问后的等待时间进行了探讨，并综述了国内外对于此问题的多方面研究结果。但目前国内外都没有将启发式提问技巧与工作记忆能力结合起来研究的论文，也没有成果讲述这两者之间的关系以及工作记忆能力如何应用于启发式教学，而本文将会是对此的一个有益的尝试。

本文的第二部分将是一个基于概率的机理性模型及其主要推论，第三部分将会对模型的结论的应用性进行扩展分析和讨论，文章的第四部分是结论和展望。

二、简单的机理模型

(一)基本假设

假设在一个代表性的课堂中，一个代表性的学生的工作内存是给定的常量，而老师所讲述的知识点以及提问将要涉及的内容都不超过学生的工作内存。下面的讨论集中于老师的提问时间和学生工作记忆时间的关系分析。

假设代表性的课堂时间是 T(比如一个学时 45 分钟)。老师用于讲述知识，同时学生用于学习知识的时间为 L，因为学习状态的起伏、不同学生之间的差异性，该变量应该是有所变化的，故设 $L—N(\eta,\sigma_0^2)$ 是一个服从正态分布的随机变量，此时均值 η 就是代表性学生用于学习的平均时间(在给定讲述内容的条件下，老师可以通过经验判断大概多长时间可以将此内容讲述明白，这段时间应该与 η 大致相当)，而 σ_0 就表示学生学习状态的起伏程度以及不同学生学习能力的差异程度。代表性学生的工作记忆时间为 θ，工作记忆时间也会因状态起伏和个体差异而发生改变，故也设其为正态随机变量 $\theta—N(\mu,\sigma_1^2)$。L 与 θ 同是正态随机变量，但其实这两者之间并不独立，学习所花时间越短的人，学习能力越突出，其记忆时间也会越长，特别是对于一些自学能力较强的学生，超前学习之下，可能已经在老师讲述之前就已经完成学习，并且因为其出色的智商水平，其记忆能力也会相应出色，因此，我们假设学习时间和工作记忆时间存在负相关关系，即 $cor(L,\theta)=\rho$，且 $\rho<0$，即记忆时间越长，学习所花时间越短。

理想的对于老师提问时间的设定应该假设教师的发问时刻是一个 Poisson 过程，这样启发式提问的间隔时间是一个指数分布，其平均持续时间应该是 Poisson 流的强度的倒数。假设教师并不是那么随机的提问，而是有意识地在课堂中将启发式提问的间隔平均化，则我们只需要关注教师的提问频率即可。所以可以假设在给定的课堂时间 T 中，教师提问的次数为 λ，这样平均提问时间间隔就是 $\frac{T}{\lambda}$。

理想的情况是，提问时学生应该已经完成了知识点的学习，并且提问的时间间隔还没有超出学生的工作记忆时间，此时的提问效果应该是最好的。因为学生都已经用充足的时间学会了知识点，并将其存储于工作内存中，并且由于提问时间还没有超过工作记忆时间，此时学生仍旧有能力分析之前学会的知识点，并对老师的启发式提问恰当地作答。因此，我们的模型目标是要实现大多数学生都满足这个时间的排序(见图 1)：

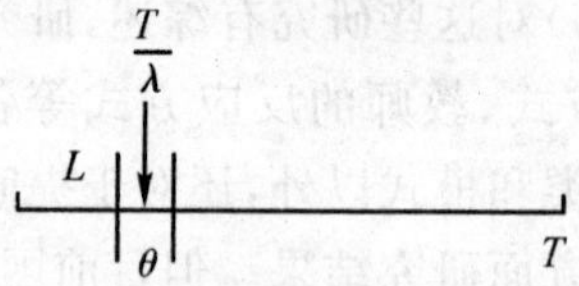

图1 学习时间、记忆时间和提问时刻的排序

事实上，模型的优化目标就是要实现如下的概率的最大化：

$$\max P(L < \frac{T}{\lambda}, L+\theta > \frac{T}{\lambda}) \qquad (1)$$

$$s.t. \quad L \sim N(\eta, \sigma_0^2)$$

$$\theta \sim N(\mu, \sigma_1^2)$$

$$cor(L, \theta) = \rho$$

即需要让提问发生在大多数的学生学习完知识但还没有丧失短期内分析和处理这些知识的能力的时候，对应的就是代表性的学生实现最合理的学习时间、记忆时间和提问时刻排序的概率达到最大。分析此优化问题，只需要分析各个参数对于这个概率的影响，以及参数的取值在什么情况下使得该概率达到最大。

(二)模型结论

在模型的设定中，本文假定了老师在课堂中提出启发式问题的时刻是课时与提问次数的比值，即假设了老师在提问时已经有意识地将提问的间隔时间按提问的次数进行了平均。也就是说，提问的次数越多，提问的间隔越短，每次提问给学生的学习时间就越少。在这样的设定下，模型可以导出下面的性质：

性质 1：对于给定的课堂时间和代表性学生，存在一个最优的提问次数，使得(1)式中的概率达到最大值。

证明：令 $\xi = L + \theta, k = \frac{T}{\lambda}$，则(1)式转化为最大化 $P(\xi > k > L)$。根据正态分布的性质，正态随机变量的线性组合仍然是正态分布。可以推得：

$$\xi \sim N(\eta + \mu, \sigma_0^2 + \sigma_1^2 + 2\rho\sigma_0\sigma_1) \qquad (2)$$

令 $\rho_1 = cor(L, \xi)$ 表示 L 与 ξ 的相关系数，由 ξ 的构造可得：

$$\rho_1 = \frac{\mathrm{cov}(L, L+\theta)}{\sqrt{\mathrm{var}(L)\mathrm{var}(\xi)}} = \frac{\rho\sigma_0\sigma_1 + \sigma_0^2}{\sigma_0\sqrt{\sigma_0^2+\sigma_1^2+2\rho\sigma_0\sigma_1}} \quad (3)$$

令 $\mu_x = \eta, \sigma_x = \sigma_0, \mu_y = \eta + \mu, \sigma_y^2 = \sigma_0^2 + \sigma_1^2 + 2\rho\sigma_0\sigma_1$，因为 L 与 ξ 的联合密度是二元正态分布，则上述概率的计算式是如下的一个二重积分：

$$P(L < k, \xi > k) = \int_{-\infty}^{k}\int_{k}^{+\infty} \frac{xy}{2\pi\sigma_x\sigma_y\sqrt{1-\rho_1^2}} \exp\{-\frac{1}{2(1-\rho_1^2)}[\frac{(x-\mu_x)^2}{\sigma_x^2} + \frac{(y-\mu_y)^2}{\sigma_y^2} - \frac{2\rho_1(x-\mu_x)(y-\mu_y)}{\sigma_x\sigma_y}]\} dxdy \quad (4)$$

此二重积分并没有显式解，但可以直观地理解，假定其他的参数不变，此概率只由 k 的变化决定，则其应该是 $P(L<k)$ 与 $P(\xi>k)$ 的交集，而显然这两个概率其一是 k 的增函数，另一个就是 k 的减函数，因此，必然存在最优的 k 使得其交集达到最大值。此外，本文还设定一些参数值后对(4)式的值与 k 的关系进行了随机模拟，如图 2 所示，确实存在最优的 k 使得提问效果达到最优化。

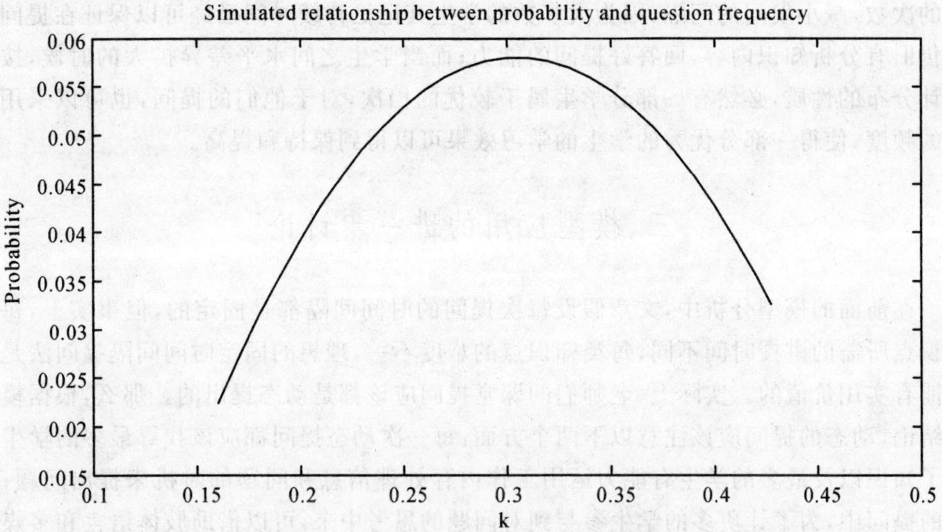

图 2　联合概率与 k 的关系的模拟图

（注意：这是利用随机模拟做出的效果图，设定值列表如下：

$T = 1, \eta = 0.15, \sigma_0 = 0.06, \mu = 0.1, \sigma_1 = 0.04, \rho = -0.4$。对于每个给定的 k，计算概率的模拟次数是 10000 次，每次产生相互独立的 2 个正态随机变量，每个随机数 10000 个，并运用其协方差矩阵的 Cholesky 分解，得到 L 和 ξ 的联合分布，计算随机数超过 k 的累计次数，除以总的次数则得到模拟概率。）

性质 1 的结论事实上说明，老师在上课时，应该有意识地控制启发式提问的次数，在事前对班级学生的学习能力水平 L 和工作记忆时间 θ 有一个预先的估计，由此可以对提问的发出时刻有一个最优的掌控。而学习能力水平可以通过学生的高考分数，平时的作业情况，以及之前提问时学生的反馈情况有一个大致的了解。此外，每一次学习内容的多少，知识点的难度高低，也会使得学习当前知识所花的时间有较大改变，此时也应该相应地调整提问时间。而每个学生的工作记忆时间必然是有所差异的，作为老师应该对此差异的情况及学生的平均记忆持续性有所了解，以便在合适的时间给出启发式提问,收获最佳的课堂效果,使得更多的学生能够有能力跟上提问的进度,思考提问的内容,运用所学的知识,让边学边用边掌握知识的过程更完善。

但实际中,老师的提问可能涉及的知识不仅仅是刚刚学过的内容,也可能联系之前的知识点,死板地假定老师必须在提问时考虑教学知识点所花的时间 L 是不合实际的。故而,可以假定老师在提问时已经花费了足量的时间教授该知识点,因此他必然已经考虑到学生已经学到了该知识,所以,(4)式中需要优化的概率问题就可以简化为最大化 $P(\theta > k - L)$,其中 L 不再是随机变量而是一个常数,则此概率可以写为:

$$P(\theta > k - L) = 1 - \Phi(\frac{k - L - \mu}{\sigma_1}) \tag{5}$$

其中 $\Phi(\cdot)$ 是标准正态分布函数。由此,可以得到如下的性质。

性质 2:当老师确定已经将知识讲授完成后再发问,则学生的记忆能力越强(越大),学生的记忆能力水平越发散(越大),提问效果越好(越大)。

性质 2 事实上是简单的推理。当学生的整体水平较高时,老师可以适当地提高发问的次数,减小发问的间隔,因为大多数的学生其记忆持续时间已经可以保证在提问时刻仍旧有分析知识内容,回答好提问的能力;而当学生之间水平差异扩大的时候,按照统计分布的性质,必然有一部分学生属于较优的档次,对于他们的提问,也可以采用较高的频度,使得一部分优秀的学生的学习效果可以得到保持和提高。

三、模型应用的进一步讨论

在前面的模型分析中,文章假设每次提问的时间间隔都是固定的,但事实上,每个知识点所需的讲授时间不同,每类知识点的难度不一,理想的固定时间间隔提问法是不可能有实用价值的。实际上,老师们的课堂提问应该都是动态提出的。那么,根据模型的结论,动态的提问应该注意以下两个方面:每一次动态提问都应该找寻最多的学生学会了知识以及最多的学生有能力运用工作内存处理信息和问题的时机来提出问题;动态的提问中,为了让更多的学生参与到对问题的思考中来,可以借助肢体语言和多媒体图表,利用形象思维的持久性来加强学生的即时工作记忆能力。根据 Gathercole 和 Alloway(2008)的专著,采用示范和视觉支持会大大提高学生的工作记忆能力和启发式教学效果。此外,Gathercole 和 Alloway(2008)还建议老师不要重复对于同一个问题提出问题,容易打断学生本来已经进入的思考节奏,从而使得记忆内存的运作变得低效。

此外,实际的教学中,老师不可能一直面对的都是水平较高的学生。有可能同一个课程,需要对低水平的学生(比如三本的学生)和高水平的学生(比如一本的学生)共同开设,如果老师仍旧使用同一教案,在同样的地方采用同一频率进行提问,其效果肯定是达不到总体最优的。根据性质 2 的结果,应该在对高水平的学生进行教学的过程中,适当提高发问的频率,可以对更多更复杂的问题进行提问,诱导学生对此进行思考,充分发挥他们的工作记忆能力的优势,使得课堂的效果达到最佳。而对于低水平的学生来说,提问时应该确认之前的讲授已经使得学生弄懂了知识,并且提问应该尽可能地紧贴知识点,不能越过学生的工作记忆时间和工作内存去提出高难度的或间隔时间过长的问题,防止教学效果反而由此变差。

最后,对于同一个班级中必然存在的学生工作记忆能力的差异性,由性质 2 的结果可以看出,该差异性不但不是教学的难点,反而会对教学效果的提高有帮助。但是,并不能由模型那样被动地接受差异性带来的理论上的好处,在实际教学中,老师们还可以采取措施发挥该差异性的优良作用。最实用的方法就是提出问题后组织学生分小组讨论。分小组讨论会使得不同学生之间的工作内存共享,工作记忆持续时间达到最优的利用。在更短的时间内,学生就可能从讨论和能力分享中找到问题的答案,享受到学习和思考的乐趣。但需要注意的问题是,同一个小组内差异性既不能太大,防止有一个人提前说出答案(这也与问题难度有关),阻碍了其他人的思考过程;也不能太小,差异太小则讨论的价值并不能发挥到最大,因为工作内存的分享效果并不明显。实际中,老师可以通过 1—2 次课堂提问,对班级学生的水平大致进行评估,将最优的学生平均分配到每个讨论组中,就可以实现资源的更有效配置。

四、结　论

本文以一个简单的概率模型,描述了工作记忆能力在课堂的启发式提问中所起的作用,并分析了如何结合学生的工作记忆能力来进行有效的启发式提问。基本的结论包括:教师应该掌握提问的频率和节奏,启发式提问有其最优的提问时间和频度;教师提问时应该注意所教学课程的难度和学生所处的水平;教师提问时可以采用分组讨论的形式发挥工作记忆能力的差异性的优势。

但本文的研究还很浅薄,结合教学实际做得不够,模型也过于简单,假定过于严格。未来的研究方向可以将工作记忆时间和工作内存以及知识点的难度都考虑到模型中,并且将老师的教学水平也考虑为模型的变量,这样可以更接近真实的课堂,更好地分析工作记忆能力与启发式提问技巧之间的关联性。

参考文献

[1] BADDELEY A. Working memory[J]. Science, 1992, 255(5044): 556-559.

[2] COWAN N. What are the differences between long-term, short-term, and working memory? [J]. Progress in brain research, 2008, 169: 323-338.

[3] GATHERCOLE S, ALLOWAY T P. Working memory and learning: A practical guide for teachers[M]. Sage, 2008.

[4] GATHERCOLE S E, LAMONT E, ALLOWAY T P. Working Memory in the Classroom [J]. Educational Research & Reviews, 2006, 1(5): 382-385.

[5] SIEGEL L S, RYAN E B. The development of working memory in normally achieving and subtypes of learning disabled children[J]. Child development, 1989, 60(4): 973-980.

[6]陈羚. 国内外有关教师课堂提问的研究综述[J]. 基础教育研究, 2006(9): 17-20.

[7] 许绍康. 教师课堂提问研究进展[J]. 心理研究, 2008, 1(3): 93-96.

在线教育现状分析及对策研究*

柳 虹① 厉小军②

(浙江工商大学计算机与信息工程学院、教务处)

摘 要:大规模在线开放课程(MOOC)对传统的教育模式带来了冲击,其信息化知识共享方式也给高校知识资源整合与共享带来了新的发展方向。本文结合在线教育现状,通过调研浙江工商大学师生对于网络学习和 MOOC 的认知,研究和探索了浙江工商大学在线教育新模式的实施方案——重视 MOOC 建设和推广翻转课堂。

关键词:在线教育;MOOC;翻转课堂

一、引 言

在目前这个发展节奏越来越快的信息爆炸时代,面对日益激烈的竞争环境,知识资源扮演着越来越重要的角色。高校作为典型的知识密集型机构,知识是其运作和创新价值的核心资源。知识创新对于提高高校的核心竞争力具有最直接的意义,高校的知识创新力同时也影响着国家和社会的竞争力,因此,探索积极有效的高校知识资源整合与共享新机制具有重要的研究意义。

随着 2012 年 MOOC 潮流风靡全球,掀起了一股新的数字化学习浪潮,其知识共享方式给高校知识资源整合与共享提供了新的启示,为在线教育提供了新的思考方向,借助互联网,教育的网络化是一个发展的必然趋势。本文分析了目前在线教育的现状,通过对浙江工商大学师生关于网络学习的调研,以新教学模式 MOOC 为契机,探索和研究了浙江工商大学在线教育的实施方案。

二、在线教育现状

(一)国内外在线教育现状

在线教育,即 E-Learning,是一种以网络为介质的教学方式。与传统教育相比,具有资源利用最大化、学习行为自主化、学习形式交互化、教学形式个性化和教学管理自

* 浙江工商大学高等教育研究课题。

① 柳虹,副教授,博士,研究方向为软件工程。

② 厉小军,教务处副处长,教授,博士,研究方向为高校教学管理、软件工程。

动化等特点。根据教学资源的传递方式和师生间的互动性，我们把教与学分成以下 9 种模式，如图 1 所示。其中，基于网络教学平台的混合式学习、开放式课程、大规模开放在线课程是当前在线教育的主流，而翻转课程则是在线教育的理想教学方式。

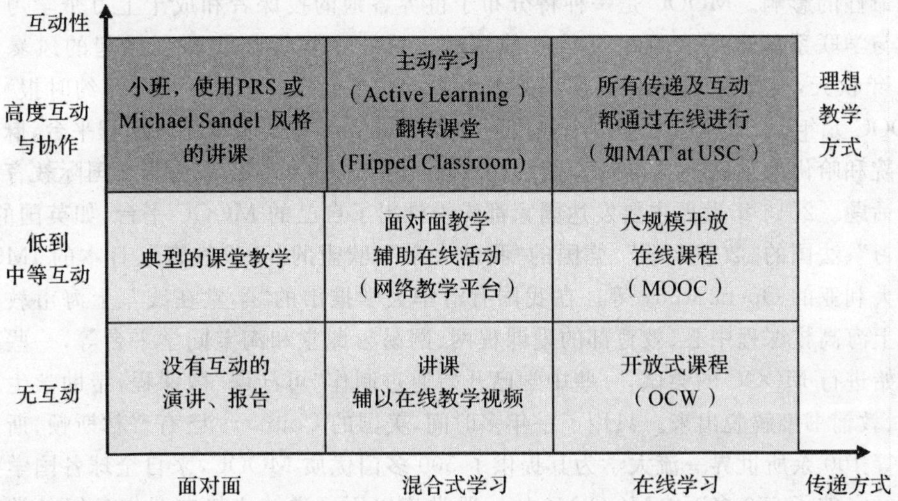

图 1　在线教育(教与学)发展现状与趋势①

1. 基于网络教学平台的混合式教学

基于网络教学平台的混合式教学(Blending Learning)，是指将教师的教学行为由课堂上扩展到课堂外，学生除了课堂学习外，还可以通过网络教学平台进行学习，大大提高学生的学习效率和效果，这样既可以发挥教师的主导作用，又可以发挥学生的主体性作用。在分析学生需要、教学内容、实际教学环境的基础上，可充分利用在线教学和课堂教学的优势互补来提高学生的认知效果。混合式教学强调的是在恰当的时间应用合适的学习技术达到最好的学习目标。

目前网络教学平台一般具有教学资源共享、网上作业、网上测试、在线交流等功能，能辅助教师实现多媒体在线教学、在线答疑、在线讨论与交流、在线教学评价以及在线个别辅导。

2. 开放式课程

开放式课程，即 OCW(Open Course Ware)，是将课程的教学材料和课件公布于网上，供全世界的求知者和教育者们免费无偿地享用。2001 年麻省理工学院启动了开放课件项目，2005 年国际上成立了开放课件联盟(Open Course Ware Consortium, OCWC)，目前有近 200 个大学会员、几十个组织会员。"十二五"期间我国教育部也加大了精品开放课程的建设，包括精品视频公开课、精品资源共享课。目前，在爱课程网、网易公开课上可以获取大量的开放课程资源。开放式课程提供了高质量数字化教学资源，包括课程大纲、教学视频、课堂讲义、试题、补充教材等，但不提供师生互动与答疑机制，也不提供学分、学位或认证。

① ①参考了香港科技大学 T. C. Pong 的讲座。

3. 大规模开放在线课程

在2012年之前,人们一直探索信息技术与教育结合的方式,但收效甚微。但是2012年MOOC(Massive Open Online Courses,大规模开放在线课程)的出现对教育产生革命性的影响。MOOC是一种将分布于世界各地的授课者和成千上万个学习者通过教与学联系起来的大规模开放在线课程。这一大规模在线课程掀起的风暴始于2011年秋天,被誉为"印刷术发明以来教育最大的革新"。2012年,被《纽约时报》称为"MOOC元年"。斯坦福大学两个教授创立了Coursera在线免费公开课程平台,麻省理工学院和哈佛大学联手发布edX网络在线教学平台,MOOC已成为当今国际教育界最热的话题。2013年世界主要发达国家都纷纷推出了自己的MOOC平台,如英国的"未来学习"、法国的"数字大学"、德国的"我的大学",欧盟的"开发教育"、日本的JMOOC和澳大利亚的Open2Study等。在我国有清华大学推出的"学堂在线"、上海市教委推出的上海高校课程中心、教育部的爱课程网、网易云课堂和淘宝同学平台等,一些高校已开始进行MOOC的尝试,一些中学已开始通过制作"可汗课"微课程,帮助学生从辅导班、教辅书堆解脱出来。只用了一年多时间,美国的Coursera已有普林斯顿、斯坦福大学等100余所世界一流大学为其提供了500多门优质MOOC,来自全球各国学生人数已经突破了550多万。MOOC正如一股洪流以不可逆转之势向我们各级各类教育的各个层面渗透,使学生有了前所未有的选课自由度,可享受到海内外最优质的教育资源。

4. 翻转课堂

翻转课堂(Flipped Classroom),又翻译为"反转课堂"。2011年"翻转课堂"在美国各地兴起,并很快就吸引了多方的关注。这种新型的教学形式,通过使用在线视频,将讲课转移到课堂外,教师在课堂主要是通过与学生互动来回答问题、解决问题,从而使教师可以使用更多的时间关注有需要的学生。"翻转课堂"可以充分利用现有网上的各种优质教学资源,让学生逐渐成为学习的主角。学生在学习的过程中,可以观看自己任课教师的视频来学习,也可以观看其他老师的视频来学习。而通过课堂的对话和讨论,不仅可以提升学生的学习效果,同时教师可以真正做到因材施教。

(二)浙江工商大学在线教育现状

浙江工商大学从2003年开始建设精品课程,到"十一五"末,共设有3门国家级精品课程,37门省级精品课程和87门校级精品课程,大部分课程提供课程网站和视频教学录像。但是,我校的精品课程建设与其他高校类似,存在"重申报,轻建设"的现象,申报成功之后,普遍投入不足,重视不够,精品课程网站的内容基本上还是申报时的内容。随着时间的推移,网站部分教学内容过时、老化,一些精品课程质量相对下降,已经不是现在意义上的精品课程,因此点击率低,有的甚至几乎无人问津。

2010年学校引进BlackBoard网络教学平台。该平台是国际领先的教学平台,它以课程为中心集成网络教学环境,提供了课程教学资源共享、网上作业、网上测试、在线交流等功能。通过该平台学生可以在教师的引导下自主选择要学习的课程内容,学生之间、师生之间可以根据"教和学"的需要进行讨论、交流,从而实现"混合式教学"模式。现该平台已有300多门在线课程,但从使用的实际情况看,真正通过该平台能开展"混合式教学”的课程还不多，更多只是利用该平台进行一些教学资源的共享。学校下一步还应出台相关政策，在教师中推广该平台的使用。

“十二五”以来，教育部、财政部启动实施“高等学校本科教学质量与教学改革工程”，非常重视精品公开课程的建设。浙江工商大学从 2011 年起先后完成了 6 门视频公开课、3 门资源共享课和 10 多门微课的建设，其中各有 3 门课程入选国家级精品视频公开课和国家级精品资源共享课。这些课程的建设，不仅展示了优秀教师的教学水平，同时也提高了学校的知名度，更重要的是建设了一批优秀课程资源，为学校下一步 MOOC 课程的建设打下了一定的基础。

相对于其他数字化学习资源，如网络课程、视频公开课，MOOC 的优越性在于它优化了学习路径，及时诱发认知冲突，加速概念转变的发生。目前，也有不少人对 MOOC 存在认识上的误区。了解老师、学生对线上自主学习的看法、使用情况，以及如何结合线下课堂学习、考评，有利于在线教育的推广，因此学校委托学生社团鹰眼社开展了有关学生自主学习能力以及对网络平台的学习体验，和师生对 MOOC 学习的了解情况等内容的调研。

调研对象中男女所占百分比为 22.99％和 77.01％，各年级组成所占比例分别是：大一 50.33％，大二 41％，大三 8.46％，包括学校的大部分专业，涵盖了文史类、理工类、经管类、艺术类等，其中理工与经管占据了大部分比例。针对回收的问卷，采用 SPSS 软件对问卷数据进行分析，分析方式主要采用数据统计频率分析法以及交叉分析法，得出的分析结果如下所示：

1. 学生自主学习能力以及对网络平台的学习体验

就网上学习的频率而言，男生女生在频率上具有相似性，统计结果如图 2 所示。从图中可见网上学习这一方式还未完全被同学接受，没有成为主流的学习方式，当前学习方式仍以线下学习为主，线上主动学习主动性不高。

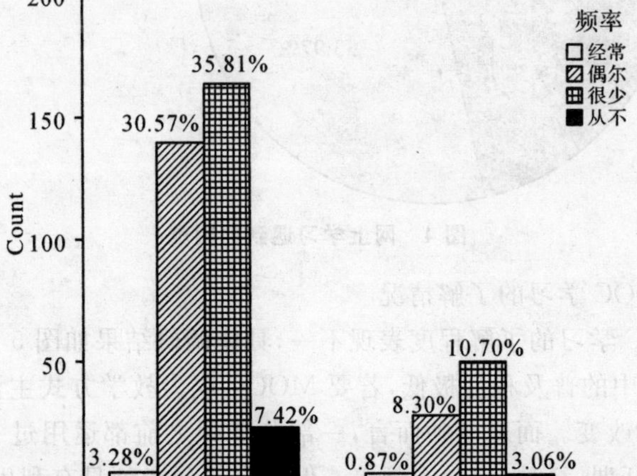

图 2　网上学习的频率

学生使用网络学习平台的情况如图 3 所示（有 31.29％的问卷未填写该项）。从图中可知当前学生使用学习网站途径较少，使用程度较低，学习网站在学生中的接受度较低。同时,学生使用的学习网站统一度较低,缺乏知名度较高的、使用人数较多的网站。

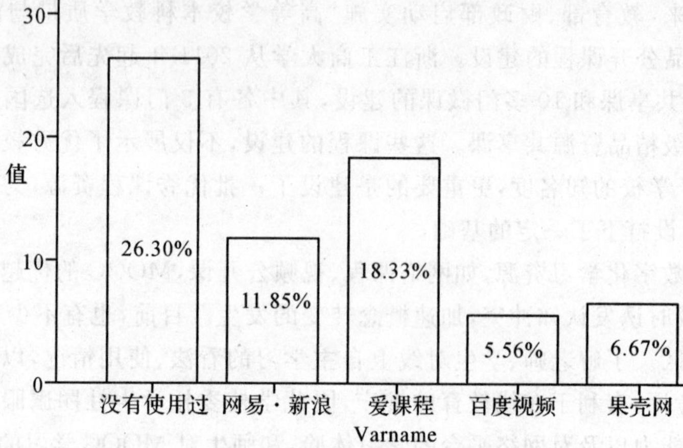

图3 网络学习平台使用率

学生在网络学习中遇到的困难统计情况如图4所示。从图中可见网络学习的主要困难来自客观和主观两方面的三大问题:资源的缺失、自控力、对新事物的接受度。网上学习要想取得进展必须解决这三大问题。

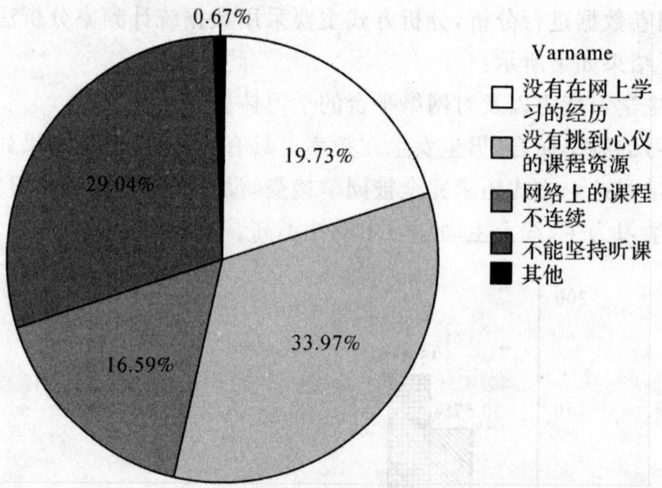

图4 网上学习遇到的困难

2.师生对MOOC学习的了解情况

师生对MOOC学习的了解程度表现不一,具体调研结果如图5所示。通过调查显示,MOOC在同学中的普及程度极低,若要MOOC成为教学方式主流将需要对现有教学体制做出较大的改变。而对老师而言,一部分老师之前都运用过一些网上学习平台教学,譬如网易公开课、科教、教学视频等。但也有部分老师只有利用网络查资料、了解学科前沿知识,并没有用过网上课堂。虽然所有接受访谈的老师都觉得网上资料很丰富而且很便捷。但绝大多数老师都只是听说过MOOC这个词,并不熟悉其概念以及课程具体状况,只有小部分老师通过上次学校组织的MOOC讲座,才对MOOC有一些了解。

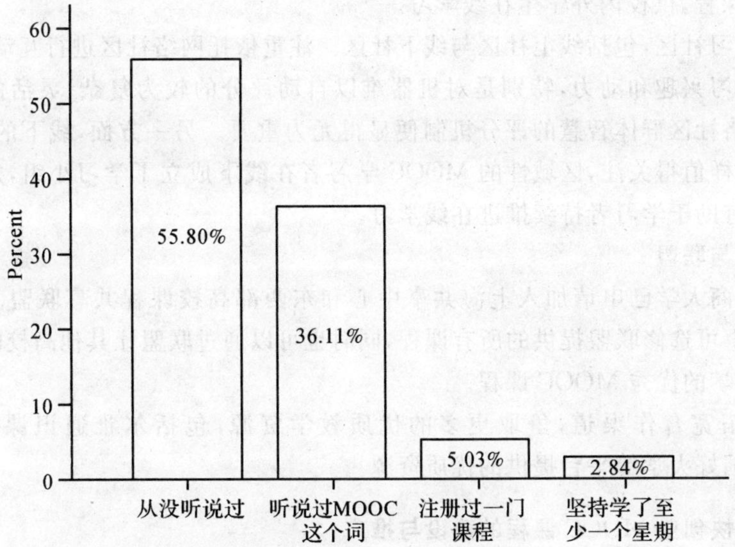

图5　师生对MOOC了解程度

三、浙江工商大学在线教育实施方案

为顺应MOOC的大潮，学校应重视在线教育，积极探索和研究在线教育新模式的实施方式，以求充分调动学生学习的主动性和提高学习效果，从而提高教学质量。

(一)重视MOOC的建设与利用

1.创新设计知识点，增强学习者的体验

针对学习过程，由于学生的需求和喜好不同，适合的学习方法也不同，这就要求在设计MOOC课程的时候对学习者进行类型划分，可以根据VAK理论等进行划分；同时注意知识切割的颗粒度，尽量考虑颗粒重组能否满足多种需求的程度和开发成本之间的平衡。设定和控制合适的颗粒度，尽可能完全地考虑学习者的特性。

在MOOC的内容设计上，应该能够将来自名校的优质教育资源通过网络信息等技术手段转换为可以自由组合的知识片段，同时根据学习者的学习间隔进行有效的学习效果评估并进行及时的问题干预。在线教育应该将这些知识的核心和思想通过差异化的设计，针对不同需要和学习目标的学习者提供不同的学习内容。应该根据学习者的需求或问题来提供学习内容和服务，并对服务的质量进行跟踪、分析，并通过后期的学习过程及时反馈。

2.MOOC平台建设

针对MOOC课程的特点，在现有的网络教学平台基础上，搭建校内MOOC学习平台。利用该平台，可整合现有的在线开放课程供学生学习，这不仅可补充学校的课程资源，特别是通识课资源，而且可以倒逼教师进行课堂教学改革，改变照本宣科、满堂灌的教学现状。学校也可出台在线课程学分认可制度，鼓励学生通过MOOC平台修读课程。继续建设一批优秀的视频公开课、资源共享课、微课等在线教育资源，重点建设一批 MOOC 课程,供校内外学生在线学习。

注重学习社区,包括线上社区与线下社区。注重依托网络社区进行互动交流,以提高学生的学习兴趣和动力,特别是对机器难以自动评分的较为复杂、灵活的交互式练习,依靠网络社区群体智慧的评分机制便显得尤为重要。另一方面,线下的 MOOC 学习者社区同样值得关注,区域性的 MOOC 学习者在线下成立了学习小组,定期探讨学习经验,这有助于学习者持续推进在线学习。

3. 合作与联盟

浙江工商大学已申请加入上海共享中心和东西部高校课程共享联盟。加入联盟后,在校学生可选修联盟提供的所有课程,同时也可以通过联盟让其他高校的学生修读浙江工商大学的优秀 MOOC 课程。

另外,拓宽合作渠道,争取更多的优质教学资源,包括尔雅通识课、中国大学 MOOC、中国好大学等平台提供的优质资源。

(二)加快创业 MOOC 课程的建设与推广

为推进创业教育,浙江工商大学专门成立了创业学院,负责统筹全校的创业教学、创业实践和创业教学研究工作。目前,学校的创业教育存在创业知识传递、社会实践组织需求量大与创业师资队伍相对不足的问题。为解决此问题,学校把创业相关的核心课程制作成 MOOC,然后采用"翻转课堂"的教学模式。同时,考虑到目前大部分高校推出的 MOOC 课程以通识课或学校的特色课程为主,没有形成某专业领域的系列课程,因此,浙江工商大学推出体现学校创业特色的系列创业教育 MOOC 课程,同时推出"创业管理"微专业认证,这在全国来讲都是具有创新性的举措。

根据创业人才培养的需要,"创业管理"微专业的课程共有 8 门课程,包括"精益创业实务""项目分析与商业计划书""互联网思维与创业"等。为了充分调动教师参与 MOOC 建设的积极性,学校将创业课程的建设列为校级教学项目。

(三)重点推广"翻转课堂"教学模式改革

为推动信息技术在教学中的应用,鼓励教师充分利用 MOOC 等在线教学资源,浙江工商大学启动了"翻转课堂"教学模式改革试点工作。通过课程试点,积累教学经验,可以更好地在全校推进"翻转课堂"教学模式改革。根据前期的调研,要做好"翻转课堂"主要要解决以下三个方面的问题:

1. 课程内容设计

课程的设计要紧密联系教学目标与教学内容,使学生拥有更加聚集的学习体验,注重挖掘细节,设计主题完整的问题,运用系统的思维方法对问题进行整体的规划,构建课程。倘若是课时较长的重点内容,将其分为若干个小主题,内容相关的片断组成小专题,供学生学习,使学生明确重难点以及知识点之间的联系,集中精力学习,促进学生自主学习能力的提高以及逻辑思维能力的提升。

2. 教学活动实施

在技术的支持下,学生自主学习教师提供的课程,以及利用一些相关的专题网站资源进行个性化学习,通过相关的网站或者交互软件以及平台和师生进行协作、研讨,将原先课堂讲授的内容转移到课下，学生主动完成知识的传授，而将知识内化留在课堂中完成。学习过程主要包括：学生完成作业、独立解决问题、探究协作式活动、基于项目的学习。老师对于未理解或有疑问的知识进行探讨、提问，提供个别化的指导，让学生在具体环境下运用其所学知识，形成新的认知结构。

3.学习结果评价

“翻转课堂”模式下的教师通过共享、动态的测量与评价，追踪学生的学习全过程。在完成一个单元学习后，教师要检查学生的知识掌握情况（如通过作业、考试等方式），给予及时的测评和反馈，使学生清楚自己的学习情况。根据测评结果进行集体辅导或个性化指导，促进同伴之间的互助，以及学生知识的内化，便于教师对课堂活动的设计做出及时的调整，更好地促进学生的学习；与此同时，便于教师对课堂活动进行协调、安排，优化课程的教学设计。

四、结 论

在线教育的发展，特别是 MOOC 的出现，给高等教育带来了巨大的冲击。本文通过对目前国内外在线教育现状的了解，结合浙江工商大学在线教育的现状，探索和研究了以 MOOC 为基础，推行翻转课堂的在线教育新模式的实施方案。

参考文献

[1] 李华，龚艺，纪娟，等.面向 MOOC 的学习管理系统框架设计[J].现代远程教育研究，2013(3).

[2] LEWIN T. Universities Reshaping Education on the Web[N]. The New York Times，2012-07-20.

[3] LEWIN T. Education Site Expands Slate of Universities and Courses[N]. The New York Times，2012-10-09.

[4] 丁建英，黄烟波，赵辉.翻转课堂研究及其教学设计[J].中国教育技术装备，2013(7).

由熊彼得的创新理论谈数字出版人才的培养*

沈 珉①

(浙江工商大学人文与传播学院)

摘　要:随着数字出版的蓬勃发展,数字出版人才的需求量猛增,人才培养的思路也必须更新。熊彼得的创新理论旨在改变生产函数,达到经济的动态平衡。它提供了出版教育整体创新的思路,具体包括观念创新、技术创新以及目标创新。把握这一理论精髓,有助于把握创新的关键,打造持续的培养战略。

关键词:创新理论;数字出版;人才培养

随着数字出版的蓬勃发展,数字出版人才的需求猛增。但是鉴于数字出版教育的相对滞后,为社会输送合格数字出版人才的任务仍显艰巨。反省数字出版教育,并为之勾画未来的方向,仍是出版教育的当务之急。本文拟从熊彼得的创新理论给我们的启示出发,对出版人才的培养进行一些讨论,以供参考。

一、熊彼得的创新理论及启示

20世纪上半叶,奥地利经济学家、"现代创新之父"约瑟夫·阿洛伊斯·熊彼得提出的"破坏性创造"理论分析了资本主义经济动态平衡的基本原理。经过时间验证,熊彼得理论确有对经济发展的洞见性价值。在其理论中,"创新"是指建立一种新的"生产函数",也就是把一种从来没有过的关于生产要素和生产条件的"新组合"引入生产体系,从而引起经济的波动,推动经济向前发展。后人在其研究基础上,对创新的内容形成了较为一致的看法,即创新活动的内容包含了产品创新、工艺创新、市场创新、资源配置创新以及组织(制度)创新。在信息时代到来之后,创新更被认为是"创新生态下技术进步与应用创新的创新双螺旋结构共同演进的产物"。

从历史上看,出版行业的行进态势正好诠释了熊彼得的创新理论:出版是在某种环境中整合适时的资源、更新生产工艺、创造新产品、开发新市场的历史。出版人才正是与出版环境相关并与之互动的活动因子。如果把出版人才视为产品的话,那么这一产品的生产过程也必须体现与出版环境相适应的自身不断整合与创新的过程。因此,培养符合社会需要的数字出版人才首先要拷问教育者以及教育制度本身。

---

* 此论文为2014年全国数字出版及数字出版人才培养研讨暨高等编辑学会年会的学术分场交流论文。

① 沈珉,副教授,副编审,博士,研究方向为出版史及出版图像。

熊彼得的创新理论给我们的启示之一，就是要以动态与创新的眼光来看待数字出版教育。创造本身就是破坏性的过程，即新属性替代旧属性，新结构替代旧结构的过程。而在出版中，由于技术发展的无限性，旧有结构受到根本性破坏，且不可逆转。因此，数字教育也是一项终身的教育，数字出版教育更要面向未来的方向。同时，由于生产函数在不断变动之中，只有强调"企业家的创新精神"，由企业家的介入才能实现一个新组合。而出版教育中，强调的则是教育者本身的眼光与教育架构，教育一方面需要不停地调整教育格局以应对不断变动的出版实状，一方面也要牢牢把握核心竞争力，设置变化中的"相对的常量"，将技术置于可控的状态之下，才能抓住核心的竞争力。

熊彼得的创新理论给我们的启示之二，就是生产函数的交互作用性。以封闭或分割的思路来考量出版教育的诸环节或者诸因素，都不能适应出版的现代需要。尤其是电子出版时代，出版主体众多，格局多样，形式立体，需求各异。如果教育不与实践挂钩，就会严重与社会现实脱节，形成闭门造车的局面。因此教育不仅要切入生产实践，而且要站在产业的制高点，一方面努力加强职业素质教育，另一方面也要敏感地捕捉最前沿的发展因子，保持在理论与实践的前沿位置，唯其如此，才能培养符合市场的出版人才。

二、数字时代出版人才创新培养的思考

具体来说，熊彼得的创新理论启发了我们在出版教育中要坚持观念创新、技术创新、组织创新与目标创新。这几个创新思路，让数字时代的出版教育具有了整体创新的思考。

(一)观念创新

熊彼得的创新理论将创新设置为一个常量，而创新的内容实际上是不断被替换的。数字时代的出版在纵深两个方面得到发展，出版的概念边界得到前所未有的拓展。出版的多元化迫使教育者必须以大出版的概念来培养人才，以扩大人才的适应性，同时也迫使教育者必须把握出版核心价值，以增加人才的竞争力。

1. 数字出版人才的培养应该体现出版的核心价值

出版是增加附加值的一种行为，而在这一生产过程中，传统出版的四大附加值创造中，资金与技术的优势不再明显，出版人才的价值体现在对内容的策划能力以及出版版权的积累与使用上。因此，坚持"内容为上"与"版权效用"的培养既是对传统出版编辑人才的本质肯定，也是数字环境中对出版核心优势的阐释。同时，这种认识可以纠正过分倾向于资本运作以及过于强调技术的倾向，回归到对出版本质的认同，回归到对人力资源的尊重与培养道路上来。

2. 数字出版人才培养需要有立体的思考维度

人才培养需要有国际视野，也应该实行分层培养。熊彼得理论认为，发展的因素之一就是新资源的获得。出版跨行业跨区域的延伸，使得世界范围内的资源与技术的使用成为可能，这种可能也使生产获得更多的出版空间，实现资源的重新配置以及新市场的开创。分层培养是指针对不同的市场需要，培养数字出版不同梯级的人才，以满足垂

直性的社会需求。简而言之,数字出版人才可以分为数字出版实务人才、数字出版经营人才以及数字出版研究人才。数字出版实务人才需要掌握数字出版的策划以及数字资源统筹开发的能力,数字出版经营人才掌握媒体的发展方向,具有通过市场运作以及资本运作来进行融合性的资源开发的能力,而数字出版研究人才则应该关注出版的未来方向并具有科研的能力。

3. 数字出版人才培养应该处理好传统与发展,技与术的关系

出版概念的泛化,使得出版主体、出版方式、出版载体各个层面都有了丰富的内容阐释。而数字出版的复杂在于,数字出版不是几个层面的简单连接,而是轴心内容的立体开发与特色开发。数字出版生产链更为复杂,呈现为文化生态圈式的结构,使出版的触角伸入了教育、娱乐、实业等不同领域。这就要求生产的新组合具备更为宽广的知识结构。教育应该围绕出版的核心,解决数字时代出版传播的新问题,同时不能为技所淹,而要知晓技术的边界,使技为我所用。

(二)技术创新

如果可以将出版人才的培养模式与培养方法看成是为生产加工的手段,那么通过生产技术的创新可获得合格的产品——出版人才。

1. 调整课程体系与补济教材建设

传统的出版专业挂靠其他专业为多,学科内容以传统出版编辑理论课为主,专业技术方面的课程也只限于网页设计、图形处理、现代排版等几门软件编辑课,整个课程体系的口径相对狭窄,同时缺乏尖端课程前沿课程的适用教材。为适应数字出版的现状,可以考虑压缩传统编辑出版理论课时,增加管理学维度、经济学维度、文化学维度以及数字技术维度的课程切入,以个案与专题的方式来补济教材的缺乏。比如英国龙比亚出版专业在教学中充分考虑到理论与实务的比例关系,理论按照专题形式由多位教师做理论指导,以书单来扩容增厚内容;而实践则以个案展开,个案研究时多邀请出版界人士做介绍,同时需要每位学生加入自己的设计或者策划,这样的结果一是扩增知识容量,二是补济教材的不足,把握知识前沿。

2. 充分运用校内与校外两种资源

一是可以通过校企合作获得更广阔的实践平台与就业平台,二是聘请出版界的专家与工作人员来进行讲座,三是可以聘请海外的专业人士或者通过网络资源为学生介绍这一领域国外最新的发展状况。同时让学生走出去,参加各种图书节以及出版学术活动,进行必要的市场调研以及实务练习。

3. 重视实践环节

编辑出版是偏重实践的专业,国外一直强调出版的应用性,比如丹佛大学的 1/2 课程均为实践课程。国内教育首先要完善实验室建设,通过实验室练习,来熟悉网络出版的过程。其次是模拟训练,尝试从策划到审稿、编辑、版式设计、营销计划以及附属版权开发的工作。最后建立稳固的教学实践基地,通过实习,了解基本的出版环节与最新的出版技术。

(三)组织创新

作为生产函数中最具主观能动的因素,熊彼得将其视为刺激与达成高效生产的重

要条件。在出版教育中，组织创新是对已有生产主体的建设。

1."双师型"师资队伍的建立

"双师型"教师在这里包含两层意思：一是指双职称型教师，即教师不仅具有教师系列的职称还要有职业资格的职称；二是双素质型教师，即教师不但具备课堂理论教学的素质，还应具备带领学生实践操作教学的素质。出版界专家通过转岗，或者专职的老师通过挂职，完成角色转换。除了校外专家成为学校的兼职教师，专业老师通过项目研究的方法切入到数字出版的最前沿也是较为可行的方法。

2.学习性组织的建设

传统的教学以课堂讲授为主，学生的学习自主性以及实践能力得不到发挥。可以通过自主学习以及项目制学习来获得一手的经验。比如引入"工作室"教学模式，模拟企业的工作环境，让学生既能在工作中体会理论，又能加强业务素质。

3.评价机制的完善

学生的考核方式应有利于真实体现其编辑力以及数字整合能力的高低。比如加重实践分值的比重，另以项目作业来替代论文写作等方式都能激发实践的热情。

(四)目标创新

熊彼得认为，创新并不在质上超越以前，而是产生了新的产品，并适时替代了旧产品。数字与网络的发达，使得网络已不只是一个工具，更是一种思维方式。造就面向数字时代的新型出版人才，就是要培养与网络思维相匹配的信息传播人才。

1.培养以网络素养为基础素养的出版人才

数字时代的出版人才必须以互联网的用户思维、大数据思维以及跨界思维作为基础思维方式。数字时代，由于信息的过度泛滥而更需要对传播内容进行筛选，对传播的方式准确地剖析，对传播对象进行精确定位，这样就需要从用户体验的角度出发，对大数据有分析与解读的能力，能有从海量的数据中整合与适时传达的能力，以及根据信息来组合读者对象的能力。

2.整合型人才的培养

在以往论述中，专家均认为复合型人才是数字出版时代的培养目标，以掌握电子技术作为其重要衡量标准。而笔者认为，具体的技术只是一种手段，出版者不应满足于对技术的掌握，而是应该清晰技术的边界以及实现的方式，并能掌握这些特性来进行出版资源的整合。因此，整合性人才是培养的目标。整合能力可以描述为在夯实编辑职业技能的基础上，具有信息的收集与处理的能力，具有数字技术与使用的能力，具有对市场的分析与占有的能力，能在立体加工中锁定对象，能从蓝海中开创市场，能在整合中盘活资源。

数字时代的到来，使得出版的内外环境得到了极大的改变，而这一改变必须适应数字发展的需求。熊彼得创新理论启示了我们整体创新的思路。只有辩证地看待历史与未来，抓住核心，才能通过教育创新，来培养合格的数字出版人才。

参考文献

[1] 阿德里安·范德韦尔.网络思维与数字出版[J].出版科学，2014(4):5-9.

[2] 陈文耀.高职数字出版人才培养策略探析——以网络编辑专业人才培养为例[J].今传媒,2014(6):159-160.

[3] 王东霞.近年高校数字出版人才培养研究综述[J].内蒙古师范大学学报(教育科学版),2014(4):86-89.

[4] 徐维东,许琼英.上海复合型数字出版人才培养策略刍论[J].科技与出版,2011(12):117-120.

[5] 梅秋慧.中美出版人才培养模式比较探析[J].北京:北京印刷学院,2009.

[6] 王一婵.数字出版时代编辑出版学本科教育存在的问题及对策分析[J].中国编辑,2009(1):72-75.

[7] THOMPSOM J B. Books in the Digital Age [M]. Polity, 2005.

[8] SCHUMPETER J A. The theory of economic Development [M]. Transaction Publishers, 1911.

公共管理学科下的土地资源管理专业发展之思考

——以浙江工商大学为例

苑韶峰[1]

（浙江工商大学公共管理学院）

摘　要：从土地资源管理专业办学的四类学科背景看，地理、测绘与建筑、资源与环境三类均可以较好地实现专业间的融合、平台的共享以及学科认同。处于经济与管理学科之下的土地资源管理专业，却有着较为尴尬的境地，但同时也具有得天独厚的优势。本文从学科、平台、师资、硬件等方面分析了公共管理学科下土地资源管理专业发展的利与弊，并以浙江工商大学为例分析了创新经验与思考。

关键词：土地管理；专业建设；浙江工商大学

我国土地资源管理高等教育经过半个多世纪的发展，发生了重要的转变，同时也对国民经济的建设与发展起到了重要的作用。由于土地资源管理专业的学科特殊性，在不同学科背景下，专业的发展会有较大差别，有必要个别分析其发展情况。

一、土地资源管理专业概述

根据 1998 年教育部《普通高等学校本科专业目录和专业介绍》，土地资源管理专业是培养具备现代管理学、经济学及资源学的基本理论，掌握土地管理方面的基础知识，具有测量、制图、计算机等基本技能，能在国土、城建、农业、房地产以及相关领域从事土地调查、土地利用规划、地籍管理及土地管理政策法规工作的高级专门人才的专业。

（一）土地资源管理专业的形成与发展

土地资源管理专业脱胎于土地规划与利用、土地管理和房地产经营与管理等专业。1956 年我国基本完成了高级农业合作社化，实现了土地集体所有，对粮食生产及土地规划利用问题高度重视，向苏联派出一批留学者，并从苏联引进了土地规划科学，土地利用规划专业于 1956 年在东北农学院创建，“文革”期间停招。1979 年，随着国家教育体制的重大改革和土地管理事业发展的需要，土地规划专业在东北农业大学、华中农业大学等院校先后恢复招生，停滞了十几年的土地规划与管理教育事业开始复兴。1985 年中国人民大学设立全国第一个土地管理专业。1986 年国家土地管理局的成立及《中

[1] 苑韶峰，土地资源管理系系主任，教授，博士，剑桥大学访问学者，研究方向为土地资源管理。

华人民共和国土地管理法》的出台,更加促进了土地管理专业的发展。1987年,华中农业大学和东北农业大学在全国率先建立了农业资源经济与土地利用管理硕士点,1992年南京农业大学成立全国首个土地管理学院,随后浙江农业大学东南土地管理学院、华中农业大学土地管理学院、华东师范大学东方房地产学院等相继成立。1993年,南京农业大学设置了全国首个农业资源经济与土地利用管理博士点,1999年建立了我国第一批公共管理博士后流动站。1998年全国普通高等院校本科专业目录调整,原先的土地规划与利用专业、土地管理专业和房地产经营与管理专业被撤销,正式设立土地资源管理专业。各院校的土地管理专业和土地规划与利用专业更名为土地资源管理专业,大部分院校的房地产经营与管理专业也并入其中,少部分院校的房地产经营与管理专业调整为工商管理专业和工程管理专业。1997年研究生专业目录也将地籍测量与土地信息学专业、农业资源经济与土地利用专业合并为土地资源管理专业,并作为管理学门类中公共管理一级学科下的二级学科。

土地资源管理专业人才培养由农业和工科院校扩展到综合性大学,办学规模和地域范围也越来越大。截至2014年底,据高考填报志愿参考系统,全国已有86所普通高校招收土地资源管理专业本科生(含7所设置于公办院校的民办学院),90余所高校具有硕士学位授予权,17所高校具有博士学位授予权。

(二)目前土地资源管理学科设置

1998年教育部在普通高等院校本科专业目录调整时,要求将原500多个专业缩减至250个以下。土地管理专业的前辈在专业生死存亡的关头,将原本科专业土地规划与利用和土地管理合并为土地资源管理,划归公共管理一级学科,促成了“无可奈何”的既成事实。公共管理一级学科下设4个二级学科,分别为行政管理、公共事业管理、劳动与社会保障、土地资源管理,其在理论基础、研究方法、研究内容、学科背景与实际工作等方面都有较大的差别。

土地资源管理专业虽然在目录上隶属于公共管理,但在学科(或学院背景)上却五花八门(见表1),如中国人民大学、浙江大学、浙江工商大学的公共管理学院,中国农业大学的资源与环境学院,华中农大的土地管理学院,南京师范大学的地理科学学院,上海大学的房地产学院,昆明理工大学的国土资源与工程学院,同济大学的经济与管理学院,中国地质大学的土地科学技术学院,河南理工大学的测绘与国土信息工程等,土地资源管理专业所在学院的名称反映了这些学校土地资源管理的学科背景。从现有的86所招收土地资源管理专业本科生的高校看,有46所(53%)为教育部直属、211工程或985工程,办学层次较高。根据土地资源管理专业办学的学科背景,可以将其分为经济与管理、地理、测绘与建筑、资源与环境四类,其中经济与管理类占27.91%,主要是综合类院校及财经类院校;地理类占17.44%,师范类院校占大多数;测绘与建筑类占18.60%,主要由工科、建筑与地矿类院校构成;资源与环境占36.05%,为数最多,主要来源于农业院校,这与土地管理最初服务于农业生产及农地利用有直接关系。

表 1　土地资源管理本科院校属性及学科情况

所属学院(学科)					学校属性		
项目	教育部直属	985 工程	211 工程	经济与管理	地理	测绘与建筑	资源与环境
频数	17	6	23	24	15	16	31
百分率%	19.77	6.98	26.74	27.91	17.44	18.60	36.05

二、公共管理学科下的土地资源管理之利与弊

从土地资源管理专业办学的四类学科背景看,地理、测绘与建筑、资源与环境三类均可以较好地实现专业间的融合、平台的共享以及学科认同。然而处于经济与管理学科,特别是处于公共管理学科之下的土地资源管理专业,却有着较为尴尬的境地,然而这种情势,同时也具有得天独厚的优势。

(一)公共管理学科背景下的土地资源管理之弊

1.学科认同差异

1998 年教育部对普通高等学校本科专业目录进行调整,将土地资源管理专业划归公共管理一级学科,授予管理学或工学学士学位。同年国土资源部成立,负责土地资源、矿产资源、海洋资源等自然资源的规划管理、保护与合理利用。与公共管理学科的其他 3 个二级学科(行政管理、公共事业管理、劳动与社会保障)相比,土地资源管理则更加具有理工科的背景,这在实际管理中或多或少地带来了"丑小鸭"式的认同差异。

2.学科平台共享问题

在公共管理的大平台下,由于学科的较大差异,在重点学科、博士点、硕士点等平台的建设与资源共享方面也存在较为严重的共享问题。如果协调不好,极有可能出现在构建平台时付出与平台成功构建后的共享之间的失配与矛盾问题。

3.学科融合与师资共享

土地资源管理是涉及地理、测绘、工程、管理等的交叉学科,除在管理方向与行政管理、公共事业管理、劳动与社会保障专业有融合外,其他方面均有明显的差异。故在师资力量共享、平台课程的打造等方面受到较多的限制。

4.实验室与硬件设备利用问题

公共管理背景下的土地资源管理专业,在实验室与硬件方面除在电子政务、土地行政、调查与统计等与其他几个专业有较大的共性外,在测量、制度、遥感、工程软件、实习调研等方面则大为不同。而在实验这方面配备又会占用大量资源,且只用于单个专业也易于造成低效利用问题。而处于资源环境、测绘、建筑与地矿、地理学科背景下的土地资源管理,可以更有效地共用师资、平台、学科等有利条件。

(二)公共管理学科下的土地资源管理之利

1.土地管理专业特色突出

由于土地资源管理专业兼具理工科特性,学科发展方向明确,如土地经济、土地规

划、房地产估价等。使得偏好理科与文科的学生均可以找到相应的发展方向,而在就业方面则具有更为明确的部门,相应的在升学方面则具有更为宽阔的选择,如地理、经济、城市规划、房地产金融、资源环境等。

2.土地管理专业社会对接性强

土地资源管理专业直接对口单位即为国土资源管理部门、规划部门、房地产部门,而且这些部门又有较强的技术要求。故无论是教学、科研、就业与实习,均可以找到大量的社会需求,如目前相关院校承担的土地利用总体规划、城乡规划、土地整理、土地复垦、多规融合、耕地质量监测评价、土地分等、地价更新、土地登记等大量的、序列性的管理与咨询工作。

3.跨学科的交叉优势

跨学科的优势对于学生的培养与教师的发展同样明显。在教学中,更能够结合实际工作,提升学生在学习中的兴趣与学业成就感;在教师科研方面,由于学科的交叉性,则更容易有方法及理念上的突破,更容易出科研成果,相应的对学科平台的建设贡献更大。

4.学生毕业前景好

土地资源管理本科招生院校有 86 所(含 7 所独立学院),占所有本科招生院校(1299 所)的 6.63%,属于稀缺型专业。土地资源管理学生毕业去向主要有三个,一是国土资源与规划等相关部门,二是相关的房地产、测绘、规划等企事业单位,三是学术深造。从多数院校的调研情况来看,土地资源管理在公共管理学科中公务员录取率最高,企事业单位工作的则有较高的收入,而国内求学深造具有较好的可塑性。稀缺性、可塑性、专业性造就了良好的毕业出路。

三、浙江工商大学公共管理学科下的土地资源管理创新探索与思考

浙江工商大学的土地资源管理(含房地产)专业 2003 年筹建,2004 年获得批准,2005 年开始招生,2007 年通过新专业建设评估,2012 年获准设立土地与房地产专业硕士点(浙江省重点学科),2014 年获批浙江省“新兴特色专业”。浙江工商大学是唯一设立土地资源管理专业的浙江省属高校,归属公共管理学院,属于管理类的学科背景,学院还设置有行政管理、公共事业管理、文化产业管理、社会工作四个专业。土地资源管理专业为一批次招生,每年招两个班。

(一)学科融合创新

土地资源管理系现有教师 10 名,其中正教授职称 2 名,副教授职称 3 名,151 人才 3 名,50%的教师具有海外学习经历,70%的教师具有博士学位,另有 2 位教师正在攻读博士学位。近三年,土地资源管理教师主持国家自然科学基金项目 3 项、国家社会科学基金项目 1 项、教育部人文社会科学基金项目 4 项。土地资源管理专业在浙江省财政专项资助下建成“数字国土”与 GIS 实验室。在人才培养过程中实践的“LOS 人才培养模式”,并于 2012 年被确立为校级人才培养基地。2013 年底在浙江省教育评估院首度毕业生的满意度调查中,总体满意度、教师教学水平、课堂教学、实践教学 4 项指标在

全校45个专业中排名第一,创业率排名第三。较其他专业,土地资源管理在专业、教学与科研方面具有明显优势。

近年来学院通过教师学术沙龙、课题研讨、项目合作等方法,在学科融合方面做了不少努力。特别在管理、经济、法学等方面,有了较多的教学与科研交叉。但受限于师资力量及专业背景,这种融合还很缓慢,也较为肤浅,需要更多、更长久的努力。

(二)学科平台共享

目前,公管学院有行政管理、土地与房地产(省级重点学科)和MPA这3个硕士学位点,拥有行政管理省级重点学科、土地资源管理省级新兴特色专业、浙江省首家民政部社会工作专业人才培训基地、省级浙江文化品牌研究基地等学科平台。这些平台的建设与发展均为各专业的大力合作的成果,在平台共享方面也做得很好,如行政管理和MPA硕士点设置有国土资源管理等相关方向,土地资源管理系教师被选为省重点学科中青年学科带头人培养对象等。

在目前平台招生的模式下,学院根据学生志愿在第二学年分专业,土地资源管理专业为学生选择最热门的专业。浙江省作为高考招生改革试点,2017年将进行以专业为导向的招生改革,届时将进入到“专业为王”的时代,平台共享与专业发展需要两方兼顾,才能更好地应对严峻的竞争。

(三)课程设置与建设

在课程设置与建设方面,进行了模块化创新与宽泛式的教育,如在选修课程中各专业分别列出4—5门课程供全院学生选修,较好地解决了开班人数限制问题和学生层面专业融合,但也带来了新的问题如土地资源管理的专业性较强的选修课相应减少。在这方面,土地资源管理专业所开的“城市管理”“城市规划”“人居环境”等课程属于热门课程。进一步的改进,可以参考中国人民大学的做法,在基础课或平台课程中开设技术方法模块。

(四)学生实习实践

土地资源管理是实践性很强的学科,学生实习实践方面已经有十余家签约实习基地。另外,学生在职业资格方面可以考取不动产估价师、物业师、环评师等。在实践学时上,目前实行的是“2+5+1”模式,即两个学期的平台课程、五个学期的专业课程以及一个学期的实习。对于土管专业来说,可以采取“1+2+1”模式,即用一年的时间进行实践实习。再前卫一些,可以借鉴德国入学前先实习以了解所学专业的培养模式。

四、总结与展望

土地资源管理专业经历了曲折多变的58年,今后还有很长的路要走。首先是要在现行公共管理学科下,寻求与其他专业更好地融合,发掘专业特色,培养出更高层次的学生,将专业做强做大,更加注重质量提升。其次,要在专业发展的基础上寻求土地管理工程一级学科的提升。

参考文献

[1] 张梦琳.土地资源管理专业课程教学改革研究[J].经济研究导刊,2012(07):255-256.

[2] 王占岐,王华,刘越岩,等.土地资源管理专业发展初探[J].中国地质教育,2013(4):42-45.

[3] 卢新海,黄善林,冯广京.不动产估价师培养与土地资源管理专业建设[J].中国土地科学,2006,20(3):55-60.

[4] 舒帮荣.新形势下土地资源管理专业本科教育改革初探[J].经济研究导刊,2012(27):300-302.

[5] 程文仕,黄鑫,陈英,等.甘肃农业大学土地资源管理特色专业建设重点思考[J].河北农业大学学报(农林教育版),2013,15(5):63-67.

[6] 高考填报志愿参考系统[DB/OL].http://gkcx.eol.cn/index_login.htm.

[7] 周伟,袁春,付梅臣,等.土地资源管理特色专业建设的实践[J].中国地质教育,2012(2):38-43.

基于产学合作的大学生职业选择策略研究*

吕　阳①

（浙江工商大学艺术设计学院）

摘　要：产业调整企业紧缺人才，高校扩招遭遇就业寒流，“人才荒”和“就业难”并存，造成大学毕业生结构性失业。基于产学合作视角探索破解之魂，源于回归“教育为生产服务”理念。高校专业设置与调整、企业人才招聘与在职培训、大学生专业填报与职业选择必须以社会需要为导向。充分利用国家扶持政策和高校就业指导，适应职业岗位需求和自身情况，坚持“人职匹配”理性选择职业，立足岗位，成就人生事业。

关键词：产学合作；大学生职业选择；策略研究

全球化和技术进步在激发经济增长和工作增加的同时，也加剧了失业风险。要把人口资源变成人才资源，首先要让大学毕业生充分就业，我们基于产学合作教育视角，以职业选择与就业指导为研究对象，探索大学毕业生职业选择的路径和策略。

一、产业结构调整“倒逼”专业调整和职业择业

高校职能演化经历了“知识传递—知识生产—知识物化”的演变历程，经济增长和产业结构调整对大学生就业起着决定性作用，高校要跟踪经济社会发展和劳动力市场需求变化的趋势，主动调整专业结构、人员规模、办学层次和技能等级，以缓解就业压力，规避失业风险。

（一）产业结构调整对高校专业数量和结构的影响

高校专业结构失衡造成人才供给结构失衡，由此造成了结构性失业，要解决这个问题则要求调整专业结构和培养目标，以降低失业总量和结构性失业比例。产业结构调整影响着专业结构和大学生就业，一方面是由于现有产业结构重心较低，整体技术含量不高，产业发展虽能促进就业总量增加却难以容纳更多的大学生就业；另一方面是科技创新促进产业升级对劳动力素质和技能的提升有利于大学生就业，特别是新兴产业的出现、技术密集型和高新技术产业为主的产业结构有利于大学生就业。由于高等教育的体制机制、专业结构与产业结构存在错位，加上专业结构调整滞后于产业结构转型，

* 项目基金：本文系教育部2014年度人文社会科学课题“基于产业结构调整的大学生职业选择路径研究”成果之一，项目编号：14YJA880050。

① 吕阳，副研究员，研究方向为高教管理。

因而大学生结构性失业在短期内呈现为一种不可避免的新常态。

(二)产业结构调整对大学生职业能力和就业能力的影响

产业调整不仅需要拔尖的创新型人才和学术性人才,还需要更多的实用型技能人才,作为新增人力资本主要来源的大学毕业生,只有提升专业知识和职业能力才能适应产业岗位需求。调整产业结构创建民族品牌,关键是技术竞争与智力竞争,同时要加强职业理想、敬业精神、人文素养、人生价值观和人生态度的培养。产业结构调整不仅是专业数量与产业岗位的适应,更是人才层次和技能结构的适应,提升职业胜任力和岗位转换能力。

(三)产业结构调整对大学生择业观念和行为的影响

产业调整引起的职业岗位需求变化决定着就业难易程度,可大多数学生并未主动关注产业变化对就业的影响,往往处于被动"等就业"状态。人才市场供求失衡造成就业"寒流",使大学生的职业目标方向、就业期望和薪酬待遇等择业理念发生偏离甚至完全背离。产业升级、岗位调整制约着大学生择业行为,如专业对口率、地域偏好、信息不对称等。同时,大学生的就业意愿,在培育职业技能和就业能力中处于核心地位,事实上,由于大学生涉世不深社会阅历不足,缺乏理论指导和导师指点,择业过程中往往期望值过高。

二、大学生就业现状与存在问题分析

产业结构调整引发新一轮专业结构调整,在调整的进程中出现的大学生"就业难"与企业"用工荒"矛盾,具有客观必然性,其根本原因是高校专业建设与企业产业调整不匹配、就业制度不合理、社会保障不到位、大学生就业能力及就业取向的偏差,主要表现为存在结构性失业和摩擦性失业。加上大学生过于挑剔的择业观、企业过于短视的择人观、社会过于片面的就业观,推波助澜形成"就业难"困境。

(一)高校扩招毕业生骤增,造成大学生就业窘境

自1999年扩招进入大众化后,大学毕业生数量显著增加,出现供过于求现状,造成就业不充分和失业现象。根据《2014年中国大学生就业报告》,2013届大学毕业生699万人中,只有81.8%的人毕业半年后受雇全职或半职工作,2.3%的人自主创业,还有7.9%的人(约55万人)处于失业状态,就业满意度仅为56%,不满意的原因主要是收入低、发展空间小、工作环境和工作氛围差。2014年毕业生达到727万人,就业更为困难,专业、地域、薪酬、工作环境等与职业期待存在较大差距,很多毕业生迫于生计无奈"先就业再择业"。许多大学生对美好职业的梦想,对未来爱情、家庭等美好生活的憧憬,特别是对职业和薪资的期待、对人生价值和事业成功的渴望,都在寻找职业岗位中被"打破",理想一落千丈,人生起步艰难。

(二)产业结构调整升级,职业人才标准提升

传统产业从业人员是宝塔形结构的,而现在需要高新技术人才与技术工人并重的哑铃形人才结构。产业内升级需要从事科技创新品牌营销的优秀职业人才，产业间转换需要具备职业岗位转换能力的复合型人才，新兴产业需要具有知识创新与应用技能并存的协作型人才。而当代研究型高校培养不出尖端的科技创新人才，职业院校也很难培养具有丰富实践经验的应用型高技能人才，加上用人单位过度挑剔，盲目追求高学历、高技能，不愿意进行人才储备和人力资源培训，缺乏人力资源战略规划，而应届毕业生因知识滞后、缺乏工作实践经验，往往难以胜任，每年有数十万甚至上百万的大学应届毕业生，成为结构性失业和摩擦性失业对象。许多大学生的就业能力处于“亚健康”状态，主要表现为缺乏就业形势分析能力、职业生涯规划能力、自我发展能力、求职应聘能力和良好的就业心理素质，造成的原因有“温室家庭教育”“应试教育”、陈旧的高等教育体制和传统的职业人才培养模式、职业生涯规划教育与就业指导滞后等。

(三)就业难与招工难并存，人才结构亟须调整

首先，出现结构性失业现象具有客观必然性。由于经济结构、经济体制、增长方式等的变动，使劳动力在包括知识、技能、经验、工种、年龄、主观意愿、地区等方面的供给结构与社会经济的需求结构不一致而导致的失业，这种就业结构性矛盾，是因为经济结构的演变、产业结构的发展、社会结构的迅猛变化，人力资源结构和教育结构的改变，适应不了经济结构的迅速变化，进而产生了摩擦而产生的，它具有历史必然性。其次，要走出大学毕业生“就业难”的误区。有人认为大学生就业难是由于高校扩招进入“大众化”教育而带来的后果，事实上新增劳动力人口与人口出生数量、出生率相关联，并不是因为高校的扩招和毕业生的增加，如果新增劳动力不上高校，不仅仍然需要就业而且更早就需要就业，正确的认识应该是高校扩招让更多的人上大学而缓解了就业压力。再次，“就业难”和“人才荒”都是相对的。大学生“就业难”是相对于自身的职业愿望有差距，如果能够投身于新农村和大西北建设，到边远山区从事教育和医疗事业，或者从事家政服务和养老事业等，何来“就业难”？当务之急是解决高校专业设置和规模、地域分布和学历层次、技能等级和职业素养等指标体系，如何与社会经济发展、产业结构调整、经济区域分布、人才结构层次、年龄性别结构等需求相适应的问题。

三、产学合作教育是实现“人职匹配”的最佳路径

高校产学合作教育要从边缘走向中心。创新“工学结合、产学合作”职业人才培养模式，是提升职业素质和岗位技能，适应产业结构调整岗位技能提升需求，让毕业生达到“人尽其才”的最佳培养方式。高校的产学合作教育效益，首先，反映在人力资源的生产，即培养经济社会所需的专业人才，他们是产业升级和结构调整、产品创新和工艺创新、提高质量和创建品牌的生力军，产学合作教育成效最终体现在增强企业的核心竞争能力上。其次，产学合作教育模式产生积极的就业效应，不仅吸纳适龄人员继续接受更多教育，减少社会上的劳动力供给量，同时，改善劳动力供给结构，进而减少结构性失业。再次，保证了学生实践教学需要，培养学生的专业能力、实际动手能力、解决实际问题能力及就业创业能力，达到企业岗位对从业者的要求。

(一)产学合作服务产业经济,关键是提供科技创新和产业岗位人才

高校服务经济社会,必须通过人才保障和科技创新,而培育经济社会急需人才是高校的基本职能,如何让大学毕业生符合企业人才需求,"工学结合、产学合作"是根本路径。构建基于大学职能的产学合作服务产业经济模型(见图1),高校为产业经济提供人才支撑、科技保障、产业服务和文化对接。

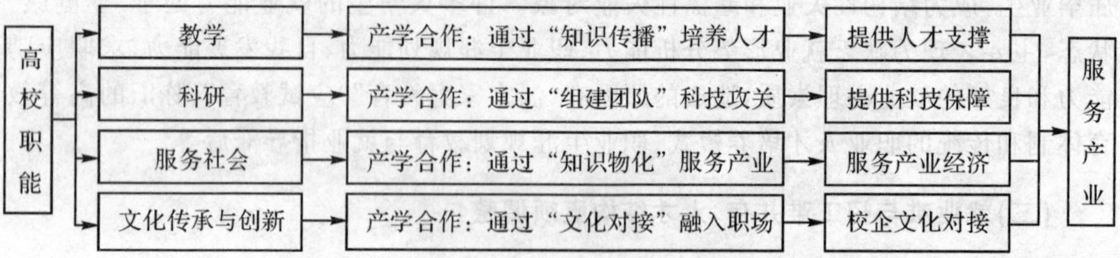

图1 基于大学职能的产学合作服务产业经济模型

(二)高校产学合作教育,是投入与产出的人力资本生产过程

高校教育是一种投入与产出的人力资本生产经济活动,根据经济学的需求与供给关系,构建高校教育服务的经济学模型(见图2)。高职教育包括生源市场和就业市场两个市场、教育服务供求和教育产品供求两对供求关系。大学生择业时,考虑较多的是薪酬、晋升空间、工作时间和职场环境等;企业招聘考虑较多的是大学生职业能力、对企业的忠诚度和稳定性。大学毕业生是知识性劳动者,有意愿就业却找不到合适的工作机会,通常被称之为"知识失业"。

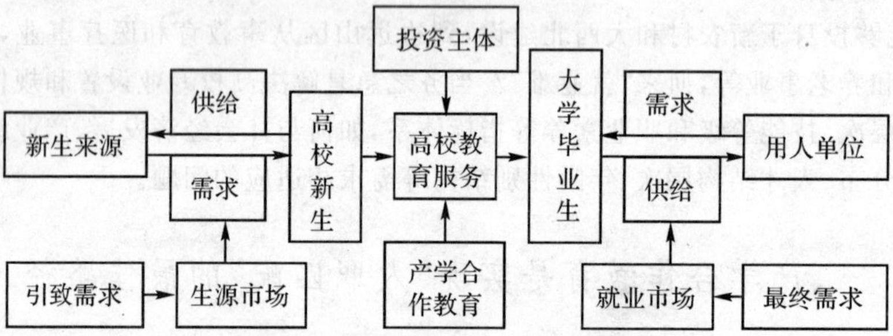

图2 高校教育服务的经济学模型

(三)产学合作视阈下,构建大学生职业选择经济模型

高校教育与产业发展是引领与适应的双重关系,高校教学改革以人才培养为中心,以就业为主的应用型职业人才需求和以继续深造为主的拔尖研究人才需求相结合,一方面是通过科学研究和科技创新,主要以创造发明促进和引领产业升级;另一方面是培育适应产业结构调整需要的高技能人才,这就要求研究型高校与职业院校实行"双线制"并行发展的教育结构体系。当前大学生就业结构失衡,包括专业结构失衡、产业结构失衡、行业结构失衡和区域结构失衡。专业结构性失业就是部分专业处于高失业状态,是在大学生愿意就业的前提下被迫失业,是由于这些专业人才市场需求下降,人才

培养与市场脱节，专业设置不合理而造成的。为了分析就业市场供需矛盾和影响因素，我们在产学合作视阈下构建大学生职业选择的影响因素模型(见图 3)。大学生职业选择与岗位就业是一项系统工程，涉及政府法规政策、高校专业及教师素质、产业调整及职业技能、社会职业导向及家长偏好等众多影响因素。当然，起决定作用的是大学毕业生自身的就业意愿、职业理想、职业能力和就业能力，以及职业兴趣和爱好、个人特长和气质、报酬待遇与职场环境、就业地域与晋升通道等。

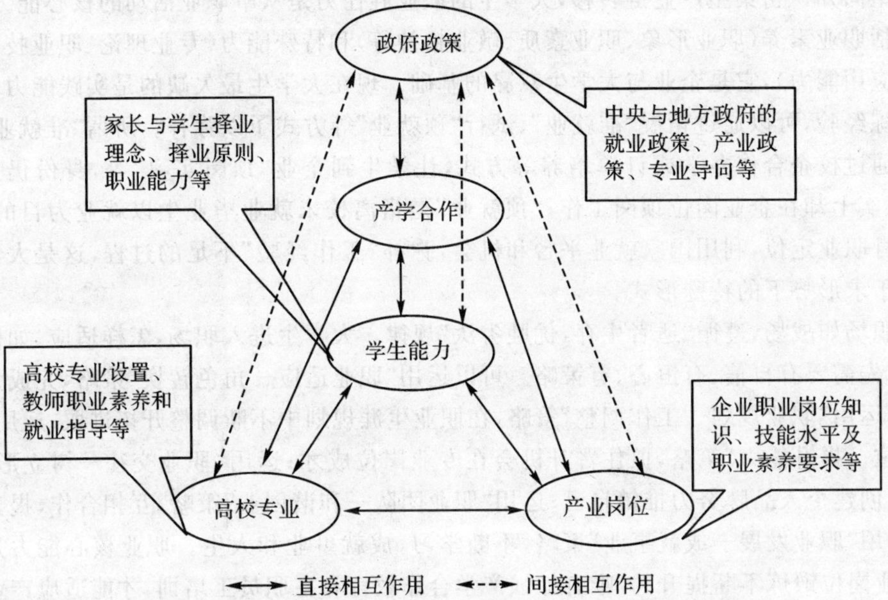

图 3　产学合作视阈下影响大学生职业选择的因素分析模型

四、探索大学生职业选择的策略和方法

面对严峻的就业形势，呼唤大学生树立信心接受自我，面对自身条件制定职业规划、面对社会需求创造就业机会、面对招聘单位掌握应聘技巧、面对工作岗位讲究职场策略，努力探索事业成功之路。

(一)确立理性择业观念，调整职业发展方向

“人就其位，人尽其才”，成功的人生始于职业方向选择和对自己的正确定位，选择职业就是选择人生，大学生要主动承担就业责任，理性运用选择职业权利，以“立志”为起点、以“励志”为主要途径，以“人职匹配”为主要方法，找准职业岗位。许多大学生认识上有误区，就业能力处于“亚健康”状态，加上家庭启蒙教育失范、学校思政教育失效、社会处事功利导向，使大学生职业理想偏离社会经济发展方向。因而，当务之急是唤醒大学生理想和使命，回归人生价值方向，确立职业生涯规划目标，理性选择职业岗位。

学生及家长要根据产业结构调整情况，认清就业市场需求现状，调整职业方向和自我就业定位，规划职业方向，把个人兴趣爱好、能力特长、气质性格等与经济社会发展需要结合起来；确立求真务实、积极向上的就业价值观，乐于到基层单位、西北地区等艰苦

的地方就业，锻炼意志增长才干；调整就业期望值，用发展的眼光寻找自己感兴趣、合个性、有能力胜任的职业岗位；理性规划职业生涯，不断完善和发展就职心理，确立未来职业目标、掌握专业知识和职业技能、积极投身于人才市场招聘活动。

（二）提升职业核心能力，增强就业竞争实力

产业调整不仅要推动劳动密集型向资本密集型的产业链转型，而且要从传统劳动密集型向知识密集型产业链转移，大学生的职业胜任力是从事职业活动的核心能力，主要包括职业素养（职业形象、职业素质、敬业精神等）和特殊能力（专业理论、职业技能及实际应用能力），它是企业与大学生双赢的基础。现在大学生最欠缺的是实践能力和基层锻炼经验，可以通过拓展“准就业”、试行“预就业”等方式予以弥补。所谓“准就业”主要指通过校企合作办学或订单培养等方式，让学生到企业“顶岗实习”等，身份仍是学生，事实上却在企业岗位顶岗工作；“预就业”是指离校未就业毕业生以就业为目的，根据自身职业定位，利用国家就业平台和机会，弥补“工作经验”不足的过程，这是大学生供过于求形势下的特殊形式。

职场如战场，遵循“适者生存，优胜劣汰”规律。大学生进入职场，怎样适应、如何发展，首先需要有自信、有恒心、有策略。可以运用“职业适应—角色转换”策略，完成角色转变；运用“职业规划—工作调整”策略，在职业生涯规划中不断调整开拓进取；运用“职业岗位—提升能力”策略，抓住晋升机会在专业岗位成才；运用“职业交往—树立形象”策略，创建个人品牌努力推销自己；运用“职业团队—和谐创业”策略，互相合作，提升自我；运用“职业发展—成就事业”策略，不断学习，成就事业和人生。职业核心能力是随着职业岗位锻炼不断提升的，唯有加强产学合作教育和在职员工培训，才能适应产业调整对人才的需求。

（三）充分利用就业政策，寻求最佳事业平台

职业生涯不等于拥有一份工作，它是不断发展变化的持续终身的职业工作轨迹，需要终身经营，适时推销自我。职业生涯就是终身营销推销自我，应届大学毕业生就业就是首次推销自己，事先要了解法律法规和就业扶持政策，包括劳动法、合同法、户籍管理、档案管理，特别是就业扶持政策和创业激励政策，如“大学生志愿服务西部计划”“一村一名大学生”的村官计划创新扶持政策等，促成个人前途与社会需要的完美结合。同时要运用就业协议和劳动合同，维护自身的合法权益。

寻找最佳职业岗位，可以借用市场营销 4P 理论，其“产品”就是大学生自己，虽然起决定性作用的是你内在的知识和技能，但在招聘就业中要运用包装策略提升品牌效应，如形象包装、语言包装、行为包装等，以利推销就业；劳动力价格虽说是双方博弈的结果，但主要是依据市场行情和单位制度，大学生更应注重晋升机会；渠道策略主要是运用校内招聘会、各类人才市场、大众传媒、社会关系网等，如采用个性化、人性化的求职渠道等；灵活运用促销与沟通策略，通过就业推荐表、个人简历、求职信、感谢信等，对简历制作、求职信等进行个性化的创意，体现你的核心竞争力。求职中既要充分利用人际关系，更应发挥自己的聪明才智，切记“你是自己的救世主”！

(四)人职匹配选对专业,人尽其才选好岗位

职业选择关键在于自身,包括自我认识、自我评价、自我定位、自我发展,要做到定向、定点、定位、定心,职业定位的基本方法就是选择。对大学毕业生个体而言,无论是对社会和家庭责任的自我意识、对兴趣性格和职业能力的自我评价、对就业和职场的自我定位、对职业生涯的自我设计,还是对职场岗位的自我适应和发展,都从大学生视角来思考问题并提出解决问题的途径和措施。在职业准备中明确规划生涯方向、在职业谋取中明确目标岗位尽早就业、在职场发展中经受考验不断进取成就事业。

充分利用与生俱来的天赋和特长打造核心竞争力。大学生就业结构与产业结构调整、高校专业结构与劳动力市场间存在着互动关系。大学生选择职业岗位首先是选择好大学所学专业,高校要健全专业结构与产业结构之间的主动适应机制,为学生提供更多的专业调整机会。在产学合作实践教学中,接受企业职场文化熏陶,适应职场环境形成和谐氛围,对提升就业率、降低跳槽频率、增加就业满意度、增强企业忠诚度大有益处,进而减少结构性和摩擦性失业。

(五)收集掌握招聘信息,备战应试职业岗位

大学生心中永远要有一张蓝图,不断地激发自己内在的创造力,将自己的梦想变成现实。成功就业的前提是做好人才市场调研,可以借助营销市场"4M"定位战略,加强市场调查了解就业政策、社会经济发展需要、用人单位招聘信息;通过市场分析发现职业市场就业机会;根据国家职业分类以及地理位置、报酬待遇、单位性质、企业规模、工作环境等加以细分,物色有利于就业的职业岗位;通过市场定位筛选出符合个人兴趣、有发展前景的行业选择和锁定求职目标。

大学生就业直接取决于企业对人才的需求,越是高端企业越能吸引大学毕业生。高校教师要将职业指导渗透到相关学科,建立职场导师制度,进行求职技巧指导(简历制作、面试技巧、寻找就业机会等)、职业素养培育、就业心理抚慰、就业信息分享、社会资源提供等。师生间要像朋友间一样平等式地相互沟通,用学生自身的视角来看待职业选择,共同探讨人生价值、职业选择、事业发展,可起到事半功倍的成效。

参考文献

[1] 周鸣阳.产业调整视阈下职业教育专业结构优化的路径研究[J].中国高教研究,2012(4).
[2] 邹开亮.促进大学生就业之路径新探——基于"试就业"机制完善的视角[J].继续教育研究,2013(12).

独立学院人才培养定位的职业化转型与制度创新*

何 煦[①]

(浙江工商大学杭州商学院)

摘　要:独立学院将人才培养定位从传统“理论研究型”转变为“高素质职业技能型”,打造面向市场、特色鲜明的人才培养体系是破解未来生存危机的关键举措。为此,需要以思想解放为先导,以机制制度创新为保证,努力开创一条符合自身特色切实可行的发展道路。

关键词:独立学院;职业教育;制度创新

独立学院作为我国高等教育发展过程中的产物,十多年来,为高等教育的跨越式发展做出了十分突出的贡献。近年来,面临着本科教育激烈竞争和生源危机的双重压力,独立学院解决生存和发展问题的关键在于培养“特色鲜明、适销对路”的人才,一场基于变革独立学院人才培养定位和培养模式的讨论在理论界悄然兴起。

一、独立学院人才培养定位的职业化转型

独立学院应该培养何种类别的人才?从中央政府颁布的《国家中长期人才发展规划纲要(2010—2020)》中可以得到研究依据。该纲要将人才分为六种类别,即党政人才、企业经营人才、专业技术人才、高技能人才、农村实用人才、社会工作人才,目前普通本科院校已经培养出五类人才,高技能人才的培养集中于高职院校,这类人才不但市场紧缺、就业前景光明,而且社会地位和工资待遇也处于逐步攀升的阶段。处于高等教育新生力量的独立学院在考察人才培养定位时如果选择前一个阵营,他们的竞争对手将是实力颇为雄厚的“公办”高校,很可能重新回到“同质化”的老路上去;如果选择后一个阵营,不但培养出来的人才适销对路,而且还能估摸出一些可圈可点的比较优势。

独立学院需顺势而为,将人才培养定位从传统“理论研究型人才”转变为“高素质职业技能型人才”。高素质体现出独立学院的办学层次,说明独立学院培养出来的学生比高职院校的学生具备更加扎实的理论知识和社会实践能力,在工作中能够表现出更强的敬业精神、创新意识、合作能力以及承受力、自控力和应变力。职业技能型则体现出独立学院未来主攻的办学方向,说明独立学院的人才培养模式将以市场为导向,以职业

---

* 浙江工商大学高等教育研究项目,编号 Xgy14081;杭州商学院教改项目,编号 201303。

① 何煦,副教授,博士,研究方向为高等教育管理。

素质提高为基础,以职业技能培养为重点,竭尽所能增强学生的市场竞争力,以适应经济社会转型升级的需要。

二、独立学院引入职业技术教育的机制与制度创新

独立学院按照高素质技能型人才的培养定位,打造面向市场、特色鲜明、切实可行的人才培养体系至关重要。原有的依据母体高校运行模式所建立起来的体制机制因没有充分考虑职业教育的基本规律,恐难担此重任。故此,制度创新成为独立学院引入职业技术教育无法回避的重要责任。

(一)课程培养体系职业化创新

高校专业建设分为学科型和职业型两种基本类别,前者按照教育、教学内容的学科结构体系进行专业设置,培养对象是学术型、理论型和研究型人才,独立学院母体高校的专业设置属于此种类型。后者是以市场、职业、技术为坐标的专业设置,突出由职业确定专业的基本要求,按照社会职业需求及其发展变化合理制订人才培养方案,科学安排教育、教学内容,培养目标是技能型、技术型和实用型人才,高职院校的专业设置属于此种类型。独立学院以高素质技能型人才为培养定位,在专业设置方面需要综合考察上述两种基本类别,以经济社会对紧缺人才和实用人才的培养作为专业设置的基本导向,突出以市场需求为导向、以职业岗位(群)为依据、以技术含量为参数的基本思路,在满足毕业生求职谋生、实现自我价值这一基本需要的前提下,将本专业必需的基础理论、专业理论和相关知识融入专业培养方案当中,强调高素养和学习能力,与专业实践型研究生培养方案实现有效对接,为学生毕业后进一步发展深造,甚至提高学历层次提供长远保障。独立学院在课程设计上既要讲究针对性、灵活性和实用性,又要在专业的广度、深度和精度上下足功夫,既要做到课堂教学与实践体验并重,又要做到突出职业技能的显性课程与培养职业素养的隐性课程同步,逐步摸索出一套定位明确、特色鲜明的职业化课程培养系统。

(二)职业资格证书与就业保障体系创新

独立学院推行职业资格证书制度,是独立学院与母体高校的主要区别之一,这不仅是有效贯彻国务院推行就业准入制度和职业资格证书的重要举措,也是促进独立学院同社会行业发展紧密结合,提高毕业生职业技能和就业竞争力的有力途径。独立学院可以试行以取得学分为目的的课程考试与以取得职业资格证书为目的的技能鉴定考试或认证考试进行对接或直接置换。比如计算机和英语有相应的国家级等级考试,社会知名度颇高,职业技能类课程也应尽可能地与职业资格考试、上岗认证考试、技术等级鉴定紧密结合起来,这便是许多高职院校所普遍实行的“双证书”教学管理机制,即学生学成离校同时获得毕业证和职业资格证书。独立院校应积极主动地同政府劳动和社会保障部门密切合作,尽全力建设与学校自身特色相关的职业技能培训、考试、鉴定机构,创造积极有效的教学资源,打响学校的招生与就业品牌。严格执行“双证书”制度的目的在于有效提高毕业生的就业能力,有利于独立学院建立适应自身环境和条件的就业

保障体系。高职院校所积累的校企合作、校府合作等保障就业经验值得独立学院学习，独立学院也可以借助企业股东和母体高校挖掘行业资源和校友资源等其他有利资源，试行开展定向就业和服务外包培养模式，促进企业吸纳学生就业，或向同行推荐学生就业。与此同时，独立学院应同省内外各地方劳动力市场、人才市场建立供求信息网络，扩充学生的就业平台，鼓励学生自主创业、升学或出国留学。

(三)师资队伍的职业化建设体系创新

独立学院现有的教师结构是以刚毕业的年轻教师为主体，退休或即将退休老教师为重要组成部分，大多年轻老师经历的是从高校到高校的简单的发展轨迹，缺乏职场经验，老教师却存在着知识老化、信息闭塞等特点，这对于独立学院高素质技能型人才的培养定位来说是远远不够的。高职院校提出"双师型"教师队伍对于独立学院来说是条必由之路，考虑到独立学院的实际情况和教师队伍建设的长期性与艰巨性，我们提出，独立学院"师资队伍的职业化建设"这一新概念。为此，需要从以下几个方面开展工作：一是打造多元化的师资队伍。从国内外职业教育发展的经验来看，职业院校应当有相当一部分专业教师来自公司、企业、事业单位或其他社会组织，拥有不同的学识背景和实践经验，知识丰富、技能先进、对相关行业有深厚的工作体验。二是专兼并举，改革人事管理制度。独立学院应该摒弃高学历、高职称的传统概念，改革人事管理制度，设立实训导师制度，采用专职、兼职、短期聘用相结合的方式，将学院发展急需的人才充实到教师队伍当中来。三是大力推广"产学研"结合，改造和优化专职教师队伍的知识结构和专业技能。传统本科院校曾明确反对教师在企业中兼职，独立学院却需要制定相应激励措施，有计划地选派有潜力的青年教师到企业去实习或兼职，同时聘请经验丰富的创业者、企业家、技术专家做兼职导师，采取广泛的产学研结合的方式，积极主动地把教学与生产、管理、服务衔接起来并延伸到新产品的研究与开发、新市场的调查与拓展、新平台的尝试与完善等方面，使独立学院的专业教师具备丰富理论知识的同时同样具有现代企业"培训师"的能力素质。

(四)招生与就业制度职业化创新

招生与就业工作是左右独立学院命运的生命线。目前，独立学院放在本科第二批次招生，许多学院开始独立授予毕业生相应学士学位，这对于提高生源质量和保证生源数量起到一定作用。然而，将职业教育引入独立学院后，招生与就业工作将迎来前所未有的新局面：从招生来看，独立学院将彰显更为突出的办学特色和强大的社会吸引力，独立学院的毕业生在职业技能上超过普通本科院校的毕业生，在理论知识和学习潜力上超过高职院校的毕业生，招生宣传工作由此找到极具说服力的新亮点。此外，在高校生源未来普遍萎缩的形势下，独立学院可以与高职院校开展互利合作，一是合作承办自考、成教、职业培训、出国留学等各类教育形式，充分挖掘和发挥各自的教育资源，开拓新的生存空间；二是争取条件，探讨扩大高职院校毕业生升入独立学院就读本科的比例，以增强高职院校社会吸引力，缓解独立学院的生存困境。值得关注的是，引入职业教育的独立学院还可以与母体高校合作，研究如何大力开展实践性研究生培育工作。从就业来看，一旦将职业教育引入独立学院，就业部门的工作重心更多应放在引导学生培养职业认同，与企业合作开展培训、实习、定向培养和“订单式”培育工作，配合学工战线开展“一专业、一职业、一品牌”的创新创业活动等等，将职业教育的因素和成果充分融入就业工作当中。

(五)实训基地建设创新

对于长期从事本科教学的独立学院来说，实训基地建设几乎是空白，然建设实训室和实训基地是确保高素质技能型人才培养的客观要求和基本条件。模拟职场环境是建设实训基地的主导原则，其中包含了任务要求、规程管理、技术革新、产品升级、质量控制、设备维护、市场规则、供需关系、成本效益、劳动安全、人际交往、小组合作等方方面面的内容，体系庞大，建设和完善周期较长。借鉴高职院校实训基地建设的有效做法，独立学院应根据自身特点按照以下原则循序渐进地建设自己的实训基地。一是仿真性原则，实训基地要尽可能营造一种与生产、管理、服务一线相一致的职业环境；二是系统性原则，实训基地要围绕专业的核心能力培养训练的需要，建设系统配套的实验室和实训室；三是先进性原则，实训基地的设备技术含量与现代化程度应该与企事业单位同步，确保学生学到的技能是与现实接轨的最先进的部分；四是服务性和开放性原则，实训基地在条件成熟以后要灵活地向学生开放，让学生自主地掌握实验实训的时间，提高设备的使用效率。同时独立学院校内实训基地应与社会职业培训机构、企业、工厂等生产单位紧密联系、互通信息与设备，实现资源利用效率的最优化，以满足学生多方面职业锻炼的需要。

(六)独立学院与高职院校合作机制创新

笔者考察地方高教的现状后发现独立学院与高职院校发展存在以下两个矛盾：一方面是独立学院面临生源瓶颈，另一方面是高职类院校因为专科学历而严重缺乏社会吸引力；一方面是高校本科毕业生就业形势越来越严峻，另一方面是市场对职业技能型人才的需求缺口越来越突出，彻底破解上述两大矛盾的关键在于改变我国职业教育仅有专科层次的窘况，这不仅与国内经济社会转型升级的现实需求存在巨大差距，同时也远远落后于发达国家的职教发展水平，建立有中国特色的体系完备的职业教育业已成为理论界的共识。发达国家如美、德、日本科层次职业教育有升格、新建、衍生等创建模式及独立、混合、合作等办学形式，是社会资源与教育资源形成合力的结果。我国现阶段可试行“合作双赢”的模式，可以大胆地设想，在不久的将来，条件成熟的独立学院与发展完善的高职院校合作创立服务地方经济社会持续发展的职业技术类本科院校，这或许会成为一部分独立学院未来主攻的办学方向。

参考文献

[1] 季诚钧，方文彬，何菊芳. 独立学院办学现状、困境与对策思考[J]. 教育发展研究，2009(22)：25-29.

[2] 邸焕双，王玉英，姜英伟. 培养高素质技能型人才，促进独立学院可持续发展[J]. 中国高等教育，2011(5)：47-48.

[3] 李均，赵鹭. 发达国家本科层次高等职业教育研究：以美、德、日三国为例[J]. 高等教育研究，2009(7).